Kontexturanalyse

Till Jansen · Werner Vogd

Kontexturanalyse

Theorie und Methode einer
systemischen Sozialforschung

Till Jansen
Universität Potsdam
Potsdam, Deutschland

Werner Vogd
Universität Witten/Herdecke
Witten, Deutschland

ISBN 978-3-658-35771-9   ISBN 978-3-658-35772-6 (eBook)
https://doi.org/10.1007/978-3-658-35772-6

Die Deutsche Nationalbibliothek verzeichnet diese Publikation in der Deutschen Nationalbibliografie; detaillierte bibliografische Daten sind im Internet über http://dnb.d-nb.de abrufbar.

© Der/die Herausgeber bzw. der/die Autor(en), exklusiv lizenziert durch Springer Fachmedien Wiesbaden GmbH, ein Teil von Springer Nature 2022
Das Werk einschließlich aller seiner Teile ist urheberrechtlich geschützt. Jede Verwertung, die nicht ausdrücklich vom Urheberrechtsgesetz zugelassen ist, bedarf der vorherigen Zustimmung des Verlags. Das gilt insbesondere für Vervielfältigungen, Bearbeitungen, Übersetzungen, Mikroverfilmungen und die Einspeicherung und Verarbeitung in elektronischen Systemen.
Die Wiedergabe von allgemein beschreibenden Bezeichnungen, Marken, Unternehmensnamen etc. in diesem Werk bedeutet nicht, dass diese frei durch jedermann benutzt werden dürfen. Die Berechtigung zur Benutzung unterliegt, auch ohne gesonderten Hinweis hierzu, den Regeln des Markenrechts. Die Rechte des jeweiligen Zeicheninhabers sind zu beachten.
Der Verlag, die Autoren und die Herausgeber gehen davon aus, dass die Angaben und Informationen in diesem Werk zum Zeitpunkt der Veröffentlichung vollständig und korrekt sind. Weder der Verlag noch die Autoren oder die Herausgeber übernehmen, ausdrücklich oder implizit, Gewähr für den Inhalt des Werkes, etwaige Fehler oder Äußerungen. Der Verlag bleibt im Hinblick auf geografische Zuordnungen und Gebietsbezeichnungen in veröffentlichten Karten und Institutionsadressen neutral.

Planung/Lektorat: Katrin Emmerich
Springer VS ist ein Imprint der eingetragenen Gesellschaft Springer Fachmedien Wiesbaden GmbH und ist ein Teil von Springer Nature.
Die Anschrift der Gesellschaft ist: Abraham-Lincoln-Str. 46, 65189 Wiesbaden, Germany

Vorwort

Kein Verfahren der qualitativen Sozialforschung fällt einfach vom Himmel. Keines wird entdeckt, wie man etwa eine Goldader oder eine verschollene Stadt entdeckt. Keines lässt sich theoretisch deduzieren. Ein qualitatives Verfahren ist zunächst weder notwendig noch ist es objektiv richtig, zwangsläufig oder unumgänglich. Vielmehr entsteht es stets aus einer bestimmten Forschungspraxis und damit aus einem bestimmten theoretischen Vorverständnis und der Auseinandersetzung mit einem (oder mehreren) Gegenständen. Methodenentwicklung ist ein Resultat der Reflexion der eigenen Forschungspraxis. Ausgangspunkt ist zumeist eine Unzufriedenheit mit dem gewohnten Vorgehen: Man bekommt das Gefühl, dass die bisherigen theoretischen Annahmen nicht recht zu den Ergebnissen passen, dass die methodische Herangehensweise verändert werden muss, um seinem Gegenstand gerecht werden zu können. Dann beginnt ein Weg, der sich sowohl als Prozess des Suchens wie vielleicht auch als Prozess des Ausprobierens, vielleicht sogar des Bastelns beschreiben lässt. Man ergänzt hier und dort, zieht andere Theorien hinzu, kombiniert, passt an und versucht es mit anderen Techniken der Interpretation.

Ohne anfangs die Idee oder den Plan zu haben, ein neues Verfahren entwickeln zu wollen, findet man sich dann unter Umständen irgendwann an einem Punkt wieder, an dem man sich fragt, ob das, was man inzwischen macht, wirklich noch unter dem Namen firmieren kann, unter dem man begonnen hat oder ob es nicht eine neue Begrifflichkeit braucht. Denn auch wenn das eigene Vorgehen Ergebnisse zeitigt, die dem Gegenstand und der Forschungsfrage gerecht werden, so sind doch unter Umständen methodisch und methodologisch durch das Geschaffene neue Fragen entstanden. Man macht inzwischen etwas anderes, als man zu tun behauptet. Die Selbstbeschreibung passt nicht mehr zu der Praxis. Manchmal mag es ein wenig an einen Flickenteppich erinnern, was man da tut, an einen Wolpertinger, der zwar freundlich und gutartig auf dem eigenen Schreibtisch zu sitzen scheint, bei dem jedoch alles nicht so recht zusammenpassen mag. Da hat man verschiedene Paradigmata, die man pragmatisch verschnitten hat, ein interpretatives Vorgehen, das nicht wirklich dem Lehrbuch entspricht und auch nicht im Sinne konstitutionslogischer Kohärenz sauber abgeleitet ist. Praktisch läuft es – aber wie oder warum das so ist, wird im Moment der Selbstreflexion fragwürdig.

Damit kann man sich nun abfinden, denn es funktioniert ja. Man kann weiterwurschteln. Oder aber man beginnt, sich auf einen Prozess der Reflexion einzulassen. Tut man dies, so bemerkt man bald, dass man eine Menge des bisher für notwendig Erachteten in dieser Form nicht mehr braucht. Theoretische Figuren lassen sich konsolidieren. Man kann Ballast abwerfen. Gleichzeitig jedoch bedarf es neuer Techniken und theoretischer Figuren, die durch den Prozess der Analyse des eigenen Vorgehens erst noch erarbeitet werden müssen. Was, fragt man sich nun, hat man da eigentlich gemacht? Was hat man sich dabei gedacht? Wie geht es einfacher? Wie lassen sich reproduzierbare Resultate herstellen? Wie kann methodische Kontrolle gesichert werden?

Hat man sich zunächst am Ende einer Entwicklung begriffen, so steht man nun erneut an einem Anfang – mit allen Mängeln, aber eben auch mit dem Zauber, der damit verbunden ist. Das neue Kind mag dann noch etwas wackelig auf den Beinen stehen und nicht jene Sicherheit der alten Verortung bieten, in der man sich mit seinen Projekten mehr oder weniger häuslich eingerichtet hatte. Aber schon die ersten Ansätze des neu entwickelten Zugangs scheinen vielversprechend. Wenn sie auch in manchem noch etwas tapsige Schritte sind, so scheinen sie doch auf den richtigen Weg zu führen – und wenn dieser zunächst vor allem in der Arbeit an weiterer methodologischer Klärung besteht.

So steht es auch um das, was wir im Folgenden als ‚Kontexturanalyse' vorstellen möchten. Den Begriff haben wir 2015 zum ersten Mal verwendet (Jansen et al. 2015). Tatsächlich geht er jedoch auf eine deutlich längere Entwicklung zurück, die mit der Erweiterung der Dokumentarischen Methode um system- wie rahmentheoretische Überlegungen begann (siehe etwa Vogd 2004b, 2007a, 2010, 2011). Die Umstellung von der Dokumentarischen Methode auf eine stärker an Gotthard Günther orientierte Theorie erfolgte dabei nach und nach (Jansen und Vogd 2013; Jansen 2014; Vogd 2017), die Reflexion des methodischen Vorgehens noch etwas später (Jansen et al. 2015, 2020; Vogd und Harth 2019).

Das vorliegende Buch ist der erste umfassendere Versuch einer Konsolidierung sowohl in methodischer als auch in theoretischer Hinsicht. Damit ist es jedoch weniger eine Zusammenfassung von schon Publiziertem als vielmehr eine Re-Lektüre eigener Arbeiten auf dem Hintergrund unseres derzeitigen methodischen und methodologischen Stands. Wenn wir uns dabei im Folgenden auf ältere Arbeiten beziehen und sie hier unter dem Terminus Kontexturanalyse subsummieren, so mag das die ein oder andere Leserin oder den ein oder anderen Leser verwundern,[1] da die hier dargestellten Vorgehensweisen von früheren Publikationen in einigen Punkten abweichen. Das macht weder ältere Arbeiten obsolet oder falsch noch dient es der nachträglichen Korrektur. Es handelt sich vielmehr um den Versuch, die Entwicklung der eigenen Überlegungen deutlich zu machen und eine nachvollziehbare und praktisch anwendbare Methode zu demonstrieren. Die Leserin und Leser möge uns das nicht übelnehmen, geht es uns doch weniger darum, eine Kohärenz oder einen eindeutigen Fluchtpunkt der früheren Studien zu suggerieren, als vielmehr darum, in der Reflexion auf die Forschungspraxis von knapp 20 Jahren implizites Praxiswissen zu explizieren und damit anderen, die ähnlichen Pfaden folgen möchten, die Arbeit einfacher zu machen.

Bei aller methodischen und methodologischen Reflexion und praxisgerechten Anleitung, um die wir uns (nicht immer zu unserer eigenen Zufriedenheit) im Folgenden bemühen werden, möchten wir darauf hinweisen, dass rekonstruktive Forschung kein Prozess ist, der einem Kochrezept folgt. Rekonstruktive Forschung ist eine Forschungspraxis, die Erfahrung fordert und Freiheit in der Interpretation und Theoriebildung gewährt. Solange sie daran orientiert ist, gute Forschung im Sinne klassischer Gütekriterien zu leisten und sich nicht in der eigenen Beredsamkeit oder dem Habitus der Genialität verliert,[2&3] lässt das sowohl viel Freiraum als auch viel Unbestimmtheit. Somit möchten wir mit dem vorliegenden Buch weniger einen Leitfaden für „richtige" Forschung vorlegen, sondern eine Einführung in eine bestimmte Art, sich rekonstruktiver Forschung zu nähern. Es soll eine Einladung zu empirischer Theorie und theoretisch gesättigter Empirie sein, eine Anregung, sich immer wieder neu von der Welt verunsichern zu lassen und auf Grundlage dieser Irritation die eigenen Denkmuster (manchmal auch radikal) zu hinterfragen. Wir freuen uns daher über jeden und jede, die Lust und Freude daran hat, sich an unseren Vorschlägen auszuprobieren und mit uns in Austausch zu treten. Zur Weiterentwicklung, zum Spiel,

---

[1] Im Folgenden werden wir uns der Lesbarkeit des Textes halber vorwiegend auf die männliche oder die weibliche Person im Text beschränken, ohne dass damit eine Diskriminierung in irgendeiner Art gemeint ist.

[2] Siehe auch die Debatte in der Zeitschrift für Soziologie (Eisewicht und Grenz 2018; Strübing et al. 2018; Jansen 2019).

[3] Und zur neueren Debatte um die diesbezüglichen Probleme der Wissenssoziologie Vogd (2021).

zur Adaption und zum ergebnisoffenen Experimentieren möchten wir ebenso explizit ermuntern, wie wir zu einem Dialog einladen möchten. Rekonstruktive Forschung lebt, vielleicht mehr als andere Forschung, von einer gemeinsamen Arbeit, die epistemologische und metatheoretische Setzungen immer wieder hinterfragt und das Spiel zwischen Theorie, Methode und Empirie am Leben hält.

In diesem Sinne möchten wir an dieser Stelle neben vielen anderen, die an den hier vorgestellten Überlegungen beteiligt waren, insbesondere Jonathan Harth, Martin Feißt, Kathleen Neher, Hannah Cramer und Daniel Goldmann und den Teilnehmern der Wittener Forschungswerkstatt sowie den Kollegen im Umfeld der Dokumentarischen Methode für Input und Unterstützung danken. Ohne die oft kritische Auseinandersetzung, aber auch die bewährte Offenheit und Bereitschaft zum konstruktiven Dialog wären wir nicht so weit gekommen.

Till Jansen
Werner Vogd

Inhaltsverzeichnis

1 Einleitung... 1
2 Zum Problem der Mehrdeutigkeit in der qualitativen
  Forschung.. 7
3 Skizze einer operativen Metaphysik........................ 21
  3.1 Anforderungen an eine operative Metaphysik............ 23
  3.2 Sinn... 30
  3.3 Operatoren statt Operanden............................ 39
  3.4 Funktionale Methode................................... 49
4 Methodisches Vorgehen..................................... 69
  4.1 Der Text als polykontexturaler Zusammenhang........... 70
  4.2 Vorgehen in der Interpretation........................ 79
      4.2.1 Formulierende Interpretation.................... 81
      4.2.2 Logische Kondensation........................... 82
      4.2.3 Reflektierende Interpretation und funktionale Analyse.... 86
      4.2.4 Funktionale Analyse und Typenbildung............ 90
5 Empirische Zugänge.. 95
  5.1 Selbst- und Weltverhältnisse.......................... 97
      5.1.1 Marion: Praxis des Fastens..................... 102
      5.1.2 Methodische Fragen und Typenbildung............ 115
  5.2 Prozessorientierte Rekonstruktionen.................. 118
      5.2.1 Prozessorientiert arbeiten: Ärztliche
            Entscheidungsfindung im Fall Spondel.......... 120
      5.2.2 Prozesse als Entfaltung polykontexturaler
            Arrangements.................................. 143

5.3 Soziale Konstellationen 146
    5.3.1 Die Atmenden und die Anderen –
          Entscheidungsfindung im Aufsichtsrat der
          Dortmunder Petrol 148
    5.3.2 Konstellationen oder Prozesse verstehen –
          Differenzen und gleitendes Übergehen zwischen
          zwei Perspektiven 184

6 Schluss 187
  6.1 Resultate: Fälle, Typen und Darstellung 187
  6.2 Wozu Kontexturanalyse? 191

Literatur 197

Einleitung 1

Die kybernetische Methode, schreibt Bateson (1981, S. 515), hat es mit Einschränkungen zu tun. Sie weiß, dass Kausalität stets nur der Ausnahmefall ist und dass man gerade dann, wenn man es mit sinnhaften Phänomenen zu tun hat, mit Kausalerklärungen nicht weit kommt. Kein soziales Geschehen ist restlos auf eine bestimmte Akteursstrategie oder subjektive Sinnstiftung zurückzuführen. Denn weder kann der Akteur kontrollieren, was aus seiner Strategie wird, sobald sie ins Geschehen gesetzt wird, noch vermag man zu sagen, ob subjektive Sinnstiftung nicht doch nur Sensemaking ist, eine nachgeschobene Interpretation, mit der wir post hoc erklären, was wir eigentlich nicht erklären können. Kommunikation, soziale Dynamiken, selbst unser eigenes Denken sind immer schon in das eingespannt, was Günther (1979b) als Polykontexturalität bezeichnet: Ein Geflecht unterschiedlicher Positionen und sinnhafter Räume. Da entfalten Körper und Organisationen, Selbstbilder, Strategien und affektlogische Lagerungen ihre Wirksamkeit. Es treten Leiblichkeit und individuelles Begehren in Erscheinung, aber auch rechtliche Rahmenbedingungen und Erwartungen Vorgesetzter. Selbst von einem Netzwerk im Latourschen (2005) oder Whiteschen (2008) Sinne zu reden, greift hier zu kurz, impliziert dies doch, dass die Knotenpunkte, die Akteure im Netzwerk konstant sind und dass man zumindest auf diese Weise die Welt in konkrete Elemente zu trennen vermag. Doch selbst das ist nur bedingt der Fall. So erleben wir uns manchmal im Einklang mit uns – als selbstidentische Akteure. In anderen Momenten wiederum sind uns das eigene Sein oder der eigene Körper fremd und wir stellen fest, dass wir nicht wir selbst sind. Wir sind dann was wir sind *und* was wir nicht sind. Unser Handeln erscheint situativ als richtig, dann wieder als falsch, manchmal als selbst- und manchmal als fremdbestimmt und gelegentlich als beides zugleich. Mal handeln wir und ein anderes Mal handelt „Es" durch uns (Cooren 2010). Der Alltag in Organisationen – seien es Universitäten, Unternehmen, Kliniken oder anderes – ist in derselben Weise ein polykontexturales Geflecht unterschiedlicher Positionen und Realitäten, in dem nicht eindeutig zu bestimmen ist, wem man was auf welche Weise zurechnen kann. Bei näherer Betrachtung erscheint sogar die Operation der Zurechnung nicht als Grund des Handelns, sondern als etwas, das im Feld selbst hervorgebracht wird. Kausalbetrachtungen, die Zurechnung von Akteuren und Verantwortlichen – sie können nicht nur auch immer anders vorgenommen werden, sondern werden das auch (Luhmann 2008, S. 18 ff.). Wir leben, wenn wir ehrlich zu uns sind, in „Welten ohne Grund" (Vogd 2014c), die selbst das „Wir" dieser Aussage infrage stellen.

Das hat Konsequenzen für die Soziologie. Auch – und vielleicht insbesondere – für die rekonstruktive Sozialforschung. Denn diese hat es offenbar mit einem Gegenstand zu tun, der keinen Grund hat, sondern Gründe hervorbringt und in diesem Hervorbringen selbst wieder Grund wird. Sozialität ist also ein autologisch geschlossener Prozess, der kein festes Fundament hat. Dennoch bemüht sich die rekonstruktive Forschung häufig, ihren Gegenstand auf einen Grund zurückzuführen. Sie rechnet auf Akteure zu oder auf geteilte Sinnstrukturen, auf inkorporierte Wissensbestände oder objektiven Sinn. Sie sucht Eindeutigkeit herzustellen, obwohl der Gegenstand doch von Mehrdeutigkeit geprägt ist. Dabei wird der Akteur, der Grund und Erklärung des Sozialen ist, doch erst in der Kommunikation hervorgebracht (Luhmann 1984, S. 191 ff.). Kommunikation funktioniert aber gerade auch immer dann, wenn man kein geteiltes Verständnis hat. Sie läuft weiter – auch, wenn sie scheitert (Garfinkel 1967). Denn Verstehen ist immer „Missverstehen ohne Verstehen des Miss" (Luhmann 1996). Versuchen wir, das Soziale auf einen Grund zurückzuführen, so verpassen wir gerade die Mehrdeutigkeit, die es ausmacht, wir verpassen die Ambiguität und Kontingenz (Nassehi und Saake 2002), die viel mehr ist als nur ein externes Problem von Akteuren in Situationen (etwa Jarzabkowski et al. 2013; Clarke et al. 2018).

Rekonstruktive Sozialforschung verlangt so nach einem Verfahren ohne Boden, einem Vorgehen, das nie um den Grund des eigenen Gegenstandes weiß, das nicht danach strebt, Eindeutigkeit herzustellen und dennoch nicht in Beliebigkeit mündet – ein Verfahren, das mit sich selbst konditionierenden Einschränkungen rechnet, jedoch nicht mit Kausalität.

Wir möchten mit diesem Buch sowohl theoretische wie auch methodologische Überlegungen vorstellen, wie man sich vor dem skizzierten Hintergrund einer Sozialität ohne ontologisches Fundament nähern kann. Dabei schließen wir zum einen an systemtheoretische Traditionslinien an, insbesondere an die Arbeiten von Bateson (1981), Simon (1999), Luhmann (etwa 1984, 1993) und Günther (etwa 1976a, 1979a, 1979b). Darüber hinaus schlagen wir die Brücke

1 Einleitung

zu einer konkreten Anwendung in der Forschung und skizzieren diese als ein methodisches Vorgehen, das sowohl auf der Dokumentarischen Methode (etwa Bohnsack 2003) wie auch auf Überlegungen Wittgensteins (vor allem 2003, 2008) und Cassirers (1994) aufbaut.

Wir beginnen mit Überlegungen zu der Frage, wie sich die Mehrdeutigkeit von Sinn theoretisch fassen lässt, ohne in eine Theorie abzugleiten, die ihren Gegenstand als etwas Bestimmtes, etwa als System, als subjektiv gemeinten Sinn, als Handlung, als Netzwerk begreift. Mit Gotthard Günther sprechen wir uns dabei für eine meontische (im Unterschied zu einer ontologischen) Theorie aus, die ihre Begriffe nicht als Operand im logischen Sinne verwendet, nicht als Kategorien, die es anzuwenden und zu füllen gibt, sondern als Operator, also als Anleitung zu einer Suchbewegung (Vogd 2020, S. 33 ff.). Gesucht wird dabei nach Differenzen zwischen logischen Räumen, zwischen Kontexturen, wie Günther sagt, die sich voneinander unterscheiden und sich gleichzeitig aufeinander beziehen. Hier ergeben sich Muster im Batesonschen (1979, S. 9) Sinne – Muster, die sich als Funktion ihrer selbst begreifen lassen. Jede sinnhafte Ordnung verschränkt auf diese Weise Widersprüche und Paradoxien zu bewegten Mustern, die sich an Problemlagen abarbeiten, die sie selbst erst konstituiert.[1]

Die methodische Herausforderung besteht dann darin, zunächst die Brüche im Datenmaterial zu identifizieren, diese zu konsolidieren, um schließlich jene Muster beschreiben zu können, die Bateson meint – *die Muster, die verbinden* (Bateson 1979, S. 9). Hierzu schlagen wir ein der Dokumentarischen Methode entlehntes, in einigen Aspekten jedoch modifiziertes Vorgehen vor. Nach einer inhaltlichen Aufbereitung des Materials wird eine aussagenlogische Verdichtung vorgenommen, in der die propositionale Struktur eines Textes herausgearbeitet wird. Hierbei geht es jedoch weniger um die Produktion von Eindeutigkeit als vielmehr um das Freilegen von Brüchen, die dann im Zuge einer reflektierenden Interpretation konsolidiert werden. Das Spannungsfeld eines bestimmten Gegenstandes wird so erarbeitet und schließlich in einer funktionalen Analyse

---

[1] Das klassische Beispiel ist hier die Alkoholismustheorie Batesons (1981, S. 440 ff.). Das Selbst des Alkoholikers als System stabilisiert sich zwischen der Fiktion der Selbstkontrolle wie der Weltablehnung im Suff. Auf der einen Seite, von der Umwelt darin bestätigt, sich unter Kontrolle zu haben, steht ein zurechnungsfähiges Selbst. Diesem gegenüber ein sich selbst und die Welt nicht ertragendes und deshalb trinkendes Ich. Der Alkoholismus als Zyklus von Suff, Kater, Selbstbeherrschungsversuchen und Arbeit auf den nächsten Suff hin, stellt das Muster dar, das diese beiden Muster verbindet.

zusammengeführt, die darauf schaut, wie Muster mit Mustern verwoben sind, wie diese sich wechselseitig konsolidieren, verstören oder in Bewegung setzen und hiermit weitere Muster generieren.

Die spezifische Theorieanlage lässt dabei hohe Freiheiten hinsichtlich möglicher Fragestellungen und konkreter Forschungsdesigns zu. Gerade weil die hier vorgeschlagene Herangehensweise kein Vorverständnis des Sozialen als etwas Bestimmtes mit sich trägt, kann prinzipiell alles untersucht werden. Gleichzeitig muss aber eben auch etwas bestimmt werden. Irgendwo müssen also Schnitte vorgenommen werden, die in einem bestimmten, letztlich ontologisch fundierten, Vorverständnis und Erkenntnisinteresse begründet sind. Man interessiert sich schließlich für *etwas*.[2] Die Sozialwissenschaft generiert durch ihre Fragen und methodologische Einkreisung eine bestimmte Engführung. Sie befindet sich schon immer in einem durch das Alltagswissen geschaffenen Vorverständnis. Nur auf diesem Hintergrund können Fragen entstehen und Forschungsdesigns geschaffen werden.

Anders als die theoretische Philosophie hat die Sozialwissenschaft die Hochabstraktion der Theorie wieder in den Alltag zurückführen. Dies hat jedoch seinerseits in einer methodologisch kontrollierten Form zu geschehen. Daher stellen wir im Anschluss 3 unterschiedliche exemplarische Zugänge vor, welche sich sowohl im Hinblick auf das Forschungsdesign als auch in Bezug auf den Gegenstand unterscheiden.

Der Fall Marion nimmt die Selbst- und Weltverhältnisse im christlichen Fasten in den Blick. Hier interessieren wir uns dafür, wie sich ein Selbst gegenüber einer Umwelt konstituiert, auf welche unterschiedlichen Weisen dies geschieht und welche Formen sich dabei zu wiederkehrenden Mustern stabilisieren. Um dabei auszudrücken, dass ein Selbst keine Einheit an sich ist, sondern sich einem relationalen Gefüge verdankt, sprechen wir von Selbst- und Welt*verhältnissen*.

Im Fall Spondel betrachten wir den prozesshaften Ablauf im organisierten Alltag der Krankenbehandlung in einer Klinik. Hier interessieren weniger die Selbst- und Weltverhältnisse einzelner Personen als vielmehr die Probleme, die in einem organisationalen Setting entstehen und die Frage, wie diese Probleme bearbeitet werden.

Im Fall Dortmunder Petrol nehmen wir eine dritte Perspektive ein. Hier gehen wir der Frage nach, wie ein Aufsichtsrat entscheidungsfähig wird. Dabei untersuchen wir die unterschiedlichen Positionen der Anteilseigner- und

---

[2] Selbst das philosophische Interesse am Unbestimmten enthält zwangsläufig eine Bestimmung. Man interessiert sich schließlich nur für das Unbestimmte und für nichts anderes. Womit das Unbestimmte als Unbestimmtes das Bestimmte wird.

Arbeitnehmervertreter und die Art und Weise, wie diese voneinander abweichen, um dann Aussagen darüber treffen zu können, wie dennoch eine Praxis des Gremiums möglich ist, ohne dass es im engeren Sinne etwas wie einen geteilten Deutungsraum gibt.[3] Der zeitliche, evolutionäre Aspekt tritt hier in den Hintergrund, während gleichsam mehr auf die sich in der „Fläche" zeigende Systemik geschaut wird, die sich als polyzentrisches Arrangement entfaltet.

Wie an dieser Stelle vielleicht schon klar geworden ist, möchten wir in 3 verschiedenen Hinsichten einen Beitrag zur methodologischen Entwicklung rekonstruktiver Sozialforschung leisten. Zum einen geht es uns um Theoriebildung. Jede empirische Sozialforschung baut auf einer metatheoretischen Grundlage[4] auf – ob nun explizit oder implizit. Wir haben über Jahre unterschiedliche metatheoretische Konfigurationen ausprobiert und dabei vor allem Rahmentheorie, Praxistheorie und Systemtheorie in unterschiedlichen Formen verbunden. Keine dieser Theorien hat vollständig das zu fassen vermocht, was uns interessiert. Eine nahtlose Verbindung dieser unterschiedlichen Zugänge ist jedoch auch nicht möglich, ohne unbefriedigende metatheoretische Friktionen in Kauf zu nehmen. Die hier vorgeschlagene meontische Theorie im Anschluss an Gotthard Günther ist unser Versuch einer Antwort auf dieses Problem.

Darüber hinaus machen wir für die methodische Umsetzung in der Datenanalyse einen konkreten Vorschlag, der in einer grundlegenden Modifikation des Vorgehens der Dokumentarischen Methode besteht. Hier rückt vor allem die logische Kondensation als eigenständiger Schritt der Interpretation in den Vordergrund. Zugleich wird jedoch auch die reflektierende Interpretation neu gefasst.

Vermutlich wird nicht jeder Leser, wird nicht jede Leserin an jedem dieser Aspekte in gleichem Maße interessiert sein. Während der eine vielleicht auf der Suche nach einer Anleitung für die Interpretation von Texten ist, mag der andere Ideen für eine konkrete Forschungsarbeit suchen. Eine weitere Leserin hingegen mag sich tendenziell mehr für die angesprochenen grundlagentheoretischen Fragen interessieren. Wir möchten die Leser und Leserinnen daher explizit dazu ermuntern, den für sie individuell passenden Zugang zu wählen. Theorie, Methode und Interpretation stehen letztlich in einem zirkulären und nicht in einem deduktiven Verhältnis. Damit ist es egal, an welcher Stelle man anfängt. Die Empirie wirft methodische und theoretische Fragen auf. Die Theorie verlangt

---

[3] Etwa im Sinne des geteilten konjunktiven Erfahrungsraums der Dokumentarischen Methode (Bohnsack 2017).

[4] Im Unterschied zur Gegenstandstheorie, die als Resultat von der Forschung hervorgebracht wird.

nach einer Operationalisierung in der Methode und sucht den Beweis ihrer Tauglichkeit in der Auseinandersetzung mit der Empirie. Die Methode fordert theoretische Begründung wie auch Validierung in der Forschungspraxis. So ist es denn möglich, in verschiedenen Kapiteln dieses Buches einzusteigen und es von dort aus im Vor- und Rückgriff zu erschließen. Wir haben versucht, dies durch die Art der Textgestaltung möglich zu machen. Das ist uns manchmal besser, manchmal schlechter gelungen. Wir hoffen jedoch, dass wir auf diese Weise sowohl einer theoretisch, einer methodisch wie auch einer forschungspraktisch interessierten Leserschaft entgegenkommen können.

Zum Problem der Mehrdeutigkeit in der qualitativen Forschung

„Wir wollen auf die Sachen selbst zurückgehen" (Husserl 1928b, S. 6) – so lautet der Wahlspruch der Phänomenologie, die zu Beginn des zwanzigsten Jahrhunderts antrat, die Philosophie neu zu denken. Wolle man die Logik begründen, so Husserl, so müsse man sich nicht mit der Sprache befassen und nicht mit der Psychologie. Zu den Phänomenen müsse man zurückgehen, als letzter Instanz unseres Denkens und Erlebens. Nur dort finde man die letzten Regeln.

Nicht unähnlich argumentiert die qualitative Sozialforschung in weiten Teilen. Um „die Sache selbst" geht es ihr, um „das soziale Geschehen, die empirische (Interaktions-)Lebenspraxis" (Willems 1996, S. 439), die „terra firma of interaction" (Cooren 2006, S. 82). Wolle man Soziologie betreiben, so dürfe man sich nicht in Großtheorie ergehen oder den eigenen Gegenstand über die Zahlenkolonnen der Statistik vergessen. Stattdessen müsse man sich dem zuwenden, was die Sozialität wirklich sei, jenen „practical activities", mit denen Menschen ihre „everyday affairs" (Garfinkel 1967, S. 1) herstellen und besorgen. „Die ‚Illusion des unmittelbaren Verstehens' (Pierre Bourdieu) von Kulturen durch ihre flüchtige Beobachtung wird substituiert durch eine empirische Erforschung sozialer Lebenswelten" (Kalthoff 2008, S. 16). Alles ist menschliche Alltagspraxis und die menschliche Alltagspraxis ist der wirkliche, letzte Grund der Sozialforschung, die „Sache selbst".

Wie auch bei Husserl, geschieht diese Bewegung nicht naiv, sondern selbstreflexiv. Es rückt die eigene Praxis, das „sociological reasoning" als „practical affair" (Garfinkel 1967, S. 1) in den Blick. Soziologie erscheint damit nicht mehr als jene „frei schwebende Intelligenz", als die noch Mannheim (1965, S. 12) sie betrachtet hat. Einen herausgehobenen wissenschaftlichen Standort gibt es nicht (Lynch 2000).

Wie aber versteht man das soziale Geschehen, wenn man von einem herausgehobenen wissenschaftlichen Standort, einem Ort des Besser-Wissens, des objektiven, richtigen Verstehens nicht ausgehen kann? Oder anders: Was ist das eigentlich – soziale Praxis? Was meinen wir, wenn wir von der „terra firma" der Interaktion reden? Denn wenn die soziale Praxis alles herstellt, so stellt die Soziologie als soziale Praxis die Idee der sozialen Praxis her. Die „Sache selbst" ist nicht weniger Konstruktion als die Großtheorie oder die Sozialstatistik.

Für die Phänomenologie stellt sich dieses Problem zunächst nicht, da sie die Mehrdeutigkeit der Welt methodisch ausklammert. Mit der Epoché, diesem methodischen Kniff Husserls (1950§ 63 f.), wird die Frage nach dem Ding *an sich* vermieden. Das Erkenntnisinteresse richtet sich nur auf die Phänomene, wie sie dem Bewusstsein erscheinen.

Die qualitative Sozialforschung ist jedoch bereits von Anfang an mit der Tatsache konfrontiert, dass es nicht nur *ein* Bewusstsein gibt, sondern derer unzählige. Sozialität ist konstitutiv mehrdeutig, mehrwertig, mehrdimensional, intersubjektiv. Das Problem, mit dem Husserls Phänomenologie endet (Husserl 1995) und auf das sie keine befriedigende Antwort findet, das Problem der Intersubjektivität (Schütz 1957; Luhmann 1994), ist der Anfang der Soziologie. Wie, fragt sie, kommt es angesichts divergierender, polyzentrischer Perspektiven zum Verstehen und zu sozialem Strukturaufbau?

Hier beginnt dann eine Reihe methodischer und theoretischer Probleme. Denn, abgesehen von der Frage, was die „Sache selbst" denn nun wirklich ist, stellt sich rein forschungspraktisch die Frage, wie sich interpretativ damit umgehen lässt, dass jeder in einer Situation etwas anderes denken und meinen kann und es vermutlich auch tut. Wie lässt sich die Indexikalität von Ausdrücken, also die Kontextabhängigkeit ihrer Bedeutung, aufklären (wenn überhaupt) und wie lässt sich mit der Kontextabhängigkeit von Artikulationen umgehen (Garfinkel und Sacks 1986)? Während es im Hinblick auf das Bewusstsein klar zu sein scheint, dass ein Phänomen immer nur Phänomen eines Bewusstseins ist – Luhmann würde sagen, dass ein psychisches System sich nicht in ein anderes hineinoperieren kann –, ist es für Sozialität konstitutiv, dass Artikulationen immer Bedeutung für viele haben (jedoch nicht unbedingt dieselbe).

Die Idee der „Sache selbst" stellt sich somit nicht nur theoretisch, sondern auch forschungspraktisch als hochgradig problematisch heraus. Denn es handelt sich eben nicht nur um eine theoretische Frage, eine jener Fragen, die man immer wieder erörtern und letztlich ungelöst lassen kann, sondern um eine Frage mit unmittelbaren Konsequenzen. Ohne sie zu beantworten, bleibt das Programm qualitativer Sozialforschung eben nichts weiter als eine hehre Forderung. Eine valide Forschungspraxis käme nie zustande,[1] wenn nicht aufgezeigt würde, wie man zu den Interpretationen des untersuchten Gegenstandes gelangt. Gerade diese ist aber fraglich, wenn man von Anfang an weiß, dass der Gegenstand sich gerade dadurch konstituiert, mehrdeutig zu sein. Man muss Eindeutigkeit herstellen, wo es keine geben kann.

Die Geschichte der qualitativen Sozialforschung kann als eine Folge von Versuchen begriffen werden, mit diesem Problem umzugehen. Diese Versuche haben dabei eines gemein: Sie bauen auf impliziten oder expliziten Ontologien des Sozialen auf, also mehr oder weniger ausgearbeiteten Theorien, die festlegen, womit man es „wirklich" zu tun hat. Sie vertreten eine bestimmte Ansicht darüber, was die angeblich unmittelbar gegebene „terra firma" ist und betreiben von hier aus ihre Forschungspraxis.

So vollführt etwa die Ethnomethodologie eine eigene, soziologische Variante der phänomenologischen Reduktion: Sie sieht vom „wirklichen" Sinn ab, den eine Handlung haben kann und konzentriert sich auf den Sinn, der gemeinsam verfertigt wird. Es interessiert nicht, welche Bedeutungen noch im Raum schweben können, was vielleicht sonst noch gemeint sein könnte. Es interessiert vielmehr die Frage, wie die Beteiligten miteinander eine Bedeutung herstellen (beispielsweise interessiert man sich in Hinblick auf die Geschlechterfrage für „doing gender", jedoch nicht mehr dafür, was das Geschlecht für die Beteiligten bedeutet oder was ein Geschlecht merkmalstheoretisch ist). Die Ethnomethodologie reagiert „auf das Sichtbarwerden einer Gleichzeitigkeit von Kontexten, kann jedoch die Entstehung dieser Art von Sichtbarkeit selbst nicht mitbeobachten, weil sie sich von der Sichtbarkeit überzeugen lässt" (Saake 2003, S. 433).

Was aber heißt das? Die Ethnomethodologie bleibt in Hinblick auf die „Sinnfrage" vage und verzichtet auf methodische Anweisungen. Stattdessen setzt sie mit Konzeptionen wie „accountability" (wechselseitige Rechenschaftspflicht) auf „tiefliegende verdeckte Strukturen" (Knorr-Cetina et al. 2020 §21), die scheinbar von allen geteilt werden und deshalb eine übergreifende soziale Rationalität beanspruchen können. Die „Sache selbst" wird als diese Strukturen begriffen.

---

[1] Man kann daher auch nicht wie Berger und Luckmann (1980, S. 15) die Frage nach den epistemologischen und methodologischen Grundlagen des eigenen Programms mit der Begründung zurückweisen, dass es sich um empirische Forschung handele und so unter dem Begriff „Konstruktivismus" einen relativ banalen Positivismus betreiben, der die eigenen Resultate dann als objektive Wahrheit verkauft – selbst wenn das Resultat institutionell durchaus erfolgreich ist (Vogd 2014a, S. 243 ff.).

Je näher man diesen jedoch kommt, desto klarer wird, dass sie weder rational noch eindeutig sind und auch nicht notwendig geteilt und von allen voll verstanden werden. So beschreibt etwa Knorr-Cetina, wie ihre Sekretärin einmal ein Ordnersystem geschaffen hatte, das nicht „accountable" war, nur um sich dann die Frage zu stellen, ob sie es vielleicht nur nicht verstanden hatte (Knorr-Cetina et al. 2020 §21). Auch „accountability" erweist sich damit nicht als objektive Grundlage des Sozialen, sondern als normative Unterstellung des Ethnomethodologen (Saake 2003, S. 433), als empirischer Sonderfall bestimmter sozialer Ordnungen, nicht jedoch als generalisierbare Blaupause aller sozialen Ordnungen. Denn wenn etwas nicht „accountable" ist, geht die Kommunikation – so würde die Systemtheoretikerin sagen – trotzdem weiter. Die „Sache selbst" geht auch ohne die ethnomethodologische „Sache selbst".

Der Ethnomethodologie gelingt es also nicht, Eindeutigkeit theoretisch und methodisch konsistent herzustellen. Der Wunsch danach bleibt jedoch. So interessiert Goffman (1986) in seiner Rahmenanalyse die Frage, *was* der Fall ist – in der unausgesprochenen Annahme, dass etwas der Fall sein muss. Welcher Rahmen wird an eine Interaktion angelegt, fragt Goffman, der es allen Beteiligten erlaubt zu wissen, um was es geht? Wie kann dieser Rahmen moduliert werden? Welche „keys" liegen an, die aus einer Situation ein Spiel, eine Simulation oder einen Betrug machen? Damit wird das Problem der Mehrdeutigkeit allerdings auch nicht gelöst, sondern lediglich verschoben. Denn wenn es die Rahmen sind, die eine Situation definieren, so stellt sich unweigerlich die Frage, welches der Rahmen ist, der den Rahmen definiert. Kann es gleichzeitig verschiedene Rahmen geben, sodass es keine absoluten Fakten mehr gibt, sondern auch dies von dem (logischen) Ort abhängt, von dem aus man die Relation bzw. den Rahmen betrachtet?[2] Genau dies betrifft eine Vielzahl von Situationen, auf die die empirische Sozialforschung trifft. Man kann unterschiedliche Rahmen anlegen und es scheint keinen Rahmen zu geben, der die Rahmen rahmt. Denn Sozialität funktioniert eben (und gerade) auch dann, wenn die Teilnehmer Unterschiedliches denken und erleben, ohne dies zu merken.

Ähnlich positioniert sich die Dokumentarische Methode (Bohnsack 2003), die mit der Ethnomethodogie die Idee der verdeckten, geteilten Strukturen teilt. Der Dokumentarischen Methode geht es jedoch weniger um die gemeinsame

---

[2] Diese Frage wird dann ebenfalls in der Quantenphysik virulent, sodass dann auch gestandene Physiker die hiermit einhergehenden Kalamitäten nur mit Verzicht auf Ontologien mit beobachterunabhängigen Fakten korrigieren können. „Es gibt keine absoluten Fakten" formuliert entsprechend Časlav Brukner im Dialog (Vogd 2021, S. 117 ff.).

Verfertigung einer Situation und auch nicht so sehr um einzelne Situationen. Vielmehr begreift sie menschliche Alltagspraxis als Ausdruck tiefer liegender habitueller Strukturen, *einer* spezifischen „Seinsverbundenheit" (Mannheim 1984, S. 47), eines konjunktiven Wissens, das mit einem bestimmten Milieu, einer Generation oder einem ähnlichen Erfahrungsraum einhergeht. Diese impliziten Wissensbestände gilt es zu erschließen, wenn man den Modus Operandi der jeweils untersuchten sozialen Praxis verstehen will. Der Preis ist hier, dass diese auf einen (implizit) *geteilten* Wissensbestand zurückgeführt wird. Dass aber soziale Praxis häufig die Abarbeitung unterschiedlicher Wissensbestände ist – was gerade in Organisationen deutlich wird – und nicht nur die Reproduktion einer bestimmten Kultur, eines bestimmten Milieus oder einer Generation, kann damit nicht so recht berücksichtigt werden (Jansen et al. 2015).[3]

Die Grounded Theory hingegen – sieht man einmal von ihrer naiven Form ab, die davon ausgeht, dass sich die richtige Erkenntnis bei ausreichend langem Hinschauen selbsttätig einstellt (Glaser 1992) – verfolgt die Annahme, dass sich Alltagspraxis im Rückgriff auf interaktionistische und pragmatistische Theorien verstehen lässt (Strübing 2008). Dies findet dann insbesondere im axialen Codieren seinen Ausdruck (Strauss und Corbin 1998), in dem mehr oder weniger explizit eine ausgearbeitete Akteurstheorie operationalisiert wird. In diesem Sinne bestimmen Glaser und Strauss schon in „awareness of dying" ihr Vorgehen dahingehend, dass es Handlungsstrategien zu identifizieren gilt, die von bestimmten Bedingungen hervorgebracht werden und in einem bestimmten Kontext bestimmte Resultate zeitigen (Glaser und Strauss 1965, S. 8). Postmoderne Varianten setzen hingegen auf gesellschaftliche Strukturen, die es in der Situation zu identifizieren gelte (Clarke et al. 2018). Die „Sache selbst", das sind also Akteure, die unter bestimmten Bedingungen in einem bestimmten Kontext etwas tun, das Folgen hat.

Kontrastiert man diese Positionen miteinander, so wird deutlich, dass nicht klar ist, wie man denn *das* Soziale zu verstehen hat. Jener als primordial angenommene Sachverhalt, die vermeintlich wirkliche Substanz des Sozialen, die „Sache selbst" ist keineswegs selbstverständlich empirisch gegeben – weder als gemeinsame Verfertigung noch als reziproke Übernahme von Um-zu- oder Weil-Motiven oder als geteilter (Orientierungs-)Rahmen. Das Soziale ist nicht immer das eine, als das es die qualitative Sozialforschung gern begreifen würde. Der

---

[3] Bei dieser Kritik darf selbstverständlich nicht unerwähnt bleiben, dass die Dokumentarische Methode sich dieses Problems bewusst ist und mit eigenen theoretischen Mitteln bearbeitet (etwa Bohnsack 2017a, 2017b).

Kunstgriff der Ethnomethodologie, die Epoché des subjektiv gemeinten Sinns und die Reduktion auf den sozialen Sinn einer Situation, funktioniert also beispielsweise *methodologisch* manchmal, aber eben nicht immer, da oftmals weiterhin nicht klar ist, wie man eine Situation zu verstehen hat und vielleicht auch noch nicht über geteilte Ethnomethodologien verfügt, wie damit umzugehen ist.

Daher sieht sich die Idee, auf die interaktive Verfertigung von Sinn in der Situation zu setzen und diese als die tiefste Ebene sozialer Bedeutung zu begreifen, schnell konkurrierenden Angeboten gegenüber, die andere Vorstellungen davon haben, wie Sinn und damit Sozialität produziert wird. Hier erscheint es dann notwendig, davon auszugehen, dass eine Situation nur zu verstehen ist, wenn man über diese hinausgeht und gesellschaftliche Strukturen mit einbezieht. Der Versuch, das Problem der Mehrdeutigkeit zu bewältigen, indem man ein bestimmtes Verständnis als ontologisch höherwertig einstuft und dann als methodologischen Referenzrahmen verwendet, führt also nur zu einer Verschiebung des Problems. Anstelle unterschiedlicher Bedeutungen im Gegenstand, hat man nun unterschiedliche soziologische Theorien darüber, wie man den Gegenstand interpretieren muss, um dem Problem der Mehrdeutigkeit von Sinn beizukommen.

Entsprechend wird klar, dass es „die Sache selbst" im Sinne einer spezifischen Entität, auf die man „zurückgehen" könne, überhaupt nicht gibt. Denn Husserls Kunstgriff bestand darin, dass er *die gesamte Welt* als die Sache selbst bezeichnet hat. Es geht ihm um *die Welt als Erscheinung,* nicht als Welt der Objekte, als Ding an sich im Kantschen Sinne. „Zu den Sachen selbst" ist hier ein Vorzeichen der Betrachtung. Die „Sache selbst" ist weniger ein konkreter Gegenstand, als vielmehr eine bestimmte Perspektive, ein erkenntnistheoretisches Vorzeichen und kein unmittelbar gegebenes „Dingt".

Genau dieser Kunstgriff funktioniert aber in der qualitativen Sozialforschung nicht. Denn diese möchte sich zwar auf das Soziale beziehen und andere Sinnformen ausklammern. Doch ihr Schnitt ist nolens volens ein ontologischer, kein epistemologischer, da er eine soziale Substanz bestimmt (etwa Akteure, konjunktive Erfahrungsräume o. ä.) und diese von einer anderen Substanz trennt. Unweigerlich teilt sie die Welt in einen relevanten und einen nichtrelevanten Teil ein. Damit soll das Problem der Indexikalität und der Mehrdeutigkeit von Sinn gelöst werden, um einen eineindeutigen Weg zu dem wahren Kern des Sozialen zu haben. Doch dies ist nur zu dem Preis einer gleichsam fundamentalistischen Ontologie zu haben. Was durch bestimmte methodologische Kniffe als Fakt oder Realität erscheint, wird nun als absolut genommen und als „terra firma", nicht jedoch als theoretisches Postulat behandelt.

Aber gerade, weil man auch alles anders interpretieren kann, spricht überhaupt nichts dagegen, das Soziale anders zu definieren und damit auch (Sinn-)Verstehen anders zu definieren. So kann man etwa auch Dinge in das Soziale mit einbeziehen. Dabei muss man nicht so weit gehen, Jakobsmuscheln den Status eines Akteurs zuzurechnen (Callon 1986) und kann dieser Idee – nicht ganz zu Unrecht – vorwerfen, Sprache zu wörtlich zu nehmen (Lynch 1996). Baut nicht schon Goffman (1986) seine Rahmentheorie wesentlich in Bezug auf Batesons Theorie des Spiels auf, in der es bekanntlich um Hunde geht und nicht um Menschen, die in einer Situation „accounts" verfertigen?

Bei all dem erweist sich also insbesondere die übergreifende Definition eines Gegenstandes, die über den Begriff „Sinn" hinausgeht, als schwierig. Schnell stellen sich „jene von den Interaktionisten geliebten Szenen, in denen einige wenige Menschen, meist nur zwei, an verborgenen Orten, abgeschieden von anderen in Interaktion treten" (Latour 1996, S. 231)[4] bei näherer Betrachtung als „dislocated" (Latour 1996, S. 234) heraus – sie sind ganz wortwörtlich immer schon außerhalb ihrer selbst. Auch die Frage, ob es um Handlungen oder Individuen geht, müsste man mit dem Hinweis auf die Möglichkeit kollektiver Strukturen infrage stellen oder gleich darauf verweisen, dass Sozialität mehr beinhaltet als das, was Menschen tun (Knorr-Cetina 1989; Latour 1996).

Die Idee der „Sache selbst" löst sich damit ebenso auf wie die Vorstellung eines quasi notwendigen Verständnisses der Situation. Man weiß also weder was das Soziale ist noch wie man es zu verstehen oder wie man das Problem der Indexikalität und der Beobachterabhängigkeit von Bedeutung zu lösen hat. Und: Je stärker man an dem Problem arbeitet, desto schlimmer wird es. Denn jede verbesserte oder veränderte Definition führt die ältere mit sich. Die „Sache selbst" wird vervielfältigt und verliert immer stärker die ursprüngliche Frische des Authentischen. Inzwischen ist sie mindestens so angestaubt wie soziologische Großtheorie oder hypothesenprüfende Sozialforschung. Dem einmal geschaffenen Theoriegebäude und den hiermit einhergehenden blinden Flecken lässt sich nicht mehr so leicht entkommen. Letztendlich findet man sich somit nicht auf dem Boden der nun endlich greifbaren, wirklich echten sozialen Realität wieder, sondern in der immer dünneren – oder manchmal auch: stickigeren – Luft theoretischer Gefilde. Die „terra firma" ist ein Schloss in den Wolken, dessen Bewohner schon längst ausgezogen sind.

Übrig bleibt dann einzig die Kategorie *Sinn*. Dass es um Sinn geht, darin sind sich alle einig. Was das allerdings heißt, bleibt offen (Silverman 1993, S. 25).

---

[4] Übersetzung aus dem Original durch die Autoren.

Sinn scheint der einzig gemeinsame Nenner zu sein – der jedoch nur als Negativhorizont zugänglich ist. Positiv ist er nicht zu bestimmen.

Die qualitative Sozialforschung hat ihrerseits unterschiedliche Möglichkeiten gefunden, um mit dieser vertrackten Situation umzugehen. Zum einen hat sie die Angewohnheit entwickelt, Methodenpluralität zu loben und nicht als Problem, sondern als Qualität zu betrachten. Das kann im Extremfall so weit gehen, dass theoretische Integration generell als etwas nicht Wünschenswertes abgelehnt und stattdessen vollständige (aber rhetorisch gut verpackte) Beliebigkeit befürwortet wird (etwa Eisewicht und Grenz 2018), was auf nichts anderes als eine Eulogie von Fake News hinausläuft.

Zum anderen bemüht sich die qualitative Sozialforschung um die Reflexion der eigenen Standortgebundenheit. Man verweist auf die Koevolution der Trias von theoretischen Annahmen, Eigenarten eines bestimmten Gegenstandes sowie einer bestimmten Methode. Die Differenz zwischen unterschiedlichen qualitativen Verfahren wird dann pragmatistisch über die Bewährung eines Verfahrens in einem bestimmten Feld erklärt: „Zwischen methodischen Regeln einerseits und Forschungspraxis andererseits besteht keine deduktive, sondern eine reflexive Beziehung" (Bohnsack 2003, S. 10). Die Qualität eines Verfahrens bemisst sich demzufolge daran, wie gut es sich an einen Gegenstand anschmiegt und wie gut es das Verhältnis zwischen Theorie, Vorgehen und Gegenstand reflektiert. Ziel ist dann eine wechselseitige Anreicherung (Hirschauer 2008, S. 174 ff.) unter dem Vorzeichen der Transparenz und Nachvollziehbarkeit. Gute qualitative Sozialforschung weiß eben, dass es „die Sache selbst" nicht gibt und ebenso wenig ein einzig richtiges Verständnis. Sie optiert dann dafür, den blinden Fleck so weit wie möglich zu kontrollieren.

Das Ausgangsproblem jedoch bleibt, bei aller Reflexion und Bemühung um Gegenstandsangemessenheit, bestehen. Denn das Verhältnis zwischen Gegenstand, Theorie und Methode ist zirkulär: Die Theorie bestimmt, wie der Gegenstand verfasst wird und entwickelt danach ihre Methode. Umgekehrt bestimmt der Gegenstand maßgeblich die Theorie, die über ihn gebildet wird und legt ein bestimmtes methodisches Vorgehen nahe. Die Methode wiederum formt den Gegenstand so, dass er in die Theorie passt, die man festgelegt hat. So wurde die Dokumentarische Methode etwa in der Forschungspraxis mit Jugendgruppen entwickelt (etwa Bohnsack 1989; Bohnsack et al. 1995). Diese als „konjunktive Erfahrungsräume" (Bohnsack 1989; Bohnsack et al. 1995) zu fassen, scheint dem Gegenstand zu entsprechen. Es handelt sich bei einer Horde Jugendlicher eben nicht um ein hochgradig formalisiertes und rationalisiertes Gebilde, sondern um Formen der Sozialität, die sich wesentlich über die Reproduktion gemeinsamer Weltanschauungen und Alltagspraxen definieren.

Hat man ein Theorie-Methoden-Set, das eine gute Methode letzten Endes darstellt, einmal festgezurrt, entwickelt dieses jedoch sein Eigenleben. Man läuft Gefahr, überall konjunktive Erfahrungsräume zu sehen. Ähnlich verhält es sich etwa mit der Biografieforschung, die davon ausgeht, dass jeder Mensch eine Biografie hat, dass sich diese über Interviews reproduzieren lässt und das Biografische für einen Menschen zudem in den meisten Lebenssituationen relevant ist.[5] Dabei ist weder selbstverständlich, dass ein Mensch eine Biografie (im Unterschied zu einem Lebenslauf) hat, noch, dass diese sich überhaupt in einer eindeutigen Weise rekonstruieren lässt. Vielmehr gibt es gute Gründe, davon auszugehen, dass bei vielen Menschen die Biografie durch die Biografieforschung oder etwa auch durch biografieorientierte Therapieverfahren überhaupt erst hergestellt wird (Nassehi und Saake 2002). Die unterschiedlichen Methode-Theorie-Sets produzieren mithin ihre Gegenstände selbst. Sind sie erst einmal hinreichend etabliert, verblasst häufig der kritische, die Grenzen der eigenen (Vor-)Annahmen reflektierende Modus. Man weiß dann, dass es Akteure, Biografien oder konjunktive Erfahrungsräume (ähnlich wie Bäume, Planeten und Automobile) gibt und dass bzw. wie man diese untersuchen kann.

Das Verhältnis von Theorie, Empirie und Methode läuft damit allerdings Gefahr, keines des wechselseitigen Informierens mehr zu sein. Vielmehr produziert das „Ineinanderverwobensein" (Kalthoff 2008, S. 10) von Theorie und Praxis ein sich selbst imprägnierendes Verständnis, in dem Theorie und Empirie sich wechselseitig bestätigen.[6] Methoden sind damit nicht nur Mittel, um Gegenstände auf bestimmte Weise zuzurichten, um sie einer systematischen Analyse zugänglich zu machen. Sie verschmelzen nun darüber hinaus in einer für wissenschaftliche Forschung unglücklichen Weise zur „theoría", was hier im

---

[5] Siehe hierzu schon Knorr-Cetina (1989, S. 93).

[6] Dies trifft dann auch auf methodologische Innovationen zu, die in gleicher Weise verhärten können, wie etwa Nassehi und Saake an der Sequenzanalyse aufzeigen: „Der klassische Zugang erfolgt dann über die Sequenzanalyse, die auf Strukturen, Deutungsmuster oder sogar Tieferes überprüft wird. Mit der Heiligung dieser Regel wird sichtbar, wie hilflos die qualitative Sozialforschung irgendetwas sucht, was Sicherheit verbürgen könnte und Kontingenz unsichtbar macht. Sie reifiziert auf diese Weise kausalgesetzliche Annahmen, von denen sie sich längst verabschiedet zu haben glaubte" (Nassehi und Saake 2002, S. 78). Die Kausalannahme liegt jedoch weniger in der Methode der Sequenzanalyse selbst (Hirschauer und Bergmann 2002, S. 335), sondern vielmehr in der metatheoretischen Konstellation. Es wird davon ausgegangen, dass diese Bedeutung herstellt. Die Sequenzanalyse wird entsprechend dafür verwendet, etwas „dahinter" zu identifizieren, das die Bedeutung produziert.

Sinne der altgriechischen Verwendung des Begriffs zugleich eine Anschauung, eine wissenschaftliche Betrachtung und ein moralisch-normatives Primat bezeichnet (siehe hierzu etwa Latour 2007). Wenn solche Methodologie-Theorie-Entwicklungen zu Schulen werden, entsteht für die Forscherin ein normativer Anspruch, die Dinge so und nicht anders sehen bzw. angehen zu müssen.

Mit der auf diese Weise eingekauften Methode hat man etwa davon auszugehen, dass ein abstrakter Faktor hinter dem Geschehen steht, der dieses begründet (geteilte Regeln, Biografien, konjunktive Erfahrungsräume), dass es einen Begriff gibt, der den Zusammenhang zwischen diversen Phänomenen stiftet. Mithin gilt für sie, was Cassirer über die Probleme der aristotelischen Logik geschrieben hat: „Was der Theorie der Abstraktion Halt verleiht, ist somit lediglich der Umstand, dass sie die Inhalte, aus welchen der Begriff sich entwickeln soll, selbst nicht als *unverbundene Besonderheiten* voraussetzt, sondern sie bereits stillschweigend in der Form einer geordneten Mannigfaltigkeit denkt. Der ‚Begriff' aber ist damit nicht abgeleitet, sondern vorweggenommen: Denn indem wir einer Mannigfaltigkeit eine Ordnung und einen Zusammenhang ihrer Elemente zusprechen, haben wir ihn, wenn nicht in seiner fertigen Gestalt, so doch in seiner grundlegenden Funktion bereits vorausgesetzt" (Cassirer 1994, S. 22).

Eine solchermaßen informierte Forschung ist nicht grundsätzlich falsch. Für bestimmte Fragestellungen und in bestimmten Kontexten sind die hierdurch generierten Erkenntnisse durchaus aufschlussreich oder brauchbar. Durch die Hypostase der eigenen Theorien, den Glauben, dass deren Postulate die eigentliche Wahrheit beherbergen, gelangt man jedoch letztlich zum exakten Gegenteil des Anspruchs, einen direkteren, unvermittelten Zugang zur „Sache selbst" zu erlangen.

Diese Probleme bedeuten freilich nicht, dass qualitative Sozialforschung, die auf ontologisch verfassten Metatheorien aufbaut, schlechte Forschung wäre. In den allermeisten Fällen ist das Gegenteil der Fall. Gerade wenn qualitative Sozialforschung ihren eigenen Theorieapparat in enger Auseinandersetzung mit der Forschungspraxis entwickelt und so über Jahre in einem behutsamen abduktiven Vorgehen Metatheorie, Daten, Erhebungs- und Interpretationserfahrung sich wechselseitig anreichen, entsteht hervorragende Forschung, die kaum anders zu denken wäre. Es ist durchaus produktiv, die Welt auf Biografien, auf konjunktive Erfahrungsräume, auf subjektiv gemeinten Sinn und auf Akteursstrategien hin zu befragen. Hier wird nicht einfach nur der Welt etwas aufgestülpt, die Kontingenz von Sinn „methodisch verhindert" (Nassehi und Saake 2002), sondern es werden eben auch Welten erschlossen, indem Theorien und Methoden im Zuge der Forschung entwickelt werden. Problematisch wird die skizzierte Ausgangslage erst dann, wenn die forschungspraktisch entstandenen Verfahren ihr Eigenleben entwickeln und als etabliertes Verfahren und etablierte Theorie mehr oder weniger unhinterfragt verwendet werden, wenn man beginnt, davon auszugehen, dass es überall Biografien, konjunktive Erfahrungsräume oder Akteure gibt. Doch selbst dann, kann hier noch immer Erhellendes entstehen. Selbst wenn man die Kritik an einer Soziologie latenter Strukturen teilt, an einer Soziologie des Sozialen (so Latour 2005), so muss man doch immer noch eingestehen, dass es durchaus erhellend ist, die Welt auf Milieus, auf habituelle Ähnlichkeiten und Differenzen, auf Biografieverläufe oder auf objektive Strukturen im Sinne Oevermanns hin zu betrachten (Oevermann et al. 1979).

Tatsächlich kann man noch weiter gehen und darauf hinweisen, dass gute qualitative Studien Mehrdeutigkeit durchaus zu erschließen vermögen. Doch, und das ist vielleicht der entscheidende Punkt, gelingt dies eben nur teilweise aufgrund der Methode. Viele erfahrene Forscherinnen produzieren in ihren Texten – manchmal in Fußnoten und Nebensätzen versteckt – Zugänge zu den von ihnen untersuchten Verhältnissen, die deutlich über die von ihnen vertretenen methodischen Engführungen hinausreichen. Der zusätzliche Erkenntnisgewinn wird allerdings methodologisch nicht wieder eingeholt. Man bemerkt die Grenzen der Methoden, ohne dass daraus für weitere Forschung Schlüsse gezogen würden. Nassehi und Saake (2002, S. 67) sprechen hier passend von einem Technologiedefizit der qualitativen Forschung.[7]

Es bleibt die Rede von der „Kunstlehre", die beinahe überall präsent ist (Willems 1996, S. 440). Und tatsächlich gibt es in jeder anspruchsvollen qualitativen Methode ein solches Moment, das einen kreativen Schritt erfordert und damit weitere Sinnüberschüsse produziert: den Sprung zwischen der formulierenden und der reflektierenden Interpretation in der Dokumentarischen Methode, das merkwürdige Emergieren von Theorie, das sich im Codierprozess der Grounded Theory einstellen soll, die Abduktion zum richtigen Gedankenexperiment in der objektiven Hermeneutik.

---

[7] Wobei man ein solches vielleicht ebenso der Praxis standardisierter Forschung, insbesondere aber der soziologischen Theoriearbeit, vorwerfen kann. Wirft man einen Blick in die Praxis naturwissenschaftlicher Laborarbeit, so sieht es da nicht anders aus (siehe etwa Latour und Woolgar 1986; Pickering 1995). Man könnte geneigt sein, die These aufzustellen, dass jede Forschung unter einem Theoriedefizit leiden muss, da sie nie in der Lage sein wird, die Praxis der Anwendung einer Methode in Methode zu überführen, da man auch diese letztlich wieder praktisch anwenden muss. Das freilich entbindet nicht von der Arbeit an methodischen Technologien.

Die Fähigkeit, das Feld angemessen aufzuschließen, liegt also in der „inneren Unendlichkeit des geschulten Sozialforschers" (Nassehi und Saake 2002, S. 67). Gleiches gilt für die Fähigkeit, die Mehrdeutigkeit des Sozialen kohärent als Eindeutigkeit (einer Strategie in einem Kontext, einer gemeinsamen Konstruktion, eines konjunktiven Habitus etc.) zu erklären. Denn das Material, wie auch die Alltagserfahrung jedes Menschen, sperrt sich dagegen, unter dem Blickwinkel (nur) einer übergreifenden Erklärung verstanden zu werden – was jeder Sozialforscher erfährt, der Anfängern beizubringen versucht, in den komplexen Texten und Bildern aus der Datenerhebung die „richtigen" Muster zu sehen.

Das skizzierte Doppelproblem – die Fluidität des Gegenstandes wie auch die Frage, wie man richtig zu interpretieren hat – wird so in der *Praxis* guter Forschung zumindest ansatzweise aufgehoben. Die Praxis transzendiert so ihre eigene Theorie und Methodologie – was wiederum einen guten Forscher nicht weiter überrascht, da er weiß, dass theoretische Reflexion häufig eben erst *ex post* vorgenommen wird (Bohnsack 2005). Auch und gerade in der qualitativen Sozialforschung ist Methodenentwicklung und Theoriebildung oftmals vor allem retrospektive Annäherung an die eigene Praxis.

All dies jedoch ändert nichts daran, dass Theoriebildung und Methodologie die einzigen Formen sind, in der qualitative Forschung über sich selbst Rechenschaft ablegt. Explizites Wissen ist in diesem Sinne durchaus handlungsleitend – auch wenn es stets in ein schon immer vorhandenes implizites Wissensgerüst integriert ist und nur durch dieses erschlossen wird (Bohnsack 2017). Gerade in der Wissenschaft ist der Verweis auf die „Kunstlehre" damit eben als genau das zu begreifen, als das Nassehi und Saake es benennen: als ein mithin unbefriedigendes Technologiedefizit.[8]

Zusammenfassung

Die qualitative Sozialforschung ist mit dem Problem der Mehrdeutigkeit des Sozialen konfrontiert, aus dem sie eine eindeutige Interpretation gewinnen muss. Das gelingt ihr, indem sie eine Ontologie des Sozialen postuliert (Akteure, geteilte Sinnstrukturen, konjunktive Erfahrungsräume, Bio-

---

[8] „Technologiedefizit" heißt hier nur: Technologiedefizit in Bezug auf die Möglichkeit, den eigenen Gegenstand theoretisch-konzeptionell einheitlich zu fassen und Mehrdeutigkeit in der Interpretation methodisch-kontrolliert abbilden zu können. Im Hinblick auf Verfahren der Datenerhebung, grundlegende Techniken der Interpretation, wie etwa der komparativen Methode oder Fragen des Samplings, kann von einem Technologiedefizit nicht die Rede sein.

grafien etc.). Die qualitative Sozialforschung nimmt also an, dass es um eine bestimmte Form von Sinn geht und nicht um eine andere. Mehrdeutigkeit wird also immer verstanden, indem sie auf eine (als richtig postulierte) Eindeutigkeit zurückgeführt wird. Damit aber verkürzt qualitative Sozialforschung ihren Gegenstand. Wenn Methode und Theorie im Zuge einer Forschungspraxis entwickelt werden und sich so an den Gegenstand anschmiegen, während sie ihn konstituieren, ist dies meist unproblematisch und produktiv. Gefahr besteht vor allem, wenn Methoden, die schon immer Methoden-Theorie-Amalgame darstellen, ihre eigenen Theorien hypostasieren und damit verkennen, dass ihre eigenen Annahmen hochgradig selektiv sind. Strukturell hat eine ontologisch verfahrende rekonstruktive Sozialforschung dabei immer das Problem, dass Mehrdeutigkeit nicht systematisch erschlossen werden kann.

Skizze einer operativen Metaphysik 3

Die qualitative Sozialforschung befindet sich in einem Dilemma. Sie möchte einen direkten Zugang zum Sozialen gewinnen, stellt jedoch fest, dass sie dazu einer theoretischen Bestimmung bedarf, die ihr vorab sagt, was das Soziale eigentlich ist. Sie bedarf einer Ontologie des Sozialen – doch genau dies steht einem offenen, unbeeinflussten Zugang zu dem „Phänomen an sich" entgegen. Die qualitative Sozialforschung möchte einen unvermittelten Zugang, kann diesen jedoch nur vermittelt über Theorie gewinnen.

Dieses Problem lässt sich nicht durch die „richtige" Konzeption von Sozialität lösen. Es lässt sich auch nicht durch die „richtige" Vorstellung dessen lösen, als was man Sozialität interpretieren sollte. Genau genommen lässt es sich nicht lösen, da Denken und Sprechen, also das Medium, in dem Sozialwissenschaft stattfindet, nun einmal ontologisch verfahren. Die propositionale Struktur der Sprache produziert das Subjekt-Prädikat-Objekt-Schema und die damit einhergehenden Zurechnungen von Ursachen und Motiven. In der Folge entwickeln Begriffe ein Eigenleben. So hypostasieren wir Unbenennbares als konkrete Dinge. Wir sprechen von „der Gesellschaft", von „konjunktiven Erfahrungsräumen" oder „Subjekten" in einer Art und Weise, als würde es diese geben, wie es etwa einen Stein gibt. So entstehen soziale Fakten, von denen wir denken, sie seien real und die, folgt man dem Thomas-Theorem, gerade deshalb zur Wirklichkeit werden. Wir können nicht anders, als den von uns verfassten sprachlichen Gegenständen eine ontologische Struktur zu geben. Um es als Paradoxon zu formulieren: Weil wir ontologisch denken und sprechen, können wir Sozialität verstehen. Weil wir ontologisch denken und sprechen, können wir es nicht. Denn unser Verstehen bleibt immer ein Missverstehen, das seinen Gegenstand als ein Ding verkennt, das es nicht ist.[1]

Eine unmittelbare Lösung für dieses Problem ist nicht möglich. Es lassen sich jedoch Techniken entwickeln, das Problem so zu umkreisen, dass dabei nicht nur die üblichen Fallen vermieden werden, sondern darüber hinaus eine produktive, zugleich offen wie auch theoretisch kontrollierte Forschung angeleitet wird. Gewissermaßen muss eine Art theoretischer Bypass gelegt werden – ist das ursprüngliche Spiel nicht zu gewinnen, müssen die Regeln geändert werden. Es gilt einen „Joker" zu spielen (Serres 1980, S. 244).

Dazu möchten wir eine meontische Theoriebildung vorschlagen (Günther 1979c, S. 63),[2] die ihr begriffliches Instrumentarium nicht in identifizierender, sondern in *operativer* Absicht verwendet. Es geht darum, Begriffe zu entwickeln, anhand derer Differenzen entdeckt werden können, die aber keinen letzten Grund im Sinne einer „terra firma", kein Dahinter, kein wirkliches oder eigentliches Sein des Sozialen implizieren.[3]

Diese Art der Theoriebildung möchten wir mit einem ebenso meontischen Begriff von Sinn verbinden, der für uns den Gegenstandsbereich empirischer Sozialforschung (oder dann besser: Sinnforschung) darstellt. Denn Sinn ist gewissermaßen das theoretische Residuum qualitativer Sozialforschung: Selbst, wenn man sich nicht darüber einig ist, wie Sinn zu verstehen und als was Sinn zu konzeptionalisieren ist, so ist man sich doch einig, dass es um Sinn geht (ob nun geteilter oder gemeinter, intendierter, praxeologischer, impliziter oder objektiver Sinn). Auf Sinn als kleinsten gemeinsamen Nenner kann man sich einigen.

Der Sinnbegriff hat den Vorteil, dass er sich meontisch fassen lässt. Zwar reden wir von Sinn als etwas Seiendem und grenzen es so von anderem Seiendem in der Welt ab. So kann man etwa sagen, dass Sinn weder ein Haus ist noch ein Vulkan. Gleichzeitig bildet Sinn jedoch im phänomenologischen Verständnis

---

[1] Spätestens hier wird deutlich, dass es die qualitative Sozialforschung mit einer ganz ähnlichen Problemlage zu tun hat wie die negative Theologie (Westerkamp 2006), wenn sie feststellt, dass man über Gott keine positiven Aussagen treffen kann. Die Problemlage ist also eine ganz ähnliche wie bei Lévinas, Derrida oder Putnam (Westerkamp 2006, S. 185 ff.). Da qualitative Sozialforschung jedoch eine empirische Forschung ist, bietet sich ihr der Ausweg in die philosophischen Sphären der Negation oder auch die Zuflucht in „Über"-Aussagen eines Pseudo-Dionysos (1994) nicht an. Sie muss einen anderen Weg finden.

[2] Die Systemtheorie nach Luhmann spricht von „de-ontologisch" (Clam 2002).

[3] Womit man auch nicht ausschließen kann, dass auch dieses Instrumentarium hypostasiert und ontologisch in Anschlag gebracht wird.

den Horizont der Welt. Es gibt keinen Sinn außerhalb von Sinn. Selbst Unsinn hat Sinn, denn jeder Gegenstand, den wir als nicht sinnhaft bezeichnen, ist nur sinnhaft zugänglich. Jedes Haus und jeder Vulkan entsteht nur in der sinnhaften Bezugnahme. Dementsprechend ist Sinn kein Seiendes. Vielmehr konstituiert sich Sein innerhalb von Sinn (Luhmann 1984; Schützeichel 2003). Sinn ist also eine Antinomie, eine seltsame Schleife im Sinne Hofstadters. Er ist unhintergehbar und nicht transzendierbar. Sinn kommt in der Welt vor und markiert gleichzeitig die Grenzen der Welt. Sprechen wir also von Sinn als unserem Gegenstand, so unterlaufen wir das Problem der Hypostase durch den Begriff, den wir verwenden. Sinn ist nichts und Sinnforschung befasst sich mit allem. Der Gegenstand qualitativer Sozialforschung ist dann nicht mehr ontologisch bestimmt (etwa als konjunktive Erfahrungsräume oder Akteursstrategien), sondern meontisch als die Form der Bezugnahme. Qualitative Sozialforschung ist das *Wie* der Arbeit, nicht das *Was* des Gegenstandes.

Qualitative Sozialforschung arbeitet dann nicht mehr daran, etwas zu entdecken, weil es nichts Verdecktes gibt. In Anlehnung an Latours Idee einer experimentellen oder empirischen Metaphysik ließe sich qualitative Sozialforschung im Sinne einer „metaphysical ‚minimum-wage'" (2004, S. 61; siehe auch Hämäläinen und Lehtonen 2016) als *operative Metaphysik* bezeichnen. Es gibt kein *Dahinter*, keine Strategien, keine konjunktiven Erfahrungsräume, keine geteilten Orientierungsmuster. Vielmehr wird danach gefragt, wie sich sinnhafte Formen ausbilden und wechselseitig in rekursiven Mustern stabilisieren, die ihrerseits Formen ausbilden, die als Strategien, Erfahrungsräume, geteilte Orientierungsmuster oder Ähnliches erscheinen. Der Gegenstand qualitativer Sozialforschung ist dann per se *Differenzgeschehen* innerhalb polyphoner, polyzentrischer Verhältnisse, im Zuge dessen Konkretes überhaupt erst entsteht.

3.1 Anforderungen an eine operative Metaphysik

Fragt man nach Herangehensweisen, die in der Lage sind, Ontologien in intelligenter Weise zu umgehen, lohnt es sich zunächst, die Leistung von Ontologien zu würdigen: Ontologien schaffen Zugänge. Kein Denken, kein Sprechen ohne den Bezug auf etwas. Wenn wir unseren Gegenstand nicht als etwas Seiendes, nicht auf Basis der Unterscheidung Sein/Nicht-Sein handhabbar machen, können wir keinen Zugang zu ihm gewinnen.

Das bringt uns in ein Dilemma, denn wenngleich sich die unterschiedlichen Schulen der qualitativen Forschung darauf einigen können, dass es um die Rekonstruktion von Sinn geht, zeichnet sich Sinn eben dadurch aus, dass er nicht greifbar ist. In der Tradition des Idealismus kann Sinn als Prozess der Bezugnahme auf Seiendes begriffen werden, als Negativität,[4] nicht aber als positives Datum, als Faktum in der Welt (Günther 1978, S. 26 ff.). Jeder Versuch, Sinn zu fassen – etwa als Denken, Handlung, Intersubjektivität oder als „framing" – und damit als etwas Konkretes, Greifbares, führt zu einer Essenzialisierung, die Sinn missversteht. Gleichzeitig können wir Sinn nicht fassen, ohne ihn als subjektiv gemeinten oder geteilten Sinn, als Framing oder Ähnliches zu markieren. Wollen wir Sinn interpretieren, so rechnen wir ihn einem Ort, einer Adresse in der Welt zu. Damit verkennen wir aber, dass diese Zurechnung selbst eine sinnhafte Operation ist, die auch anders getätigt werden könnte.

Wie können wir diesem Problem in einer für die sozialwissenschaftliche Forschung produktiven Weise begegnen? Ein Weg besteht im Verzicht auf essenzialisierende Begriffe wie *das* Soziale, *die* Psyche, *das* Subjekt oder *den* Sinn. Die Akteur-Netzwerk-Theorie (ANT) macht wohl den radikalsten Vorstoß in diese Richtung und schlägt eine „flache Ontologie" vor, die an die Stelle einer komplexen Ontologie des Sozialen treten soll. Anstatt eine anspruchsvolle interaktionistische, pragmatistische, praxeologische oder andere Theorie aufzubauen, die die Grenzen des Sozialen bestimmt – also vorab festlegt, im Rückgriff auf welche Prozesse (Institutionalisierung, Habitus etc.) man diesen definierten Gegenstand verstehen *soll* –, setzt die ANT auf die Idee der Assoziation. Das Soziale, sagt sie, gibt es nicht als Entität. Stattdessen gilt es jenen Prozessen zu folgen, mit und in denen Verbindungen geschaffen werden (Latour 2005, S. 5 f.). Eine Grenze zwischen Natur und Kultur gibt es dabei weder zwischen Ding und Mensch noch zwischen vermeintlichen Mikro- und Makrostrukturen (Latour 1981). Menschliche und nichtmenschliche Körper und Psychen, Techniken und Artefakte, Symbole, Konzepte und Ideen stehen gleichberechtigt nebeneinander und wirken als Aktanten aufeinander ein. Dabei bilden sie Assoziationen, die ihrerseits zu eigenständigen Aktanten werden, die sich wiederum mit anderem assoziieren und situativ neue Existenzformen mit eigenen Ontologien und den hiermit einhergehenden Essenzialisierungen hervorbringen.[5]

---

[4] Der Begriff bezeichnet hier schlichtweg das, was nicht bezeichnet werden kann, den Akt der Bezugnahme, das Denken im Unterschied zum Gedachten, den „unmarked space" im Sinne Spencer Browns (1972). Mit irgendeiner Form von Normativität, wie etwa Mensching (2020, S. 287) irrigerweise meint, hat das selbstverständlich nichts zu tun.

[5] „Wie könnten Feldforscher einer Hausfrau, einem Buchhalter, einem Pilger, einem Kriminellen, einer Sopransängerin zuhören und dem folgen, was diese zu sagen haben, hätten sie nicht Hegel, Aristoteles, Dewey oder Whitehead, um ihnen zu helfen? Haben diese Autoren nicht viel nützliche Arbeit geleistet, um zu klären, was ein Akteur, eine

3.1 Anforderungen an eine operative Metaphysik

Die ANT radikalisiert so die Herangehensweise der Ethnologie und spricht sich damit für eine konsequent empirische Metaphysik aus: Theorien darüber, wie die Welt beschaffen ist, sind nur noch Gegenstand empirischer Forschung. Die Essenz des Beobachteten ist nicht mehr zu bestimmen. Alles ist schon immer hybrid (Latour 2008). Dementsprechend kann auch keine kausale Rückführung des Beobachteten auf etwas anderes, auf einen Habitus, einen Erfahrungsraum oder eine gemeinsame Konstruktion im Sinne einer konstitutionslogischen Letztbegründung vorgenommen werden. Mit ihrer Idee einer flachen Ontologie vermeidet die ANT die hochgradige Selektivität, die entsteht, sobald der Beobachtung irgendeine Sozialtheorie vorgeschaltet wird, wie es in den gängigen methodologischen Ansätzen geschieht.

Dennoch bleibt der Ansatz der ANT zumindest aus methodologischer Sicht dem Ontologischen verhaftet, weil er erneut die romantische Idee der „Sache selbst" aktualisiert. Während andere Verfahren in der Lage sind, damit umzugehen, dass sie an eine bestimmte Ontologie gebunden sind und diese Tatsache in ihrem Vorgehen reflektieren, die Standortgebundenheit ihres Wissens also transparent machen, betreibt die ANT einen neuen Kult der Unmittelbarkeit und Eindeutigkeit. Nun ist es das Netzwerk, das alles ist, das alles bestimmt, das hinter den Erscheinungen steht. Das theoretische Konzept des Sozialen wird also durch das in der ANT kaum theoretisch reflektierte Konzept des Netzwerks ersetzt. Die ANT wird zur Aktant-Rhizom-Ontologie (Latour 2006, S. 565), eine implizite Ontologie, die davon ausgeht, dass die „Sache selbst" eine Vernetzung von Akteuren ist.

Existenzform, eine Entität sein kann? Das bedeutet nicht, daß Philosophen es besser wüßten, tiefer eindrängen, fundamentaler wären als Sozialwissenschaftler, noch bedeutet es, daß sie der Soziologie eine ‚Grundlage' lieferten oder eine ‚Metatheorie' bereitstellten. Aber wenn man die Sozialwissenschaften von den Reservoirs philosophischer Innovationen abschneidet, dann ist das ein sicheres Rezept dafür, daß niemand je die philosophischen Innovationen gewöhnlicher Akteure bemerken wird, die oft über die professioneller Philosophen hinausgehen. Noch schlimmer wird es, wenn die Sozialwissenschaftler sich nicht nur der Metaphysik enthalten, sondern es geradezu als ihre Pflicht betrachten, auf einer äußerst beschränkten Liste von Handlungsträgern zu bestehen, und die unendlich mannigfaltigen Produktionen der Akteure ständig in diesen rudimentären Wortschatz übersetzen. Akteure bevölkern die Welt mit sehr unterschiedlichen Existenzformen, während die Soziologen des Sozialen ihnen erklären, aus welchen Bausteinen die Welt ‚wirklich' besteht" (Latour 2010, S. 91).

Im blinden Fleck der ANT stehen somit der jeweilige Beobachter und die Menschen, die interviewt werden. Was sich jeweils als Netzwerk zeigt, hängt von der Position ab, die man innerhalb eines Netzwerks einnimmt – und ob es sich überhaupt als Netzwerk zeigt, hängt von den angelegten Unterscheidungen ab. Jede Bestimmung eines Netzwerks setzt Reflexivität voraus und da das Netzwerk selbst Positionen der Reflexivität vernetzt, sind die Beschreibungen und Beobachtungen – das was der Fall ist – je nach eingenommenem Ort anders – und damit konstitutiv uneinheitlich (Jansen 2016b). Die ANT rastet in einer Beschreibung ein und verabsolutiert diese. Sie übernimmt in der Praxis empirischer Forschung die im Feld dominante Erzählung, hypostasiert diese und tut so, als würde sie damit eine objektive Netzwerksstruktur aufdecken.

Gerade das lässt sich aber mit der ANT nicht sehen, da diese nicht über ein Konzept der Beobachtung verfügt, anders als etwa die Systemtheorie, die von Anfang an deutlich macht, dass sie den Systembegriff als Theorie an ihren Gegenstand anlegt. Die ANT reklamiert Unmittelbarkeit. Gerade dadurch führt ihr Ruf „zu den Sachen selbst", aber nicht zu einem unmittelbareren Zugang, sondern zu einer mangelnden Kontrolle der Beobachterposition. Dementsprechend drohen auch die Netzwerke der ANT als monolithische Ordnungen verstanden zu werden, die alles unterwerfen (Star 1991). Für andere Ordnungen, etwa funktionale Differenzierung (Farías 2013), ist die ANT blind. Daher ist auch sie eine Soziologie des Sozialen, die sie nicht sein will: Sie reduziert das Beobachtete auf ein Netzwerk (Jansen und Vogd 2014; Jansen 2017) und verschleiert damit, dass dieses nicht „die Sache selbst" ist, sondern ebenfalls eine kontingente Beobachtung, die einer Ontologie der Ein-Eindeutigkeit letztendlich in ähnlicher Weise verhaftet bleibt wie andere Theorien.

Bruno Latour selbst erkennt das Problem und bricht in seinem Spätwerk *Enquête sur les modes d'existence* mit der ANT bzw. erweitert diese in Richtung einer Theorie unterschiedlicher Sinn- bzw. Wertsphären. Latours „Existenzweisen" sind der Versuch, den unterschiedlichen Rationalitäten gerecht zu werden, wie sie bei Luhmann etwa in der Differenzierung zwischen den Systemebenen und Funktionssystemen aufscheinen.[6] Diese Bewegung ist jedoch nur möglich, indem die epistemische Grenze bzw. der Graben zwischen der Netzwerktheorie und einer Theorie der Wertsphären in seiner Tiefe und Unüberbrückbarkeit bedingungslos anerkannt wird. Als einer der wichtigsten, und wohl am

---

[6] Siehe zum Vergleich von Luhmanns Theorie Sozialer Systeme und Latours Existenzweisen Vogd (2016).

häufigsten genannten Begriffe, die in Latours „Existenzweisen" einen theoretisch-konzeptionellen Status erlangen, lässt sich folgerichtig das Wort *Hiatus* finden. Der Hiatus bezeichnet das Springen über Diskontinuitäten, das Überwinden eines Passes, um von einer Existenzweise zu einer anderen zu gelangen. Der Abgrund, der übersprungen werden muss, steht für die unbestimmte Negation, die gestaltende Offenheit von Sinn – er führt über die Unbestimmtheit.

Eine operative Metaphysik, die sich für Mehrdeutigkeit interessiert, ist mit der ANT allein nicht zu haben. Denn Sinn kann – je nach Standort – in verschiedene Selbstreduktionen bzw. „fungierende Ontologien" einrasten. Wenn man eine minimale „flache Ontologie" verwendet, wie zunächst die ANT fordert, gelangt man zum Desiderat der empirischen Metaphysik, nämlich dorthin, dass die Entitäten, die aus den Assoziationen unterschiedlicher Aktanten entstehen, nicht nur Dinge und Handlungsprogramme sind, die durch Vernetzung zu anderen Dingen und Handlungsprogrammen werden, sondern dass es Wesen (bzw. „Existenzweisen") gibt, die jeweils ihre eigene Ontologie und Metaphysik *haben*. Sie sind also nicht nur Teil eines Netzwerkes, sondern verorten sich qua Reflexion als Gegenüber einer Welt, und zwar in Form der ihnen jeweils eigenen metaphysischen Unterscheidungen. Damit landen wir aber unweigerlich bei einer Vielheit von Existenzweisen mit ihrer jeweils eigenen Ontologie und Metaphysik, d. h. bei einem polyphonen Gewebe, das sich aus den Überschüssen eines lediglich aus der Negation zu bestimmenden mehrdeutigen Sinns spinnt.

Der Bruch in Latours Forschungsarbeiten zeigt damit sehr genau auf, was eine operative Metaphysik zu leisten hat: Positive Bestimmungen und Negativität zusammendenken, ohne damit das Verhältnis der hiermit einhergehenden Beziehungen vorab festzulegen.[7]

---

[7] Luhmanns Forschungsprogramm stößt von der anderen Seite auf die Problematik. Wie Latour unterläuft auch Luhmann mit seinem Theoriedesign die Subjekt-Objekt-Dichotomie, setzt aber bei der Symmetrisierung von *Rationalität* und *Reflexion* an. Husserls prozesshaften Sinnbegriff aufgreifend, kann neben der Psyche auch die Kommunikation als autonome Sinnpraxis konzeptualisiert werden. Dies ist möglich, indem allein die *Systemrationalität* als abstrakte Reflexionsbeziehung der Konstruktion und Reproduktion einer Differenz von System und Umwelt als fundierende Einheit weiterer Untersuchungen genommen wird. Diese Einheit erscheint zugleich tautologisch und heterologisch als jener mysteriöse Beobachter, der als betriebene Differenz seinslogisch keine Existenz hat. Als Reflexion ist er nur negativsprachlich formulierbar, bleibt dabei jedoch als Figur autopoietischer Reflexivität monadisch bzw. solipsistisch in der eigenen Systemrationalität eingeschlossen. Die Einbindung in ein Netzwerk aus Beziehungen zur Mitwelt kommt hiermit aus dem Blick. An der Spitze der systemtheoretischen Theoriebewegung entsteht damit unweigerlich das Desiderat einer theoretischen Erweiterung, die es ermöglicht, Systeme

Vor diesem Hintergrund lassen sich 4 Forderungen an eine qualitative Sozialforschung stellen, die einer operativen Metaphysik gerecht wird:

1. **Der Gegenstandsbereich ist so zu definieren, dass auf einen vorab bestimmten ontologischen Schnitt durch die Welt verzichtet wird.** Als eines der zentralen Ausgangsprobleme wurde jener Schnitt benannt, den sozialwissenschaftliche Theoriebildung allzu häufig vornimmt und gegen den die ANT sich mit dem Programm der flachen Ontologie wendet. Aus diesem Schnitt resultiert automatisch eine positive (im Gegensatz zu einer negativen, reflexionssprachlichen) Konzeption von Sozialität, aus welcher sich wiederum die Trennung von Phänomenbereich und erklärender Instanz ergibt. Die Antwort der ANT bleibt auf halber Strecke stehen, da auch die Vorstellung der Assoziation von Agenten sich als positive Ontologie herausstellt. Damit stellt sich für uns die Aufgabe, gleichsam eine soziologische Variante der phänomenologischen Epoché zu schaffen. Denn erst wenn man eine solchermaßen ontologisch enthaltsame Gegenstandsdefinition gewonnen hat, lässt sich das Problem umschiffen, das Soziale vorab in ein-eindeutiger Weise – etwa als die natürliche Situation, als Handlungszusammenhang oder Ähnliches – zu definieren. Im Sinne einer empirischen Metaphysik muss gerade dies offengehalten werden.
2. **Es gilt eine meontische** (Günther 1976c, S. 63) **oder deontologische** (Clam 2002) **Theoriesprache zu finden.** Das Ausgangsproblem ist das identifizierende Denken in aristotelischer Tradition, das versucht, Welt auf eine Substanz, eine Essenz oder ein Letztelement der Begründung zurückzuführen. Als Alternative kommt hier eine Betrachtung infrage, die nicht auf *onto*logische, sondern lediglich auf meontische Kategorien setzt und folglich nicht versucht ist, in ihren Gegenständen letzte Elemente oder Ursachen auszumachen. Die benötigte Sprache muss damit eine sein, die sich auf die Gewinnung von Operatoren, nicht aber von Operanden konzentriert. Alles

---

sowohl als „Organismus mit Umwelt" wie auch „als System-im-Unterschied-zu-einer-Umwelt" zu denken. Zugleich müssen gewisse „Vorsichtsmaßnahmen" eingehalten werden (Baecker 2013, S. 300), um die grundlegende epistemische und ontologische Differenz dieser beiden Systemkonzeptionen im Blick zu behalten. Es bleibt das Desiderat, positiv- und negativsprachliche Beschreibungen von systemischen Prozessen in ein übergreifendes theoretisches Arrangement zu bringen, ohne sie fälschlicherweise miteinander zu verwechseln (dazu ausführlich Jansen 2015b).

3.1 Anforderungen an eine operative Metaphysik

andere liefe auf eine Hypostase des Nichtbegrifflichen hinaus (Adorno 2013, S. 140). Meontisches darf nicht als identifizierendes Denken auftreten und versuchen, „gegen Wittgenstein zu sagen, was sich nicht sagen läßt" (Adorno 2013, S. 21). Eine meontische Theoriesprache stellt in diesem Sinne einen Aufforderungszusammenhang dar, eine Form der performativen Anleitung. Ganz ähnlich, wie sich die Wahrheit bei Wittgenstein (2003) im Selbstwiderspruch des *Tractatus* zeigt, oder bei Spencer-Brown (1972) die Einheit seiner Theorie nur durch die Form der *Anweisung* zutage tritt, wird auch in der uns vorschwebenden Theoriesprache der Blick auf die Operationen selbst gelenkt und nicht auf das, was eine Operation als Ergebnis ausflaggt.[8]

3. Im Zusammenhang einer solchen meontischen Theoriesprache wird es nicht mehr darum gehen können, den Gegenstandsbereich über eine mehr oder weniger verdeckte kausale Zurechnung zu verstehen; zudem dürfte sie auch nicht in die typisierende Konstruktion eines Common Sense des Gegenstandes münden. **Vielmehr muss eine Form der Analyse gefunden werden, die von einer (nur) kausalen Zurechnung absieht und gleichzeitig mit mehreren Sinnhorizonten rechnet, ohne diese einfach zu katalogisieren** (was wieder auf eine Zentralperspektive hinauslaufen würde). Es gilt demgegenüber, den Zusammenhang zwischen den unterschiedlichen Bedeutungssystemen zu analysieren. Hier rückt der Begriff der funktionalen oder kybernetischen Erklärung in den Fokus (Bateson 1981; Cassirer 1994)

4. **All dies hat in methodisch kontrollierter Form zu geschehen.** Auch wenn sich die Dimension der „Kunstlehre" sicherlich nicht völlig ausräumen lässt, da Sinnverstehen niemals trivial ist, darf gerade dies nicht zu einer Beliebigkeit und einem genialistischen Habitus in der Interpretation führen. Dies kann nur durch ein Instrumentarium gewährleistet werden, das Schritte in der Interpretation transparent macht und dafür sorgt, dass diese gerade nicht in der Kontingenz der „inneren Unendlichkeit des geschulten Sozialforschers" (Nassehi und Saake 2002, S. 67) aufgeht. Auch hat die methodische Kontrolle, wenngleich sie nicht deduktiv aus der Theorie ableitbar ist (qualitative Forschung ist und bleibt ein hermeneutischer Praxiszusammenhang), doch mit dieser in Einklang zu stehen.[9] Hier soll im Anschluss an Wittgenstein ein

---

[8] Kritik an der Ontologie will auf keine andere Ontologie hinaus, auch auf keine des Nichtontologischen (Adorno 2013, S. 140).

[9] Wittgenstein (2008, S. 88) schreibt: „Es gibt nicht *eine* Methode der Philosophie, wohl aber gibt es Methoden, gleichsam verschiedener Therapien."

Verfahren entwickelt werden, das logische Brüche in Texten identifiziert, um hierdurch Mustern auf die Spur zu kommen.

3.2 Sinn

Mit Blick auf die vorangehenden Ausführungen lässt sich festhalten, dass qualitative Forschung Mehrdeutigkeit interpretiert, indem sie diese auf eine ex ante postulierte Gesetzlichkeit oder Essenz des Sozialen zurückführt. Dieser Schritt ist dabei weniger als ein verfahrenstechnischer zu verstehen, der sich durch die Anpassung der Methode verbessern ließe. Vielmehr beginnt er schon vor aller praktischen Forschung – nämlich an jener Stelle, wo die Soziologie ihren Gegenstandsbereich definiert. Sobald sie über diesen mehr sagt als lediglich die Tautologie, dass sie sich mit dem Sozialen befasst, rastet sie in eine bestimmte Ontologie ein. Dies geht wohl gar nicht anders. Man sollte schon wissen, womit man es zu tun hat. Wir kommen nicht umhin, einen Gegenstandsbereich zu definieren.

Wie gezeigt wurde, unterscheiden sich die jeweiligen soziologischen Ansätze nicht zuletzt anhand ihrer jeweiligen Definition des Sozialen, oder anders ausgedrückt, durch die Art und Weise, wie sie ihren Gegenstandsbereich zuschneiden, indem sie ihn von „allem anderen" abgrenzen. Bei näherer Betrachtung stellt sich jedoch die Frage nach der Grundlage der so erzeugten Differenzierungen: Sagen diese uns wirklich etwas über die Welt wie sie ist, oder vielleicht doch nur über die jeweilige Forschungspraxis? Gerade, weil immer auch andere Unterscheidungen denkbar (und artikulierbar) sind und sich zudem kein epistemologisch höherwertiger Standpunkt finden lässt, von dem aus ein bestimmter Schnitt letztgültig zu begründen wäre, gibt es keinen hinreichenden Grund, das Soziale substanziell beispielsweise vom Psychischen oder von der materialen Welt zu scheiden. Gerade dies zeigen etwa die Arbeiten von Latour, die Gegenstände mit in die Welt des Sozialen aufnehmen, oder die Arbeiten Foucaults, die auf die soziale Konstitution von Subjektivität hinweisen (etwa Foucault 1976, 2009; als Einführung Reckwitz 2012). Das Soziale als einen eindeutig abgrenzbaren, in sich bestimmten und auf sich selbst beruhenden objektiven Gegenstandsbereich gibt es nicht.

Dennoch bedarf es einer Definition dessen, womit man es zu tun hat. Hier bietet es sich an, von Husserls Phänomenologie zu lernen – und zwar bevor sie

3.2 Sinn

mit der Zurechnung auf das Subjekt zur transzendentalen Phänomenologie oder in Referenz auf den Körper zu einer leiblichen Anthropologie wurde. Es gilt also den Aufruf „zu den Sachen selbst" nicht ontologisch zu verstehen, sondern epistemologisch - oder besser: methodisch. Genau so war er von Husserl auch gemeint, ging es ihm doch gerade darum, vom Ding an sich (was in unserem Fall so viel heißt wie: von „*dem* Sozialen") abzusehen.

Folglich lautet unser Vorschlag, den methodischen Kunstgriff der Epoché auf die qualitative Sozialforschung zu übertragen, d. h. die gesamte Welt als deren Gegenstandsbereich zu definieren und die ontologische Frage auszuklammern (Luhmann 1994). Von „Welt" zu sprechen, heißt dann nichts weiter, als alles grundsätzlich Benennbare (Wittgenstein 2003) als potenziellen Gegenstand qualitativer Sozialforschung ins Auge zu fassen. Es gibt in diesem Sinne keinen Unterschied zwischen einer sozialen und einer nichtsozialen Materie in der Welt. Das Soziale bezeichnet keine bestimmte Klasse von Phänomenen im Unterschied zu einer anderen. Soziologie unterscheidet sich dann von anderen Wissenschaften nur in der Art der Betrachtung. Sie ist nicht durch den Gegenstand, sondern durch die Herangehensweise definiert.

Dies wirft zwei Probleme auf. Zum einen hat man mit einer solchen Ausklammerung der Frage nach der Substanz noch keine Antwort bekommen, sondern nur eine neue Frage. Man wandelt die „Was"-Frage nach dem Gegenstandsbereich in eine „Wie"-Frage nach der Betrachtungsweise um. Husserl wählt hier die Antwort des phänomenologischen Verstehens. Die Sachen selbst zu verstehen, heißt bei ihm, die Sachen in ihrer Erscheinung als Phänomen zu begreifen und damit von der Frage nach dem „wirklichen" Sein abzusehen.

Zum anderen stellt sich die Frage, ob man auf subtile Weise nicht doch wieder in eine Ontologie abrutscht (wie etwa die des positivsprachlich bestimmbaren Netzwerks der ANT). Die Phänomenologie wählt mit der phänomenologischen Reduktion ein Vorzeichen: Sie bezieht sich eben nur auf die Welt *als Phänomen*. Sie trifft keine Aussagen über das ominöse Kantsche Ding an sich. Damit schafft sie (zumindest vor Husserls transzendentaler Wende) zweierlei, was die klassischen soziologischen Positionen[10] nicht leisten können: Erstens zieht sie

---

[10] Selbst wenn diese sich etwas verunglückt selbst an einer phänomenologischen Reduktion üben – nur um diese dann im zweiten Schritt doch wieder aufzuheben (Berger und Luckmann 1980) und letztlich in einem etwas plumpen Realismus avant la lettre zu münden.

keine Differenz innerhalb der Welt. Phänomen ist alles. Zweitens schafft sie es, sich jeder Form ontologischer Aussagen durch ihre Methode zu enthalten. Die Phänomenologie untersucht Erscheinungen, nicht das Sein der Dinge.

Nun wäre es jedoch zu einfach, den Kunstgriff der Phänomenologie eins zu eins zu übernehmen und eine neue Sozialphänomenologie auszurufen. Die Gründe hierfür wurden teilweise bereits angesprochen. Denn indem die Phänomenologie die Welt als Phänomen behandelt, nimmt sie (zumindest implizit) die Begrenzung ihres Geltungsbereichs auf das individuelle Bewusstsein in Kauf. Sobald wir es jedoch mit mehr als einem Bewusstsein zu tun haben – was sich im Hinblick auf das Soziale kaum vermeiden lässt –, wird aus dem transzendentalen Bewusstsein entweder ein empirisches, womit man die phänomenologische Reduktion verliert. Oder aber das Bewusstsein wird als transzendentales Subjekt identifiziert, womit aber gerade das für jegliche Sozialität charakteristische „Zwischen", d. h. die Intersubjektivität aus der Betrachtung herausfällt (Schütz 1957; Luhmann 1994). Man kann dann zwar Erfahrungsaufschichtungen untersuchen (Schütz 1981), das zugrunde liegende Problem ist damit jedoch nicht gelöst. Auch die Phänomenologie Husserls, auch das Vorzeichen der phänomenologischen Reduktion, führt eine ontologische Aussage mit. Bereits hier zeigt sich im Kern das, was Heidegger später Fundamentalontologie nennt: Phänomenologie als Auslegung des Daseins als „desjenigen Seienden", das „ontologisch *ist*" (Heidegger 1993, S. 12). Letztendlich ist die Phänomenologie mit einer ontologischen Grenze verbunden: Es geht um das Subjekt oder das Dasein, dem die Phänomene zugerechnet werden. Unweigerlich hört Phänomenologie spätestens dann auf „reine" Phänomenologie zu sein, wo sie reflexiv wird.

Letztlich gibt es jedoch keinen notwendigen Grund, die Zurechnung auf diese Weise vorzunehmen, d. h. die Welt an ein sie erlebendes Subjekt rückzubinden. In einer solchen Vorgehensweise kommt eher subjekttheoretischer Common Sense zum Ausdruck als theoretische Zwangsläufigkeit. Vielmehr zeugen diese Zurechnungen bei näherer Betrachtung von einem zirkulären Begründungszusammenhang: Ontologisch-Sein stellt die Zurechnung von sich selbst als etwas her (das Subjekt, das Dasein, das Bewusstsein). Das Ich entdeckt sich selbst und lässt dabei jene Operationen in den blinden Fleck rücken, die diese Unterscheidung situativ ermöglichen. Somit kann es nicht sehen, dass es selbst die Gespenster hervorruft, die für unveränderliche und allgemeingültige Realität gehalten werden.[11]

---

[11] Was sich vielleicht am besten bei Fichte (1997, S. 91 ff.) beobachten lässt. Adorno (2013, S. 146) schreibt: „Läßt das Seiende aus dem Geist total sich ableiten, so wird er zu seinem Verhängnis dem bloß Seienden ähnlich, dem er zu widersprechen meint: sonst stimmten Geist und Seiendes nicht zusammen."

3.2 Sinn

Die Phänomene produzieren in diesem Sinne ihre Zurechnung auf ein Subjekt als genau denjenigen Dreh- und Angelpunkt, von dem aus sich dieses Spiel entfaltet. Der Sündenfall liegt dabei, wenn man so möchte, bereits in der Klassifikation der Welt als Phänomen. Denn auch dies ist streng genommen keine phänomenologische, sondern eine ontologische Unterscheidung. Es spricht jedoch nichts dagegen, auch diese Zurechnung als das zu betrachten, was sie ist: Eine kontingente Zurechnung, die so aber auch anders gestaltet werden könnte.[12] In der Folge ließe sich diese Zurechnung variabler gestalten, also quasi eine Epoché vornehmen, ohne sie phänomenologisch zu begreifen und ontologisch festzulegen. Wer sagt denn, dass es dabei um das Bewusstsein gehen muss? *Offenheit* ist hier das Stichwort.[13]

Um sich von einem essenzialistischen Subjektbegriff zu lösen, schlägt die Systemtheorie im Anschluss an Husserl[14] die Idee eines generalisierten Sinnmediums vor (Luhmann 1984; Fuchs 2012), Günther spricht in diesem Zusammenhang von einem erweiterten Informationsbegriff (Günther 1963). Auf diese Weise können wir weiterhin dem Gedanken folgen, dass wir es mit Sinn zu tun haben, dabei jedoch die ontologische Zurechnung offenlassen.

Gerade hierin liegt für uns der Reiz des kybernetischen Denkens, der vielleicht in den ursprünglichen Arbeiten von Norbert Wiener besonders deutlich wird. Wieners Kybernetik schaut nicht mehr auf das Sein (bzw. auf die es vermeintlich konstituierenden Entitäten), sondern auf Regelkreisläufe, die sich empirisch feststellen lassen (Galison 1994). Wiener arbeitete während des Zweiten Weltkriegs an einer Optimierung der britischen Flugabwehr, da die bestehenden Technologien kaum Treffer zu landen vermochten. Der Durchbruch gelang ihm, weil er die Unterscheidungen anders zog als bisher: Wiener geht nicht mehr davon aus, dass man eine Kanone bauen muss, die Flugzeuge abschießt, sondern dass man

---

[12] Für Fuchs ist der Begriff „Sein" daher eine absolute Metapher: „Sie informiert über nichts, es sei denn, man (er)findet einen Ausdruck wie ‚fungierende Ontologien'. Im Mittelpunkt steht dann nicht mehr die Frage nach dem ‚Gibt es das? Gibt es das nicht?', sondern die nach den Konstruktionen jeweils als *gebend*, als *seiend* behandelter *états concrets*, die rekonstruiert werden als sozial oder psychisch eingesetzte ‚Verwendungsweisen'. Luhmann spricht von ‚fungierender Realität'" (Fuchs 2020, 181 f.).

[13] Dies ist dann sehr nah an Merleau-Ponty, wenn er schreibt: „Nach unserer Meinung bestünde die Aufgabe darin, unseren Weltbezug genau zu beschreiben, und zwar nicht als Offenheit des Nichts für das Sein, sondern schlicht als Offenheit: durch diese Offenheit werden wir das Sein und Nichts verstehen können und nicht durch das Sein und das Nichts diese Offenheit" (Merleau-Ponty 2004, S. 131 f.).

[14] Vgl. Schützeichel (2003, S. 32).

es vielmehr mit zwei verschiedenen Regelkreisläufen zu tun hat: dem Ziel-Schuss-Mechanismus des Schützen sowie dem Flugverhalten. Beide aber sind Resultat des Zusammenwirkens von Maschine und Mensch. Wiener nimmt also an, dass Mensch und Maschine nicht voneinander zu trennen sind, dass sie, in heutiger Terminologie, *Cyborgs* darstellen, deren Verhalten spezifischen Regeln unterliegt. Diese implementierte er in die Interaktion von Zielgerät, Schützen und Kanone, sodass es ihm schließlich gelang, einen Cyborg zu konstruieren, der das Verhalten seiner Ziele antizipiert. Der Kunstgriff Wieners liegt also darin, den Schnitt anders zu setzen, als er zuvor gesetzt worden war, und nicht von Akteuren oder Maschinen auszugehen, sondern von Mensch-Maschinen, die nicht durch Eigenschaften, sondern durch ihr Verhalten identifizierbar waren.[15]

Ähnlich verfährt etwa Bateson (1981), wenn er das Phänomen des Alkoholismus als ein sich selbst regulierendes System analysiert, in dem ein spezifisches Selbstverhältnis in ein Verhältnis zur Umwelt (Therapeuten, Familie und Freunde sowie die Flasche) tritt. Es ist das Muster von Kontrollversuchen, das hier die Grenze des Systems markiert. Die Analyse von Systemen setzt also an den Beziehungen von Mustern an: Sie sucht danach, wie ein spezifischer Sinnzusammenhang eine Entität identifizieren lässt, die sich von ihrer Umwelt abgrenzt. Diese Grenze muss rekonstruiert werden.

Unser Vorschlag lautet daher, die phänomenologische Epoché in diesem Sinne umzudefinieren: Es geht uns nicht um die Welt als Phänomenbereich, sondern um *die Welt als Bereich sich rekursiv schließender Sinnzusammenhänge.* Man betrachtet die Welt nicht als Phänomen, sondern als sinnhafte Ordnung – als was auch immer diese sich im Einzelfall zeigen mag.

Dies impliziert zunächst, dass es auch andere Arten gibt, Welt zu betrachten – etwa als kausaler Zusammenhang mechanischer Wirkungen, binärer Verschaltungen oder wahrscheinlicher Verteilungen. Wenn es ein Medium *Sinn* gibt, dann gibt es auch andere Medien. Wenn es Sinn als Unterscheidung der Beobachtung gibt, dann kann man auch mit anderen Unterscheidungen operieren. Damit liegt zunächst der Verdacht nahe, dass man auch hier wieder in eine ontologische Unterscheidung einrastet und etwa lebende Systeme von sinnverarbeitenden Systemen oder trivialen Automaten trennt (Luhmann 1984,

---

[15] In der Soziologie ist dieser Gedanke später noch einmal von der Akteur-Netzwerk-Theorie aufgegriffen worden (Latour 1994) – ohne dass diese jedoch einen Systembegriff entwickelt hätte (Jansen 2016b, 2017).

3.2 Sinn

S. 15 f.).[16] Tatsächlich ist die Idee des Sinnmediums raffinierter, insofern man Sinn nicht ontologisch als ein Medium unter anderen, sondern *logisch* konzipiert. Denn bei einer logischen Betrachtung stellt sich Sinn als Antinomie heraus, die sich einer ontologischen Bestimmung entzieht.[17]

Es gibt zwei Möglichkeiten, Sinn zu definieren: Zum einen kann man Sinn als Teil der Welt begreifen, als Medium unter anderen Sachverhalten (etwa Materie oder Energie). Auf der anderen Seite kann man (und unseres Erachtens ist das der produktivere Weg) Sinn als die Gesamtheit der Welt fassen.

Diesem letzteren Verständnis von Sinn liegt die Tatsache zugrunde, dass Welt überhaupt nur sinnhaft erschlossen werden kann. Die Vorstellung einer Welt außerhalb von Sinn ist nicht möglich.[18] Kants „Ding an sich" ist ebenso ein sinnhaftes Konzept, wie auch die Beobachtung der Welt als biologischer oder mechanischer Zusammenhang sinnhafter und nicht mechanischer oder biologischer Art ist. Cassirer (1994, S. 360) schreibt (mit der selbstverständlichen Zurechnung auf das Bewusstsein) hierzu: „Befragt man die unmittelbare Erfahrung, die noch von keinem Moment der Reflexion durchsetzt ist, so zeigt es sich, dass ihr der Gegensatz des ‚Subjektiven' und ‚Objektiven' noch völlig fremd ist. Für sie gibt es nur eine Stufe des ‚Daseins' schlechthin, die alle Inhalte

---

[16] Das hätte zur Folge, dass man einfach eine neue Klasse von Systemen identifiziert und die Rede vom Menschen und dem Subjekt durch eine System-Ontologie ersetzt (Jansen 2014).

[17] Während eine semantische Antinomie mit Wahrheitsbegriffen operiert (siehe etwa das Paradoxon des Epimenides), funktionieren ontologische Antinomien mit Mengen (etwa Russels Antinomie). Zur Unterscheidung: Erstmals Ramsey (1925), siehe auch Ucsnay (2010).

[18] In gleichen Sinne Fuchs: „Es gibt keinen Standpunkt jenseits von Sinn. Sinn ist immer – unausbleiblich, unlimited, grenzfrei. Was dieses Medium nicht umfasst, lässt sich nicht in seinem ‚Außerhalb' finden. Und wenn man sagen würde, Grenzen gebe es nur im ‚Innerhalb' von Sinn, wäre schon das ‚Außerhalb' mitentworfen. Wer behauptet, es gäbe das Sinnfreie (zum Beispiel: schwarze Löcher), hat das Medium nicht verlassen, dessen Antonym ‚Un-Sinn' ja nur ‚in' ihm benutzt werden kann. Die Reflexion der anderen Seite von Sinn ist gewissermaßen ‚umsonst'. Das Sinnlose als unmarked space oder state aufzufassen, gelingt nur im Rahmen des Mediums Sinn, als contradictio in adiecto: sinnvoll sinnlos. [...] Als Begriff funktioniert dieser Ausdruck als höchst mögliche Abstraktion, wenn er ‚begriffen' wird als operativ wirksame Selektivität auf der Basis der Differenz von *Aktualität/Virtualität* oder von *Esse/Posse*. Diese Unterscheidung liefert, wenn man so will, die Chance der ‚Phänomenalisierung'. Sie wird durch Beobachtung ausgefüllt, die jene Differenz benutzt (eben: phänomenalisiert), sei es alltäglich, sei es wissenschaftlich" (Fuchs 2020, S. 178).

gleichmäßig und widerstandslos in sich fasst." Sinn ist alles. Und Cassirers Zurechnung dieses Sachverhalts auf Erfahrung erscheint bereits als Resultat einer Reflexivität, die der von ihm beschriebenen Unmittelbarkeit fremd ist.

Darin wird auch die zweite Seite deutlich. Sinn *schafft* eine Unterscheidung zwischen Sinnhaftem und Nichtsinnhaftem in der Welt. So fährt Cassirer (1994, S. 361) fort: „Aber freilich hebt schon der erste Anfang der logischen Reflexion diesen Eindruck der vollkommenen Einheit und Geschlossenheit auf." Damit kommt man kaum umhin, Sinn als etwas zu begreifen, anhand dessen sinnverarbeitende Systeme Welt beobachten. Was ein sinnverarbeitendes System genau ist, ist dabei nicht vorab festgelegt, sodass hier je nach Theorieanlage eine Vielzahl von Entitäten in Betracht kommt: Die subjekttheoretische Tradition würde Sinn etwa an Subjekte binden. Luhmanns Systemtheorie führt zusätzlich noch Kommunikation an. Im Anschluss an Wittgenstein ließe sich von Sprache sprechen. Gott und seine Schöpfung wären ebenso eine Option.

All diese Vorstellungen laufen jedoch Gefahr, Sinn als etwas *in* der Welt zu verorten, was geschieht, sobald ein Sachverhalt als unterscheidbar auffällt (Cassirer 1994, S. 361). Es sind ontologische Unterscheidungen, die sinnhaftes von nichtsinnhaftem Geschehen scheiden, so wie die vorangehend erwähnten klassischen Sozialtheorien das Soziale von dem Nichtsozialen (etwa der Natur) trennen (Descola 2011). Doch stellt sich gerade diese Zurechnung als Antinomie heraus. Denn sowohl die Klassifizierung bestimmter Entitäten als „sinnhaft" wie auch die Abgrenzung derselben gegen „nichtsinnhafte" Entitäten stellt selbst eine Operation dar, die innerhalb des Mediums Sinn durchgeführt wird, d. h. sinnhaft ist. Insofern sind auch nichtsinnhafte Phänomene sinnhaft.

Wie man es auch dreht und wendet, mündet die Unterscheidung von Sinn in eine klassische ontologische Antinomie. Sie stellt damit eine Variante der Russellschen Antinomie dar: „Sinn" erscheint einerseits als eine Menge, die in der Menge „Welt" vorkommt (als etwas, das ein Subjekt oder ein anderer Beobachter verwendet). Gleichzeitig erscheint Sinn jedoch als Menge, die alle anderen Mengen umfasst, weil nicht nur jede Zurechnung von Sinn auf einen Träger (Subjekt, Kommunikation, Gott etc.) eine sinnhafte Operation darstellt, sondern auch, weil jede Scheidung der Welt in eine sinnhafte und nichtsinnhafte Seite eine sinnhafte Unterscheidung ist.[19]

---

[19] Bei Adorno heißt es folgendermaßen: „Nichts führt aus dem dialektischen Immanenzzusammenhang hinaus, als er selber. Dialektik besinnt kritisch sich auf ihn, reflektiert ihre eigene Bewegung" (Adorno 2013, S. 145).

3.2 Sinn

Das allerdings funktioniert nur, wenn man diesen Zusammenhang logisch und nicht ontologisch versteht (Cassirer 1994, S. 395 ff.). Es geht also gerade nicht um die Annahme, dass es in der Welt ein Medium „Sinn" gibt, in dem sich Akteure, Subjekte oder Beobachter bewegen. Es geht nicht darum, dass die Beobachtung eines Beobachters einen weiteren Beobachter voraussetzt oder dass man über Strukturen der Erfahrung spricht, die wie selbstverständlich dem menschlichen Denken und der Vernunft zugerechnet werden. Die Zurechnung auf das Subjekt oder die Welt stellt insofern einen erkenntnistheoretischen Fehlschluss dar (so schon Schopenhauer 2007, S. 41 ff.). *Vielmehr ist von einer logischen Struktur auszugehen, die ontologisch nicht verortet ist, sondern im Modus des ontologischen Verortens operiert.* Denken und Sprache bewegen sich entlang dieser logischen Struktur (Cassirer 1994, S. 418 f.). Doch heißt das nicht, dass sie diese hervorbringen. Vielmehr bringt die logische Struktur die Zurechnung auf Entitäten hervor – was nur geht, wenn Sinn bereits auf unterschiedlichen Positionen differenziert ist.[20] Sinn so zu konzeptionalisieren, heißt also, auf eine meontische Konzeption umzustellen.

Unter der Prämisse/dem Diktum der Widerspruchsfreiheit erscheint diese Position problematisch. Für die klassische Logik ist die sich selbst enthaltene Menge ein Problem, keine Lösung. Tatsächlich stellt sich die Fundierung qualitativer Sozialforschung auf einer Antinomie als die vermutlich einzige Lösung dar, um mit der oben skizzierten Ausgangslage angemessen umzugehen. Denn jeder Versuch einer widerspruchsfreien Definition eines Gegenstandsbereichs würde zwangsläufig in eine kontingente Behauptung münden, in die man einrastet und aus der man nicht mehr hinauskommt. Begreifen wir Sinn jedoch zugleich als Medium der Beobachtung *und* als Welt, so haben wir zum einen das Problem gelöst, unseren Gegenstand von etwas anderem unterscheiden zu müssen. Denn Sinn ist alles. Zum anderen haben wir ihn an die sinnhaften Prozesse rückgebunden, die wir untersuchen können.

Bei alldem bleiben wir hinsichtlich der Rückbindung sinnhafter Prozesse ontologisch abstinent: Wer oder was sinnhaft operiert, ist selbst wieder ein Produkt von Sinn, und wie die Schnitte gesetzt werden, ist keine ontologische Frage, sondern eine praktische, die empirisch geklärt werden muss. Die rekonstruktive Sozialforscherin schaut dann auf die Verschachtelung und Verschränkung dieser Prozesse (ohne dabei ihr eigenes Erkenntnisinteresse und ihre methodischen Festlegungen auszunehmen). Auf diesem Wege kann sie Muster

---

[20] Damit trifft auf Sinn zu, was Luhmann (1993) über Gesellschaft schreibt: Als Ganzes unerreichbar, kann er nur durch kleinere Reflexionszellen thematisiert (und damit missverstanden) werden.

erkennen, die nicht einfach ihrer Fantasie entspringen. Vielmehr entstehen Muster, wenn Sinn sich ausdifferenziert. Sie haben so lange Bestand, wie sie im Rahmen eines viablen Arrangements von anderen Mustern getragen werden. Wenn dies nicht mehr der Fall ist, können sie aber ebenso wieder zerfallen.

Eine ontologische Antinomie als Ausgangslage zu wählen, ist dabei keine „Flucht in die Paradoxie" (Bühl 2003), da eine Antinomie nicht paradox, sondern unentscheidbar ist (Gödel 1931). Die Antinomie bezeichnet die Grenzen des Aussagbaren (Ucsnay 2010, S. 134 f.), auf die die Forschung unweigerlich stößt, insofern sie ihre Grundlagen nur hinreichend gründlich hinterfragt. Sie ist der Nachweis der Unhintergehbarkeit des Gegenstandes wie auch Indikator für die Notwendigkeit, den eigenen Blickwinkel vom Substanz- auf den Funktionsbegriff (Cassirer 1994) umzustellen. Denn Sinn kann nur als logischer Verweisungszusammenhang, nicht aber als ontologischer Sachverhalt erscheinen.

Der Preis hierfür ist der Verlust an konkreter Anschauung wie auch die Unmöglichkeit kausaler Zurechnung. Genau hier liegt jedoch auch der Gewinn der von uns vorgeschlagenen Perspektive. Diese erlaubt es, brauchbare Ergebnisse zu produzieren und gleichzeitig um die Grenzen des Nichtsagbaren, des Impliziten zu wissen. Wenn gut gearbeitet wurde, sind die Rekonstruktionen in dem Sinne brauchbarer, wie Wieners Regelkreisläufe der Flugabwehrsysteme oder Batesons Kybernetik des Alkoholismus erfolgreicher ihre Aufgabe erfüllen als ontologisch starre Beschreibungen und die technokratische Anwendung von Methoden. Zugleich bewahrt der Verzicht auf die Anschauung das Geheimnis des Gegenstandes und erlaubt der Wissenschaftlerin weiterhin lebendiges Staunen, anstatt im toten, verdinglichten Wissen zu verharren.

▶ Qualitative Sozialforschung muss ihren Gegenstandsbereich definieren. In einer ontologischen Definition des Sozialen (etwa als Akteure, Praxisfelder etc.) liegt aber schon der Kern einer eindimensionalen Reduktion des Sozialen auf etwas Bestimmtes (eine wie auch immer konzeptualisierte Essenz). Möchte man Mehrdeutigkeit systematisch erschließen, bedarf es daher einer nicht ontologisch verfahrenden Definition des Sozialen. Wir schlagen daher vor, einen logisch (und nicht ontologisch) gefassten Sinnbegriff zu verwenden. Sinn meint zum einen die Gesamtheit der Welt, insofern diese als sinnhafter Verweisungszusammenhang erscheint. Zum anderen erscheint Sinn als Medium neben anderen (etwa Materialität) in der Welt. Sinn wird als ontologische Antinomie definiert. Auf diese Weise kann Sinn einerseits „klassisch" als ein Verweisungszusammenhang in der Welt begriffen werden, jedoch zugleich „nichtklassisch" als unbestimmte

Ganzheit, die jedoch mit sich selbst nicht zur Einheit kommt. Qualitative Sozialforschung ist demzufolge Sinnforschung (und nicht mehr nur die Erforschung von Akteuren, Biografien oder konjunktiven Erfahrungsräumen). Sie befasst sich mit allem, was sinnhaft erschließbar erscheint und untersucht dabei, wie bestimmte konkrete Formen (etwa Akteure, Biografien oder konjunktive Erfahrungsräume) situativ als sinnhafte Phänomene entstehen und wirksam werden. Dabei unterscheidet sie sich weiterhin von Forschungszugängen, die nichtinterpretativ auf Welt zugreifen.

3.3 Operatoren statt Operanden

Der auf diese Weise gewonnene, rein logisch gefasste Sinnbegriff bietet nun die Ausgangslage für weitere Überlegungen. Denn was uns empirisch interessiert, ist die Frage, welche Ausprägungen Sinn konkret hervorbringt. Das ist mit einem allgemeinen Sinnkonzept noch nicht gesagt. Es fehlt uns also eine Sprache, mit der empirisch gearbeitet werden kann. Beschrieben ist bisher nur der Bereich, in dem gearbeitet wird – ontologisch offene, noch nicht festgelegte Sinnprozesse. Es bedarf einer Terminologie, mit der fassbar und benennbar wird, welche Formen sich im Medium Sinn bilden. Dabei darf diese Terminologie jedoch nicht ex ante auf bestimmte Formen festgelegt sein. Sie hat meontisch zu verfahren, darf nicht identifizierend, also in Seinskategorien arbeiten. Sprache ist allerdings immer propositional, verfährt immer identifizierend. Das stellt die Theoriebildung wie auch die Methodenentwicklung vor ein Dilemma.

Wittgenstein (2003) und Spencer-Brown (1972) umkreisen in ihren Theorien den aus dieser Ausgangslage entspringenden Problembereich *performativ*. Spencer-Brown verlegt einen wesentlichen Teil seiner Theoriebildung in Anweisungen.[21] Er beschreibt keinen vorab gegebenen ontologischen Bestand, sondern führt seine Unterscheidungen durch Aufforderungen an den Leser ein, die dann Welten mit ihrer jeweils eigenen Ontologie generieren. Ähnlich arbeitet Wittgenstein (2003), der in den logisch-philosophischen Untersuchungen des *Tractatus* die Grenzen des positivsprachlichen Gebrauchs propositionaler Logik deutlich werden lässt, um damit zu *zeigen*, um was es ihm wirklich

---

[21] So etwa: „Draw a distinction" (Spencer-Brown 1972, S. 3). Theoriebildung ist dann zum einen die Formulierung von Verfahrensregeln, zum anderen die Anwendung dieser durch das Befolgen von Anweisungen.

geht – nämlich um eine implizite Ethik, in welcher Freiheit, Transzendenz und Ästhetik negativsprachlich im Nichtexplizierbaren verortet werden (Breitenbach 2008; Rauh 2014).

Theoriebildung wird in beiden Fällen vom Primat der Operanden auf den Primat der Operatoren umgestellt. Es geht nicht um das, *was* gesagt wird, sondern darum, *wie* durch Anweisungen und Praktiken des Unterscheidens etwas hervorgebracht wird. Was nicht gesagt werden kann, kann wenigstens erlebt oder gezeigt werden, indem bestimmte Operationen angewendet werden. Auf diese Weise kann auch weiterhin mit der propositionalen Struktur distinkter Entitäten gearbeitet werden, wobei jedoch jederzeit transparent ist, dass letztere nicht in einem objektivistischen Sinne „vorhanden" sind, bzw. vorausgesetzt werden, sondern ihre Existenz einer bestimmten Praxis des Unterscheidens verdanken. Anstatt die so jeweils zutage tretenden Konzepte und Begriffe irrigerweise in einen – wie auch immer gearteten – Zusammenhang mit vermeintlichen beobachtungsunabhängig feststehenden Entitäten zu setzen, werden sie als Resultate bestimmter Entscheidungen eines Beobachters kenntlich, welche immer auch anders möglich gewesen wären. Man läuft nicht Gefahr, die Karte mit dem Terrain zu verwechseln, weil man keine Karte verwendet.

Eine meontische Theorie ist somit eine deiktische Theorie: Sie deutet auf Sachverhalte und ermöglicht auf diese Weise einen Umgang mit ihnen, ohne sie aber in essenzialistischer Weise zu fixieren. Sie weiß um die Operationen, die notwendig sind, um ein bestimmtes Phänomen hervorzubringen – und damit auch um dessen vielfache Bedingtheit und Kontingenz. Sie kann Denken anleiten und Anweisungen geben, wie die Aufmerksamkeit zu lenken ist. Sie kann und darf aber nicht sagen, als was das, was beobachtet wird, zu verstehen ist. Eine meontische Theorie will ihre eigenen Begriffe in ähnlicher Weise hinter sich lassen, wie Wittgenstein dies in seinem *Tractatus* (6.54) beabsichtigt. Sie hat also Begriffe einzuführen, die keine Gültigkeit jenseits ihres klar spezifizierten Verwendungszwecks beanspruchen.

Damit ist die Gestalt der Theorie bestimmt, mit der wir in unserem Projekt arbeiten wollen. Offen bleibt jedoch, *welche* Begriffe zu verwenden sind. Denn aus den Überlegungen Wittgensteins oder Spencer-Browns lässt sich nicht unmittelbar ein Begriffsapparat ableiten, der für qualitative Sozialforschung geeignet wäre. Beiden Autoren geht es um etwas anderes, um Philosophie, Logik und Mathematik. Wir suchen nach einer Sprache zur Interpretation qualitativer Daten.

Wir möchten daher einem etwas anders gelagerten Ansatz folgen. Wie schon in unserer Definition von Sinn als Antinomie deutlich wurde, erscheint es uns als probates Mittel, unseren Gegenstand seiner logischen Form nach zu betrachten. Das verhindert eine ontologische Definition. Wenn wir Sinn logisch begreifen und davon ausgehen, dass er seine Formen selbst hervorbringt, so bietet es sich an, die eigene Terminologie dadurch zu entwickeln, dass wir den Strukturen folgen, die dem Medium Sinn zu eigen sind und dabei zu beobachten, wie diese sich ausdifferenzieren (ähnlich schon Hegel 1999, S. 27 ff.). Denn da Sinn sich als Ganzes nicht selbst verfügbar ist, sondern stets auf interne Differenzen zurückgreifen muss, die kleiner sind als das Ganze, befinden wir uns schon längst in einem Reflexionsprozess, in dem Sinn sich auf sich selbst bezieht (Günther 1976a). Es reicht aus, unsere Analysen auf diejenigen Operationen und hiermit einhergehenden Strukturen zu beschränken, in denen Sinn sich auf sich selbst beziehen kann. Denn ebendiese Strukturen ermöglichen es, unterschiedliche Akteurspositionen, soziale Felder, Selbstverhältnisse und ähnliche Phänomene aufzuschließen, die typischerweise Gegenstand qualitativer Forschung sind. Wie also differenzieren sich etwa Unterscheidungen wie *Ich und Du, Subjekt und Objekt, Wir und Die* (etc.) aus? Wie konstituieren sich in der Folge stabile Beziehungen zwischen diesen Positionen? Wenn wir hierauf eine Antwort finden, haben wir zugleich die Terminologie, auf der sich ein Verfahren der rekonstruktiven Sozialforschung aufbauen lässt.

Sinn ist immer identifizierend – allein schon, weil Denken bzw. Sprechen immer ontologisch ist (immer etwas zum Gegenstand haben), ist Sein und die hiermit einhergehende Positivität unhintergehbar. „Das Etwas als denknotwendiges Substrat des Begriffs, auch dessen vom Sein, ist die äußerste, doch durch keinen weiteren Denkprozeß abzuschaffende Abstraktion" (Adorno 2013, S. 139). *Sein* als logische Kategorie ist immer schon da. Sobald aber Sein da ist, ist auch immer ein Bezug auf Sein dar. Das kann Denken sein, das kann Sprechen sein oder eine sich nonverbal ausdrückende Reflexionsbewegung. Legt man einen flachen Begriff der Reflexivität an, kann man von Sein und Reflexivität sprechen (Günther 1979c).[22] Beides ist damit nicht unabhängig voneinander zu denken.

Nimmt man diese Unterscheidung nun als Ausgangspunkt, so stellt sich die Frage, wie die Einheit von Positivität und Negativität zu denken ist. Wie sind A und Nicht-A zu definieren? Diese Frage kann als der Dreh- und Angelpunkt der idealistischen (aber ebenso der materialistischen) Philosophie betrachtet werden,[23] die je nach zum Ausdruck kommendem philosophischen Logos unter-

---

[22] In der Phänomenologie wäre dann etwa von Noesis und Noema die Rede, bei Spencer-Brown von „marked" und „unmarked space".
[23] Womit man dann entweder den Idealismus als eine Frühform der Beobachtertheorie (Baecker 2013, S. 78 f.) oder aber die Systemtheorie als eine Fortentwicklung des Idealismus begreifen kann.

schiedlich beantwortet worden ist. So sieht Kant die Einheit etwa im Subjekt, begreift dieses jedoch gleichzeitig als Träger der Vernunft (die nicht nur einem Subjekt zu eigen ist). Fichte radikalisiert die Idee des Subjekts und sieht dieses als Grund seiner selbst. Hegel sucht einen Ausweg, indem er auf die Bewegung der Dialektik setzt. Und während bei Schopenhauer die Einheit im Willen als Movens der Welt gesehen wird, findet Marx sie in der materiellen Lage.

Sieht man von Hegels Dialektik ab, in der eine komplexere Bearbeitung anklingt, sind die Lösungen tendenziell ontologisch gedacht: Es sind Vernunft, Subjekt, Geist, Wille oder Klassenlage, in der die Einheit zu finden ist. Das ist insofern ein Problem, als Ontologie eben ein Resultat des vorgeordneten Logos ist. Sein und Nichts sind die unhintergehbaren logischen Kategorien, welche Ontologie überhaupt erst möglich machen. Die Kategorien der Logik lassen sich entsprechend nicht aus den Resultaten erklären, die innerhalb ihrer möglich sind. Die Zurechnung auf das Subjekt, den Geist und die Klassenlage ist etwas, das innerhalb des Mediums Sinn so (oder auch anders) möglich ist. Als Zurechnung ist sie Resultat sinnhafter Prozesse und nicht deren Voraussetzung. In gewisser Weise handelt es sich also bei dem Versuch einer ontologischen Verortung um einen Fehlschluss. Formallogisch lässt sich entsprechend darauf hinweisen, dass die Einheit der Unterscheidung von A und Nicht-A auf keiner der beiden Seiten untergebracht werden darf. Die Einheit von A und Nicht-A darf weder A noch Nicht-A sein (Günther 1976c, S. 50, 1978, S. 17). Sämtliche ontologische Argumentationen beruhen jedoch darauf, sich in Bezug auf die Einheit dieser Differenz für eine Seite zu entscheiden. Der Idealist sieht Geist und Materie als Ausdruck des übergeordneten Geistes an. Der Materialist würde für die Materie optieren. So unterschiedlich die Resultate beider Vorgehensweisen auch anmuten mögen, letztlich laufen sie auf dasselbe hinaus: Die eine Seite der Unterscheidung wird auf ihr Gegenstück zurückgeführt, bzw. reduziert.[24]

Günther kommt auf Basis reflexionslogischer Überlegungen zu dem Schluss, dass die Einheit von Positivität und Negativität nicht auf einer Seite der Unterscheidung, sondern nur in einer dritten Position gefunden werden kann. Diese

---

[24] Interessanterweise argumentiert schon Schopenhauer (2007, S. 41 f.) sehr ähnlich, wenn er kritisiert, dass sowohl Idealismus wie auch Materialismus den Satz vom Grunde falsch verwenden. Da Kausalität eine Eigenschaft des Bewusstseins ist, so Schopenhauer, kann man weder das Bewusstsein aus dem Sein ableiten noch umgekehrt. Auch Husserl (1928a) argumentiert in seiner Kritik am Psychologismus ähnlich, wenn er anführt, dass man Logik wohl kaum hinreichend als psychische Struktur begreifen kann, sondern davon ausgehen muss, dass Logik vorgeordnet ist.

3.3 Operatoren statt Operanden

kann aber nicht ontologisch, sondern nur logisch gedacht werden. Die Einheit von A und Nicht-A ist somit weder A noch Nicht-A, sondern *B* als weitere Position im logischen Raum. Günter spricht auch von einem „reflexiven Rest", der in der Unterscheidung von A und Nicht-A nicht untergebracht werden kann. „Die Operation der Negation setzt eine grundsätzlichere Operation bereits voraus: nämlich die Zäsur, die dazu führt, dass ein Objekt als unterschieden von anderem bezeichnet wird", stellt in diesem Sinne auch Esposito (1993, S. 105) in Referenz auf Günther fest. In der Negation, im „Nicht-", liege jener Akt verborgen, der beide Seiten trennt.

Diese Idee hat verschiedene Konsequenzen. Zunächst einmal wird aus der abstrakten Anfangsunterscheidung von Sein und Nichts eine sehr *konkrete*. Es handelt sich plötzlich um ein konkretes Etwas, das da bezeichnet wird. *Wir springen von der kategorialen Struktur von Sinn auf die Ebene konkreter reflexiver Beziehungen.* Die allgemeine Unterscheidung ist nun als eine solche markiert und damit zu einem bezeichneten Sachverhalt geworden. Das konkrete B, was da bezeichnet wird, kann zwar prinzipiell als ein Seiendes gedacht werden, als ein „Du", als „Gott", „die Wirtschaft", ein Heideggersches „Man", kurzum als alles, das eine Form der Bezugnahme mit konkreten Inhalten verbindet, bleibt es auf der Ebene der Theoriesprache nach wie vor unbestimmt. Es ist eben nur eine logische Koordinate, ein Platzhalter, der je nach Forschungszweck mit dem ontologischen Gehalt einer spezifischen Entität gefüllt werden kann. Günther verwendet hierfür den Ausdruck *Kontextur.*

Eine weitere Konsequenz einer an Günther angelehnten Konzeption von Sinn liegt im Verhältnis von unserer ursprünglichen Positivität (A) zu der notwendigen weiteren Position im logischen Raum (B). Denn während die klassischen philosophischen Konzeptionen von einer als Differenz gedachten Identität ausgingen (die Einheit von Denken und Gedachtem, die Konzeption des Absoluten bei Hegel oder von System und Umwelt bei Luhmann), ist dies bei Günther nicht mehr nötig. Vielmehr wird hier die ursprüngliche Differenz von Positivität und ihrer Negation in eine neue Positivität (hier in B) überführt. Zwischen A und Nicht-A auf der einen und B auf der anderen Seite besteht also kein Identitäts- (und auch kein Negations-), sondern ein *Indifferenz*verhältnis. Dieses resultiert aus dem einfachen Sachverhalt, dass Negativität nur als Positivität bezeichnet werden kann. Die Einheit von A und Nicht-A wird somit zu etwas anderem.

Damit ist auch die nächste Konsequenz angesprochen. Denn B impliziert aus Gründen logischer Kommensurabilität „Nicht-B" – womit ein neuer logischer Raum, eine eigenständige Kontextur geöffnet wird. Aus jedem Dualismus entspringt ein weiterer, der mit dem ersten in einem nichtreduktiven und nichtkausalen Verhältnis steht. Die Einheit von A und Nicht-A ist B (innerhalb von B und Nicht-B), wobei jedoch das Binnenverhältnis von A und Nicht-A *nicht* in B und Nicht-B aufgeht.

Diese Form kann nun kaskadiert werden. Aus A und Nicht-A folgt B. B und Nicht-B impliziert C. C und Nicht-C führt zu D und so weiter. Die Einheit der ersten Kontextur findet sich (und findet sich nicht) in der zweiten Kontextur, die Einheit der zweiten findet sich (und findet sich nicht) in der dritten und so weiter.

In konkreten Verhältnissen landet man nur deshalb nicht in einem infiniten Regress, weil die Kaskaden wieder in sich selbst zurückgeführt werden können. So mag man sich etwa vorstellen, dass D auf A verweist. Eso entsteht eine Verweiskette inkommensurabler Räume und in der Folge das, was Günther Verbünde oder „compound-contexture" nennt (Günther 1979b), was sich mit Bateson aber auch als Ökologie bezeichnen ließe, als ein „eco-complex" (Luhmann 1984, S. 54), der eben keine einheitliche – und vor allem keine definitive Grenze hat. Es handelt sich um eine Ordnung, die als Einheit nur wieder aus einer Kontextur beschrieben werden könnte – was der Kaskade eine weitere Position hinzufügt.

Um es anschaulich am Beispiel von Martin Bubers Zwischenmenschen (2014, S. 293) darzustellen: Ich und Du brauchen etwas Drittes, nämlich den Dialog, um sich jeweils als Ich im Verhältnis zum Nicht-Ich zu konstituieren. Die hierbei entstehenden Positionen (etwa Ich und Du) sind logisch nicht ineinander überführbar, implizieren aber über die reflexive Beziehung „Dialog" die jeweils andere Position, die dabei jedoch als eigene Kontextur ihre eigeneontologische Dignität hat, sich also als etwas Spezifisches von anderem unterscheidet. In dieser Beschreibung gibt es weder ein Du noch Ich an sich, aber auch nicht den Dialog, den Zwischenmenschen oder die Beziehung an sich. Es besteht jedoch die Möglichkeit der Verkettung von Operationen, die jeweils das eine ausflaggen lassen und damit weitere Operationen ermöglichen, die anderes ausflaggen lassen, was dann wieder Ersteres stabilisieren kann.

Angewendet auf ein weiteres konkretes Beispiel hieße dies etwa, dass Bewusstsein auch im Akt der Selbstreflexion keinen direkten Zugang zu sich selbst hat. Selbstreflexion wäre vielmehr als ein „Dazwischen" zu begreifen, als ein Verbund, in dem sich verschiedene Positionen gegenseitig konditionieren. Fuchs (2010) würde etwa von einem „System Selbst" sprechen, das dem Bewusstsein gegenüber steht. Gemeinsam würden sie eine Verbundkontextur bilden, die sich dadurch auszeichnet, dass sich die unterschiedlichen Positionen zwar gegenseitig implizieren, jedoch nicht logisch ineinander überführt oder kausal voneinander abgeleitet werden können. Jede Kontextur generiert einen anderen logischen Raum, in dem etwas der Fall und alles andere nicht der Fall

3.3 Operatoren statt Operanden

ist (so kann im Bewusstsein nur etwas Bestimmtes erscheinen, gegenüber all dem was gerade nicht in ihm erscheint).[25]

Da eine Kontextur eine logische Beziehung bezeichnet, hat sie keinen Ort. Sie *ist* nicht das Bewusstsein. Sie ist auch nicht das Selbst oder ein Akteur oder ein Subjekt, sondern bezeichnet eine fungierende Ontologie, die in einem polykontexturalen Gewebe erscheint. Der Begriff der Polykontexturalität verweist dabei auf ontologische Differenzen, nämlich, dass an den unterschiedlichen logischen Positionen je etwas anderes der Fall ist und sich diese unterschiedlichen Positionen nicht zur Deckung bringen lassen. Eine Position darf man sich wiederum nicht räumlich vorstellen, denn ein Raum, in dem Verschiedenes gleichzeitig der Fall sein kann, spielt innerhalb nur einer Kontextur (so wie ich etwa bewusst wahrnehmen kann, dass mehrere Steine auf dem Boden liegen). Mehrere Kontexturen würden – um in der räumlichen Metapher zu bleiben – gleichsam bedeuten, dass es keine unmittelbare Möglichkeit gibt, vom Raum der einen Kontextur zum Raum einer anderen Kontextur zu gelangen (so wie es keine Möglichkeit gibt, von meinem Bewusstsein in das Bewusstsein eines anderen Menschen zu gelangen).

Konkret kann eine Kontextur dabei in unterschiedlichster Weise in Erscheinung treten. Sie kann etwa als ein bestimmtes Selbst erscheinen, das sich als System der situativen Konditionierung von Bewusstsein darstellt (Fuchs 2010) und sich von einer spezifischen Leiblichkeit unterscheiden lässt (Vogd 2014b). Sie kann als konjunktiver Erfahrungsraum im Sinne der Dokumentarischen Methode auftreten (Bohnsack 2003), der im Unterschied zu einer individuellen Perspektive wahrgenommen wird und als besondere Beziehung eine spezifische Wirksamkeit entfaltet. Sie kann aber auch eine spezifische Funktionsrationalität

---

[25] Die aufmerksame Leserin wird hier bemerken, dass wir den Begriff des „logischen Raums" in zweierlei Hinsicht verwenden – als Binnenverhältnis einer Kontextur und als der logische Raum, der eine Verbundkontextur beinhaltet, der aus unterschiedlichen Kontexturen gebildet wird. Wird der logische Raum im Sinne einer Behältermetapher verstanden, etwa dass ein logischer Raum in einem anderen sein kann, so führt dies allzu leicht zu Verwirrung. In der hier vorgeschlagenen, streng operativen Verwendung wäre dieses Bild falsch. Das Problem klärt sich, wenn wir uns klar machen, dass auch die Beschreibung eines Verbunds nur positivsprachlich stattfinden kann – also innerhalb eines logischen Raums, in der dann auch eine komplexe Beziehung der Fall sein kann. In diesem Sinne ist es vollkommen korrekt, in beiden Fällen von einem logischen Raum zu *sprechen*, wohlwissend, dass es auf der negativsprachlichen Seite – dem, was nicht benannt ist – einen unmarkierten Raum gibt, von dem aus die fungierende Ontologie des in der Beschreibung Ausgedrückten wieder dekonstruiert werden könnte.

im Sinne Luhmanns darstellen, also etwa ein wirtschaftliches Kalkül, das in einer bestimmten Situation einem politischen Kalkül gegenübersteht (Luhmann 1988, 2000; siehe als konkretes Beispiel Jansen 2013). Eine Kontextur kann die formale Organisation einer Religion sein, die sich von der individuellen Spiritualität unterscheiden lässt (Vogd und Harth 2019). Es kann sich bei einer Kontextur aber auch einfach (Wenn das mal so einfach wäre!) um ein anderes Ich handeln, um ein *Alter Ego,* als ein anderes „wie Ich" – das sich bei näherer Betrachtung überhaupt nicht als solches, sondern eher als etwas abgrundtief Fremdes entpuppt (Günther 1976b). Jede Kontextur ist in diesem Sinne immer der Verweis auf eine Alterität, die nie voll zugänglich ist und immer das ganz Andere bleibt (ähnlich auch Waldenfels 1997, 1998, 1999). All diese Kontexturen können in bestimmten Konstellationen auftreten – und dann wieder verschwinden.

Auf diese Weise kann Günthers Theorie der Polykontexturalität uns in kontrollierter Form von einem identifizierenden Denken wegführen. Polykontexturalität erscheint dabei im Sinne Cassirers (1994, S. 413) als unhintergehbare Struktur, die sich in der Welt nicht verorten lässt, sondern die Verortung der Welt beschreibt. Sie stellt eine logische Matrix dar, in der unterschiedlichste symbolische Formen (2010) möglich sind und erscheinen können. Gleichzeitig gilt unter polykontexturalen Bedingungen eben das, was Wittgenstein am Ende des *Tractatus* (6.54) feststellt: Hat man die Konzeption einer bestimmten Kontextur dem ihr zugedachten Zweck entsprechend verwendet, so gilt es, sie „wie eine Leiter" wegzuwerfen, nachdem man auf dieser hinaufgestiegen ist.

Entsprechend läuft jeder Versuch der Identifikation von *etwas* als Kontextur oder als ein Verbund von Kontexturen jenseits einer konkreten Situation bzw. eines bestimmten Forschungszwecks auf ein fundamentales Missverständnis hinaus. Eine Funktionslogik oder gar ein Funktionssystem im Luhmannschen Sinne als Kontextur zu bezeichnen und solche Kontexturen zu suchen, würde sich allein schon deshalb nicht lohnen, weil damit die Sachverhalte nur von der Position einer Positivität zur Position einer anderen Positivität verschoben würden. Man würde etwas Bestimmtes zu etwas anderem Bestimmtem umdeuten und damit den zentralen Vorzug des polykontexturalen Ansatzes verspielen, der gerade darin besteht, feststehende Ontologien und den damit einhergehenden Theoriefundamentalismus zu vermeiden. So erscheint es beispielsweise aussichtslos, eine Gesamtheit oder Einheit der Gesellschaft beschreiben zu wollen, weil jede Kontextur zwar auf eine andere verweist, der Verweis aber eben nie ein identifizierender sein kann. Sobald man sagt: „Dies ist Kontextur X", muss man feststellen, dass die Bezeichnung einer Kontextur als Seiendes doch immer nur den wesentlichen Punkt verfehlen kann, da die Einheit von Positivität und Negativität in neue Positivität überführt wird, was nur eine Antwort darstellen

3.3 Operatoren statt Operanden

kann – also unweigerlich weitere Fragen aufwirft. In der forschungspraktischen Anwendung darf der Begriff der Kontextur – spätestens, wenn es um das Ergebnis geht – letztlich keine Bedeutung mehr haben. Man kann ihn in der Analyse verwenden. Am Ende jedoch gilt es ihn wegzuwerfen.

Eine an Günther anschließende empirische Sozialforschung interessiert sich weniger für die Identifikation von Kontexturen, als vielmehr für Übergänge und Bewegungen. Sie braucht den Kontexturbegriff nur, um die Punkte zu identifizieren, zwischen denen solche Übergänge und Bewegungen stattfinden. Günther (1976a) spricht von transjunktionalen Operationen, die Relationen konditionieren (also Operationen die auf Beziehungen und nicht auf substanzielle Entitäten angewendet werden). Der Blick richtet sich also auf das Muster, das Muster verbindet (Bateson 1979, S. 8). Dies kann jedoch seinerseits nur als Bewegung, nicht jedoch als ein auf einem Grund festgeschriebenes Muster gefasst werden.

Auf dieser Ausgangslage lässt sich eine rekonstruktive Forschung gleichsam auf „Welten ohne Grund" bauen. Die Idee der Polykontexturalität eröffnet einen Zugang zur Welt als Ort verschiedenster, aufeinander verweisender Kontexturen – ohne aber angeben zu müssen, was diese in einem letztgültigen Sinne *sind*. Kontexturen sind nichts weiter als Relationen, die in Differenz zu anderen Relationen stehen. Die Frage nach der Essenz oder Bedeutung der Relata stellt sich damit nicht. Die Welt erscheint als Leerstellengrammatik, die es zu rekonstruieren gilt. Das Wesen der Relata muss unbestimmt bleiben. Was sichtbar und rekonstruierbar ist, sind die Relationen, welche bestimmte Stellen als Positionen hervorbringen.

Wenngleich sie weiterhin an Sinn gebunden ist und damit Sinnrekonstruktion leisten kann, erlaubt diese Leerstellengrammatik in geschickter Weise die klassischen Problematiken der rekonstruktiven Sozialforschung zu unterlaufen. In Bezug auf Sinnoperationen ist ihr alles gestattet, da Offenheit anstelle ontologischer Vorabbestimmung der Primat ist: Sie braucht die Differenz von Subjekt und Objekt ebenso wenig zu beachten wie die Differenz von Körper und Geist, von Akteur und Situation, von Psyche und Sozialem. Im Sinne Wieners kann sie Schnitte legen, die quer zu den üblichen, aus dem Alltag vertrauten Unterscheidungen liegen. So beschreibt etwa Bateson einen Holzfäller nicht als Akteur, der etwas tut, in dem sich etwa eine Absicht oder eine sozialstrukturelle Gegebenheit ausdrückt (etwa umweltbedrohlicher Kapitalismus), sondern als einen rekursiven Kreislauf, der Muskeln, Kognition und die Axt als ein System agieren lässt (Bateson 1981, S. 589). Ähnlich beschreibt Latour (1994) einen Schützen nicht als Akteur, der eine Waffe hat, sondern als einen Hybrid, einen Waffen-Menschen, dessen Eigenschaften weder auf die Waffe noch auf den Menschen zurückzuführen sind.

Was dabei jeweils als Verbund zu betrachten ist, ist nicht ex ante festgelegt. So kann der Holzfäller – insofern das Erkenntnisinteresse den Untersuchungsblickwinkel entsprechend einschränkt – etwa als Ausdruck einer industriellen Verwertungslogik erscheinen, quasi als Puppe, in deren Handeln sich eine Organisation ausdrückt.[26] Der Schütze wiederum kann sich durchaus als schizophrener Massenmörder erweisen, der nur durch den Rückgriff auf innere Stimmen zu verstehen ist, oder aber als Soldat oder Polizist, in dem sich, ähnlich wie im Fall des Holzfällers, Organisation ausdrückt. All das, was dann zusammen wirksam wird, gilt es im jeweiligen Fall zu rekonstruieren. Dem Prinzip der Leerstellengrammatik folgend gilt dabei: Alle Ambivalenzen aushaltend, die im Dialog mit dem Gegenstand erscheinen, betrachten wir die einzelnen, in der Rekonstruktion erscheinenden Positionen als ontologisch unbestimmt. Auf diese Weise können dann Differenzen von Körper und Geist, Subjekt und Objekt etc. wieder ins Spiel kommen, nun jedoch nicht mehr als ontologische, sondern als mögliche Konkretionen einer operativen Metaphysik, die mal auftauchen und dann wieder verschwinden können. Der Begriff der Kontextur – wie auch jener des Verbunds von Kontexturen (Leerstellengrammatik) – dient dabei als methodologisches Hilfsmittel. Anhand ihrer lassen sich Situationen analytisch aufgliedern und in ihrem Zusammenhang verstehen. Ist dieser Prozess jedoch abgeschlossen, gilt es die Begriffe fallen zu lassen. In keinem Fall kann das Ziel der Analyse sein, einen Gegenstand im Sinne einer weiteren Ontologie in die „Töpfchen" der jeweiligen Begriffe zu packen.

> „Sinn" bezeichnet den Gegenstandsbereich qualitativer Sozialforschung: Die Welt als sinnhafter Zusammenhang. Damit ist jedoch noch nicht gesagt, anhand welcher Begriffe die Welt analysiert werden soll. In jedem Fall hat die verwendete methodologische Terminologie meontisch zu verfahren. Sie darf nicht im Sinne eines Substanzdenkens die Welt auf eine dahinter liegende Wirklichkeit reduzieren. Daher gilt es, die leitenden methodischen Begriffe im Sinne eines logischen Operators zu verwenden. Sie sollten relevante Unterscheidungen in ein Verhältnis setzen helfen, nicht jedoch vorab festlegen, welche Unterscheidungen relevant sind. Konkret schlagen wir vor, die Begriffe der Kontextur, des Verbunds und der transjunktionalen Operation für die Analyse zu verwenden. Kontextur meint hier alles, was als logischer Raum eigenen Rechts im Daten-

---

[26] Die Montreal School würde hier von „ventriloquism" sprechen (Cooren 2015). Man hätte es dann mit „teleaction" (Cooren 2010, S. 29) zu tun.

material erscheint. Das kann ein „Du" sein, eine Funktionsrationalität, eine Instanz wie Gott, ein bestimmtes Milieu oder anderes. Verbund meint eine stabile, rekursiv geschlossene Verweisstruktur unterschiedlicher Kontexturen (also etwa einen Amokläufer als Verbund, bestehend aus Mensch, Wahnvorstellung, sozioökonomischer Lage, Schusswaffe und einer Umgebung, auf die er sich richten kann). Methodisch interessant wird damit die Frage, wie die unterschiedlichen Kontexturen aufeinander verweisen, was mit dem Begriff der transjunktionalen Operation gemeint ist. Resultat der Analyse ist die Rekonstruktion von Zusammenhängen, wobei die methodologischen Begriffe in der Beschreibung dieses Zusammenhangs selbst keine Rolle mehr spielen. Als Operatoren dienen sie nur der Anleitung des analytischen Vorgehens.

3.4 Funktionale Methode

Vor dem skizzierten Hintergrund verliert eine kausale Erklärung, die ein Phänomen auf ein definiertes Set einzelner Gründe (etwa einer bestimmten Latenzstruktur) zurückführt, an Bedeutung. Denn auch Kausalität erscheint jetzt nur noch als eine Sonderform der Erklärung, die im vorliegenden Fall schon allein deshalb nicht mehr vorab zur Anwendung kommen kann, weil nicht von einer sozialen Instanz oder Kraft ausgegangen werden kann, die hinter den Dingen liegt. Kausalerklärungen sind monokontextural und selbst erklärungsbedürftig. Sie werden durch Sozialität hervorgebracht, bringen diese jedoch nicht hervor. Mithin sind sie Gegenstand einer meontischen Sozialforschung, jedoch nicht Bestandteil ihrer Methode.[27] Stattdessen rückt die generelle Form der Erklärung, die Relationierung von Relationen in Form der *funktionalen Analyse* in den Vordergrund (Luhmann 1970a; Cassirer 1994, S. 411).

---

[27] Auch für das Gesamtgebilde lässt sich hiermit keine letzte Begründung mehr ausmachen, da die Teile sich nicht in zu einem Ganzen zusammenfügen, sondern aufgrund der Differenzbeziehungen in der Vielheit ihrer Erscheinungen bestehen bleiben: „Was Grund und was Begründetes ist, wird geregelt durch den Standort der Begründung. Der Wechsel des Standortes regelt den Umtausch von Grund und Begründetem. Jeder Ort der Begründung ist in diesem Fundierungsspiel Grund und Begründetes zugleich. Orte sind untereinander weder gleich noch verschieden; sie sind in ihrer Vielheit voneinander geschieden. Die Ortschaft der Orte ist bar jeglicher Begründbarkeit" (Kaehr 1993, S. 171).

Denn bemerkenswerterweise macht die Deontologisierung, die Deessenzialisierung, die Entsubstanzialisierung – oder wie immer man es nennen möchte – keineswegs die Sinnrekonstruktion unmöglich. Sie eröffnet vielmehr, wie bereits am Beispiel der Leistungen der Kybernetik Wieners und Batesons deutlich wurde, eine außerordentlich produktive Forschungsperspektive. „[J]e mehr der Begriff gleichsam von allem dinglichen Sein entleert wird, umso mehr tritt auf der anderen Seite seine eigentümliche funktionale Leistung hervor", stellt bereits Cassirer fest (Cassirer 1994, S. 29). Die funktionale Analyse zeichnet sich dadurch aus, dass sie „ohne ontologische oder epistemologische Fixpunkte aus[kommt]. Sie baut allein auf der Annahme auf, dass es eine Relation zwischen x und y gibt" (Jetzkowitz und Stark 2003, S. 7) – nicht mehr und nicht weniger. „Die funktionale Analyse benutzt Relationierung mit dem Ziel, Vorhandenes als kontingent und Verschiedenartiges als vergleichbar zu erfassen. Sie bezieht Gegebenes, seien es Zustände, seien es Ereignisse, auf Problemgesichtspunkte, und sucht verständlich und nachvollziehbar zu machen, daß das Problem so oder auch anders gelöst werden kann" (Luhmann 1984, S. 83 f.)

Die funktionale Methode darf nicht mit der Idee des Funktionalismus gleichgesetzt werden. Denn den „‚Funktionalismus' als ein eindeutig bestimmbares, unveränderliches Theorievokabular" (Reckwitz 2003, S. 57) gibt es nicht. Vielmehr muss man von mindestens zwei verschiedenen Verständnissen ausgehen, einem teleologischen und einem kontingenztheoretischen (Reckwitz 2003, S. 57). Das teleologische, das sich in der Soziologie über Parsons bis hin zu Hegel zurückverfolgen lässt, begreift „Funktion" im Sinne einer verdeckten Zweckhaftigkeit. Das erklärungswürdig erscheinende Phänomen wird hier im Sinne einer höheren oder verdeckten Rationalität beschrieben.

Dieser Ansatz muss schon aufgrund der teleologischen Annahmen sowie der Bestimmung zentraler gesellschaftlicher Funktionen als problematisch gelten (siehe etwa Schwinn 1995, 2003). Entsprechend beginnt eine Verteidigung der funktionalen Methode nicht selten mit dem Hinweis auf eben jenes problematische Verständnis des teleologischen Funktionsbegriffs (Luhmann 1970a; Nassehi 2008), um diesem anschließend einen kontingenztheoretischen gegenüberzustellen. Es wird dann gerade die funktionale Äquivalenz (Luhmann 1970a, S. 14) eines bestimmten Phänomens betont: Etwas könnte so sein – oder auch anders. Ebenso wird darauf hingewiesen, dass es eben gerade keine zentralen gesellschaftlichen Bestandsprobleme gibt. Die Rede von Funktionssystemen im Sinne Luhmanns erscheint dann nur noch als terminologische Reminiszenz, da dieselben genau genommen keine gesellschaftliche Leistung erbringen (Reckwitz 2003, S. 67).

3.4 Funktionale Methode

In diesem teleologischen Anklang liegt jedoch eine Gefahr, lässt er doch eine Methodologie, die an Differenztheorie, Evolution und Kontingenz interessiert ist, als einen Versuch erscheinen, Zweckrationalität und Zielgerichtetheit in die beobachteten Phänomene hineinzudeuten. So ließe sich etwa Luhmanns Differenzierungstheorie so lesen, dass „die Gesellschaft" bestimmte zentrale Probleme hat, etwa Ressourcenknappheit oder die Suche nach fortschreitender Erkenntnis, welche sie am effizientesten bearbeiten zu können glaubt, indem sie sich in verschiedene Subsysteme wie etwa Wirtschaft oder Wissenschaft aufspaltet. In diesem Sinne könnte man die Tatsache, dass die verschiedenen gesellschaftlichen Funktionssysteme ihre ganz eigenen Zweck-Mittel-Regime aufweisen, fälschlicherweise darauf zurückführen, dass die Gesellschaft als quasi meta-rationaler Akteur die betreffenden Rationalitäten in eigene Funktionsbereiche ausdifferenziert. Die Funktionssysteme würden dann eine Leistung für die Gesellschaft erbringen und letztere gerade darin als rational erscheinen, dass sie keine zentrale Rationalität mehr aufweist, jedoch arbeitsteilig unterschiedliche Probleme rational angeht. Ähnlich könnte man Nassehis Theorie einer digitalen Gesellschaft missverstehen. Man könnte sie so lesen, dass die Gesellschaft als Ganze aufgrund des Verschwindens stratifizierter Strukturen ein Problem mit Komplexität bekommt (Nassehi 2019, S. 36). Diesem Problem – so könnte man annehmen – begegnet die auch hier wieder als zweckrationaler Akteur gedachte Gesellschaft mit dem Aufbau jener Technologien, die heute unter dem Stichwort Digitalisierung zusammengefasst werden.

Wer die systemtheoretische Theoriearchitektur kennt, dem wird schnell klar, dass Luhmann und Nassehi dies selbstverständlich nicht gemeint haben können, da beide die triviale Vorstellung einer sich selbst vervollkommnenden, teleologisch oder quasitelelogisch agierenden Gesellschaft ablehnen. Denn die Annahme zentraler Bezugsprobleme würde nicht nur auf einen Essenzialismus hinauslaufen, den die Systemtheorie nicht teilt; auch würde ein solcher teleologisch gedachter Funktionalismus die grundlegenden Einsichten der Evolutionstheorie missachten.

Es lohnt sich an dieser Stelle, auf dieses Problem kurz einzugehen, da unser Denken dazu neigt, von fixen Bezugsproblemen auszugehen und den Prozess der Evolution wider besseres Wissen quasiteleologisch, als planmäßige Entwicklung in Richtung eines wünschenswerten Zustands zu verstehen. Nicht selten führen wir das Wort Evolution im Mund und meinen jedoch lineare Entwicklung hin zu einem „besseren" (differenzierteren, effektiveren, moralischeren) Zustand.

Das vielleicht beste Beispiel für den ersten Irrtum ist das Problem der Knappheit. Luhmann (1988, S. 177) schreibt: „Es gehört nicht viel Phantasie dazu, sich vorzustellen, daß zahlreiche Bedingungen menschlichen Lebens, von der

Nahrung über geschützten Wohnraum bis zu den Verkehrsmitteln, von Materie über Energie bis zu Information, ganz zu schweigen von Raum und Zeit, nur in begrenzten Mengen vorhanden sind, und zwar selbst dann, wenn die Begrenzung für Lebenszwecke praktisch uninteressant ist." Es gibt also zweifelsfrei notwendige Ressourcen für menschliches Leben und Sozialität, und diese sind nicht minder zweifelsfrei begrenzt. Jedoch fährt Luhmann (1988, S. 177) fort: „Das allein genügt jedoch nicht, um von Knappheit zu sprechen. Mit Knappheit ist, wie immer dieser Begriff bestimmt wird, eine soziale Wahrnehmung von Beschränkungen gemeint, an die soziale Regulierungen anschließen können." Knappheit ist demzufolge also kein objektiv gegebenes Bestandsproblem der Gesellschaft, sondern eine Form der Kommunikation, die letztlich auf die Tautologie hinausläuft, dass knapp ist, was knapp ist. So ist Sauerstoff etwa, anders als SUVs nicht knapp. Ebenfalls im Unterschied zu diesen Transportmitteln ist er jedoch zum Leben zwangsläufig nötig. Das wiederum könnte man natürlich im Sinne ökologischer Kommunikation problematisieren (Luhmann 2008) und darauf hinweisen, dass wir mehr auf die Umwelt achten sollten – was selbstverständlich nicht falsch ist. Letztlich jedoch läuft die Annahme eines Bestandsproblems „knappe Ressourcen" auf die Umkehrung einer Kausalkette hinaus. Denn zweifelsfrei bestehen keine Gesellschaften, die sich nicht um Knappheit kümmern (die etwa keine Technik der Nahrungsbeschaffung haben). Jedoch bearbeiten sie das Knappheitsproblem nicht, *um* zu existieren. Es ist nicht so, dass die Gesellschaft zunächst einmal darüber kontempliert, welche Bezugsprobleme sie wohl hat, und anschließend beginnt, diese zu bearbeiten. Vielmehr bearbeitet sie Knappheit, existiert in der Folge und kann somit die Bearbeitung der Knappheit thematisieren. Die Bearbeitung von Knappheit scheint also eine Bedingung der Existenz von Gesellschaft zu sein, ähnlich wie die Fähigkeit von Fischen, unter Wasser zu atmen, Voraussetzung dafür ist, dass es Fische gibt. Daraus zu schließen, dass Gesellschaften Knappheit bearbeiteten, um zu existieren, wäre ebenso falsch wie die Annahme, dass Fische Kiemen ausprägten, *um* unter Wasser zu atmen.

Mit den Annahmen der Evolutionstheorie ist nur eine Lesart vereinbar, die eben gerade nicht von einem „Um-zu"-Zusammenhang ausgeht. Das „Um-zu" verdankt sich einer Reflexivität, welche sich erst in der Beobachtung von biologischen oder sozialen Lebensprozessen entfaltet, jedoch nicht in letzteren selbst angelegt ist. Es ist eine Leistung des Beobachters, nicht dessen, was er beobachtet. Das zeigt sich an verschiedenen Stellen. Zum einen kann nicht angenommen werden, dass etwas, das als Bearbeitung eines Problems gesehen werden kann, dieses Problem auch adäquat bearbeitet. Die Annahme etwa, dass ein ausdifferenziertes, markt- und kapitalwirtschaftlich verfahrendes Wirtschafts-

3.4 Funktionale Methode

system Knappheit besser bearbeiten würde als ein anderes, kann schon deshalb nicht getroffen werden, weil dieses System überhaupt erst definiert, was Knappheit ist. Wo es etwa aufgrund der Rechtslage keinen freien Arbeitsmarkt gibt, kann man nicht davon ausgehen, dass die Ressource Arbeit schlecht verteilt würde. Ebenso kann nicht ausgeschlossen werden, dass gerade eine ausdifferenzierte, effizient arbeitende Wirtschaft besonders gut darin ist, diejenigen Ressourcen zu vernichten, die eine Gesellschaft zum Fortbestehen braucht. Die Ausweitung der Bewirtschaftung von Knappheit kann unter Umständen gerade dazu führen, dass Ressourcen, deren Knappheit nicht augenfällig ist, so stark ausgebeutet oder zumindest in Mitleidenschaft gezogen werden, dass die Gesellschaft ihre eigene Lebensgrundlage vernichtet. Die Wirtschaft wäre in diesem Fall am besten durch eine Dynamik zu beschreiben, die beispielsweise Krebszellen auszeichnet: Sie wächst und wächst und vernichtet ihren Wirt, bzw. die Bedingungen, die das Leben des Wirts ermöglichen. Die Knappheit, welche die Wirtschaft bewirtschaftet, ist also etwas völlig anderes als das Zur-Verfügung-Stellen jener Ressourcen, die die Gesellschaft zur Existenz benötigt. Es gibt keinen übergreifenden, für alle Orte und Zeiten gleichzeitig geltenden „Um-zu"-Zusammenhang.

Dabei stellt die Wirtschaft keineswegs einen Sonderfall dar, sondern ist hier nur ein gutes Beispiel für die Probleme eines Funktionalismus, der sich für die Bearbeitung von Bestandsproblemen interessiert. Damit wird dann auch deutlich, dass die methodischen Herausforderungen des funktionalistischen Problem-Lösung-Schemas weniger auf Seite der Lösung bestehen als vielmehr auf Seite des Problems. Die Frage ist also weniger, welche Bezugsprobleme die empirische Sozialforschung in den von ihnen untersuchten Gegenständen finden kann und will, sondern *wie* man diese findet (Nassehi 2019, S. 29). Lässt man diese Frage ungeklärt, läuft man Gefahr, „wie z. B. Radcliffe-Brown, Malinowski, aber auch Merton gleichsam willkürlich nach Funktionen zu suchen" (Jetzkowitz und Stark 2003, S. 11).

Generell stellt sich damit die Frage, wie ein Bezugsproblem in einer bestimmten Situation rekonstruktiv erschlossen werden kann, muss doch davon ausgegangen werden, dass ein Problem, das bearbeitet wird, nur vor dem Hintergrund eines bestimmten Vorwissens erkannt und isoliert werden kann. Das Feld selbst weiß in der Regel davon nichts. Gerade unter Voraussetzung von Polykontexturalität muss davon ausgegangen werden, dass die Annahme eines bestimmten, singulären Bestandsproblems selbst problematisch ist. Denn wenn mehrere Situationsbeschreibungen gleichzeitig möglich sind, kann es keine Zentralperspektive geben, von der aus ein für alle Perspektiven gültiges Problem definiert werden kann. Polykontexturalität lebt davon, dass jede sinnhafte

Operation gleichzeitig vieles ist, je nach logischem Ort etwas anderes bedeutet und damit nicht eindeutig, also unabhängig von der jeweiligen Position, bestimmbar ist.

Dabei darf man sich nicht dazu verleiten lassen, jene Komplexität, die sich im Zusammenspiel (oder auch Widerstreit) der unterschiedlichen Positionen und logischen Orte ausmachen lässt, als Bezugsproblem im klassischen Sinne aufzufassen. Die „Affinität auf Erkenntnisinteressen, die mit Begriffen wie Komplexität, Kontingenz, Selektion angezeigt sind" (Luhmann 1984, S. 83) und welche der funktionalen Methode zugrunde liegen, darf nicht dazu verleiten, überall Komplexitätsbewältigung zu sehen. Komplexität ist, wenn überhaupt, ein Problem, das die Wissenschaft definiert, nicht aber eines, das ein soziales System „wirklich" hat. Beschreibt man einen Sachverhalt jedoch generisch als Komplexitätsbearbeitung, so sagt das mehr über die eigene Theorie aus als über den untersuchten Sachverhalt. Mit anderen Worten: Der Ausweg, Polykontexturalität selbst als allgemeingültiges Bezugsproblem zu begreifen, verbietet sich. Wenn etwa ein Arzt vor der Frage steht, wie mit einem Patienten weiter zu verfahren ist und dabei gleichzeitig administrative und medizinische Sachlagen zu berücksichtigen hat, darüber hinaus vielleicht noch die Patientenmeinung, die Rechtslage und noch einiges mehr in Rechnung stellen muss, ist dies noch lange kein Bestandsproblem im funktionalistischen Sinne. Denn Polykontexturalität ist nicht weniger ein Ermöglichungszusammenhang als ein Problemzusammenhang. Wenn Verschiedenes gleichzeitig der Fall ist, wird also nicht nur die Bestimmung einer eindeutigen Lösung für ein Problem unmöglich, sondern auch die eindeutige Bestimmung des Problems. In vielen Situationen beispielsweise ist die Kopräsenz ökonomischer und medizinischer Rationalitäten kein Problem, sondern die ökonomische Einbettung vielmehr die Bedingung der Möglichkeit, dass Krankenbehandlung stattfinden kann. In anderen Fällen kann es jedoch in einer Weise zu einer ökonomischen Zurichtung kommen, dass sich die Frage stellt, wie unter diesen Bedingungen gute Medizin betrieben werden kann. Die Idee eines einfachen Zusammenhangs von Bezugsproblem und Lösung, der sich anhand funktionaler Äquivalenz analysieren lässt, gerät hier ins Wanken, da die bedingenden Faktoren und die mit ihnen einhergehenden Vorzeichen nicht ohne Weiteres miteinander verrechnet und kausal auf einen Faktor zugerechnet werden können.

Vor diesem Hintergrund lohnt es sich für die weitere methodologische Diskussion, erneut einen Blick auf den Funktionsbegriff zu werfen. Denn das Konzept der Funktion – auch wenn es nicht teleologisch begriffen wird – ist bislang noch unscharf geblieben. Es wird auch im Funktionalismus nicht in eindeutiger Weise verwendet. Zum einen kann es als zweckdienliche Leistung

3.4 Funktionale Methode

verstanden werden – etwas hat eine Funktion, wenn es „funktioniert". In diesem Verständnis ist der oben diskutierte teleologische Funktionsbegriff angesiedelt. Versteht man Funktion jedoch von der mathematischen Begriffsbildung her (Cassirer 1994), so bezeichnet der Begriff zunächst nichts weiter als die Beziehung zwischen zwei Mengen. Dabei wird in der Mathematik jedem Wert einer Menge ein Wert in der anderen Menge zugeordnet. Eine Funktion ist also eine Aussage über eine Relation zweier Räume mittels der Verknüpfung von Werten aus diesen Räumen. Hier geht es also um die Ordnung einer Beziehung. Die Benennung einer Funktion ist dann eine Aussage darüber, wie diese Beziehung gestaltet ist. So betrachtet, ist die funktionale Analyse eine Methode, in der die Beziehung zwischen zwei oder mehr Räumen als Ordnung beschrieben werden kann.

Nun haben wir es in der qualitativen Forschung jedoch weder mit Zahlen noch mit Mengen zu tun. Jenseits der Statistik kann das Versprechen einer rechnenden Soziologie nicht eingelöst werden – und auch hier bleibt das Rechnen der Soziologie ein stochastisches. Eine funktionale Analyse in der qualitativen Forschung kann also nicht bedeuten, Werte einer Menge im streng mathematischen Sinne korrespondierenden Werten einer anderen Menge zuzuordnen. Sehr wohl ist es der qualitativen Sozialforschung jedoch möglich, eine Beziehung zwischen inkommensurablen Räumen zu bestimmen. Diese einheitliche Beziehung stellt sich dabei als *Regelmäßigkeit eines Prozesses* dar, der sich aus der Inkommensurabilität der beteiligten Räume speist. Diese Regelmäßigkeit hat aber selbst keine Substanz. Sie bildet keine einheitliche Ontologie aus. Sie ist gleichsam nur eine funktionale Verschränkung, welche bestimmten Gesetzmäßigkeiten gehorcht – ein *Muster, das verbindet* (Bateson 1979, S. 8).

Bezogen auf unser Beispiel aus der Medizin bedeutet dies etwa, dass sich ärztliche Professionalität und ökonomische Erwägungen, die in administrativen Regeln (heutzutage konkret DRGs (Diagnostis Related Groups)) manifestiert sind, gegenseitig einschränken. Es ist eben nicht alles machbar, was aus ärztlicher Perspektive vielleicht wünschenswert wäre. Doch ist eben auch nicht alles machbar, was aus betriebswirtschaftlicher Perspektive wünschenswert wäre. Ebenso ist nicht alles machbar, was aus persönlichen Gründen – etwa aus Neugier oder Ambition – erstrebenswert scheint. Vielmehr muss jede Entscheidung in Bezug auf einen konkreten Behandlungsprozess die relevanten beteiligten Bereiche stets aufs Neue abtasten. Dabei werden dann Arrangements gefunden, die situativ eine bestimmte Beziehung herstellen.

Wir haben es bei einer solchermaßen verstandenen funktionalen Analyse also mit einer Perspektive zu tun, die sich an Einschränkungen orientiert (Bateson 1981, S. 515). Entsprechend darf nicht in einem kausalen Sinne davon ausgegangen werden, dass eine Seite die anderen bestimmt. Um bei unserem Beispiel zu bleiben, wäre es also verkürzt zu sagen, dass eine Klinik dem medizinischen Code (Luhmann 2005) folgt und nur diesem. Ebenso wenig ist davon auszugehen, dass Kliniken heutzutage verwerflich ökonomisierte Organisationen sind, in denen es nur noch ums Geld ginge.[28] Dies wird gerade dann deutlich, wenn man sich vor Augen führt, dass es in einer Klinik nicht nur um Medizin und knappe Ressourcen geht, sondern auch immer um rechtliche Erwägungen, um Karrieren, um Gruppenloyalitäten, auch um Eitelkeiten und andere Idiosynkrasien ihres Personals – und manchmal sogar um wissenschaftliche Wahrheit (siehe etwa Vogd 2004b).

Organisationen sind in diesem Sinne immer polykontextural (Jansen und Vogd 2013; Jansen 2016a). Sie verbinden nicht nur verschiedene Funktionslogiken (Kneer 2001; Nassehi 2002), sondern auch Biografien, physische Lagerungen, Technologien (etwa Latour und Woolgar 1986) und anderes. Diese Pluralität wird prozesshaft stets neu relationiert, ohne dass die einzelnen Positionen ineinander überführt werden könnten. Sie werden arrangiert, ohne dass die spezifische Rationalität der einen Position auf die Funktionslogik anderer Teilbereiche durchgreifen würde. Eine funktionale Analyse interessiert sich somit genau für die hieraus erwachsenden Muster des Arrangements.

In dem hier beschriebenen Sinne stellt eine Funktion also eine *Relation* zwischen Variablen her, die nicht ineinander überführbar sind und zwischen denen nicht selten Widersprüche auftauchen – aber oftmals besteht gerade deswegen die Beziehung. Eine Funktion hat ihre Funktion darin (um einmal mit der Doppeldeutigkeit des Begriffs zu spielen), dass sie Widersprüche immer wieder neu bearbeitet, ohne diese aufzulösen. Sie stiftet Zusammenhänge – ohne aber das Differente in eine Einheit zu überführen. Ihren modernen Vorläufer hat diese Denkweise in Wieners Kybernetik. In Anlehnung an diese begreift sie soziales Geschehen im Sinne eines Feedbacksystems, d. h. als rekursiven Verweisungszusammenhang, der auf Redundanzen aufbaut (Bateson 1981, S. 220 ff.), die von verschiedenen Kontexturen zur Verfügung gestellt werden.

Das heißt jedoch nicht, dass diese Arrangements auf Dauer stabil sein müssen. Temporär sind sie es – sonst ließen sie sich nicht beobachten. Es kann sich jedoch auch um Konfliktsysteme handeln, die schrittweise auf einen gemeinsamen Abgrund hinsteuern (siehe etwa Glasl 2014). Es kann sich um autodestruktive

---

[28] Wie etwa Schimank und Volkman (2017, S. 7), wenn sie nostalgisch feststellen, dass es Zeiten gab, „da brauchte in einem Land wie unserem ein Arzt nicht zu wissen, was die von ihm tagtäglich geleisteten Dienste kosten" und dabei schlichtweg unterschlagen, dass dies nur aufgrund der Knappheit an Ärzten möglich war.

3.4 Funktionale Methode

Systeme handeln, wie etwa eine Sucht (Bateson 1981, S. 400 ff.). Ebenso kann es sich um stabile destruktive Systeme handeln – man denke etwa an sich chronisch reproduzierende Streitmuster in Paarbeziehungen oder gar auf Dauer gestellte kriegerische Konflikte. Funktion heißt also nicht zwangsläufig: Es funktioniert *gut*. Funktion verweist auch nicht auf einen Systemerhalt. Beides würde ein Telos implizieren. Man kann sogar davon ausgehen, dass es eine ganze Menge Funktionen gibt, die technisch gesehen ziemlich schlechte Lösungen darstellen. Die Organisationssoziologie spricht hier etwa von *Permanently failing organizations* (Meyer und Zucker 1989) – also von Organisationen, die keineswegs erfolgreich eine Funktion erfüllen. Evolution kann, wenn man es so sagen möchte, sogar auf Systemversagen beruhen. In diesem Sinne kann man auch feststellen, dass schlechte Funktionserfüllung durchaus eine Funktion haben kann – bloß in anderer Hinsicht, etwa in dem Sinne dass es beispielsweise in Krankenhäusern „good reasons for bad clinical records" gibt (Garfinkel 1967, S. 186 ff.).

Funktion heißt also weder Dauerhaftigkeit noch technische Tauglichkeit. Funktion heißt weder, dass etwas gut oder schlecht funktioniert, noch dass es besonders nützlich oder brauchbar sein muss. Funktion heißt einfach nur, dass sich ein bestimmtes Phänomen für eine gewisse Dauer als Verweisungszusammenhang bestimmter Kontexturen stabilisiert. Das kann, um noch einmal das obige Beispiel zu zitieren, etwa auch eine Krebszelle und ihre Beziehung zu dem Körper sein, in dem sie wächst.

Der von uns verwendet Begriff der Funktion bezeichnet also zum einen eine temporäre Ordnung, die durch die Verbindung inkommensurabler Mengen entsteht. Weiter oben haben wir von Arrangements oder Verbünden gesprochen, die verschiedene Kontexturen verbinden. Offen geblieben ist dabei jedoch die zweite – teleologische – Seite des Funktionsbegriffs, deren interpretatorischen Nutzen wir aufgrund seiner Zweck-Mittel-Rationalität abgelehnt haben. Unbesetzt darf diese zweite Seite jedoch schon allein deshalb nicht bleiben, weil ein sozialwissenschaftlicher Funktionsbegriff, der sich auf die Beschreibung einer Ordnung zurückzieht, in merkwürdiger Weise leer ist, da er nicht sagen kann, *worum* es eigentlich geht. Er bleibt nichtssagend, weil er nicht berücksichtigt, dass jede empirische Sozialforschung schon immer *bestimmte* Fragen an ihren Gegenstand heranträgt. Daher gilt es, dem Funktionsbegriff eine weitere Bedeutung zu geben, welche die Differenz von Problem und Bearbeitung wieder aufnimmt. Insbesondere die Frage nach dem Problem muss aktualisiert werden.

Einen ersten Ansatzpunkt bietet der Gedanke, dass polykontexturale Arrangements stets auf anderes, auf ein Außen verweisen, mit dem sie in einer Relation der Koproduktion stehen. Ärztliche Praxis verweist etwa auf Körper, in denen etwas geschieht, das kein ärztlicher Prozess ist. Sie verweist auf ökonomische und administrative Rahmenbedingungen, auf psychische Prozesse, Selbstbilder und Karriereambitionen, auf wissenschaftliche Trajektorien sowie auf Technologien und die in sie eingeschriebenen Rationale. Diese (und noch weitere) Kontexturen konstituieren die Grenze eines Arrangements. Sie ermöglichen, indem sie einschränken. Sie führen eng, ohne zu determinieren. Damit fungieren sie als *Strukturbedingungen* eines Arrangements und befinden sich damit auf einer Ebene, in der man die Bezugsprobleme ansiedeln kann, die durch eine bestimmte Praxis bearbeitet werden.

Diese Strukturbedingungen sind dann aber weder objektiv und unabhängig von der Situation gegeben, noch sind sie durch theoretische Vorannahmen determiniert wie in der funktionalistischen Tradition von Parsons (1951). Auch sind sie nicht von der Interaktionssituation selbst hervorgebracht oder konstruiert, wie dies etwa eine sozialkonstruktivistische Denkweise nahelegen würde.[29] Jede Situation wird vielmehr erst durch die Strukturbedingungen ermöglicht, auf die sie zurückgreifen kann. Gleichzeitig (re-)produziert sie diese Bedingungen aber auch in ihrem Vollzug. Das konkrete Arrangement ist somit immer nur als eine Praxis zu denken, die auf eine bestimmte Art und Weise Antworten auf Fragen gibt, die durch verschiedene andere Positionen aufgeworfen werden: durch die Gesellschaft (etwa durch Recht, Wirtschaft, Wissenschaft und Massenmedien), durch Subjektivität, Körper, Technologien, Diskurse und anderes. Es verweist auf komplexe Bedingungen, die sich nur durch die Exegese des jeweiligen Arrangements rekonstruieren lassen, jedoch nicht vorab postuliert werden können – etwa im Sinne eines AGIL-Schemas (Parsons 1951) oder mit der Annahme einer generellen Notwendigkeit der Komplexitätsbewältigung (Luhmann 1997b). Worum es in einem Arrangement geht, zeigt sich erst in diesem Arrangement selbst. Gleichzeitig weist die Antwort aber immer schon über es hinaus.

Strukturbedingungen und Arrangement, Problem und Problembearbeitung sind also aufs Engste ineinander verwoben. Das eine ist nicht ohne das andere denkbar. Präziser gesagt, stehen sie in einem ähnlichen Verhältnis zueinander wie Kategorien und Gegenstand in der Transzendentalphilosophie Kants.[30] Ähnlich wie ein Gegenstand der Erkenntnis bei Kant immer innerhalb der Kategorien der Vernunft geformt, gleichzeitig aber nicht durch diese determiniert ist, muss ein konkretes Arrangement als kontingente Antwort auf bestimmte

---

[29] an dieser Stelle sei nochmals an die bereits zitierte Kritik von Latour erinnert, an jene von „Interaktionisten geliebten Szenen, in denen einige wenige Menschen, meist nur zwei, an verborgenen Orten, abgeschieden von anderen in Interaktion treten" (Latour 1996, S. 231)

[30] Siehe etwa Kant (2003, S. A 12).

3.4 Funktionale Methode

Strukturbedingungen gedacht werden. So wie bei Kant dabei die Erkenntnis über transzendente Wahrheiten dem Bereich des Sagbaren entzogen ist (Kant 2003, S. A XIV), muss auch der Funktionalismus darauf verzichten, ex ante Probleme zu definieren, die ein System zu lösen hat. Die Bedingungen einer bestimmten Situation haben insofern als transzendental (im Unterschied zu transzendent) zu gelten, als sie *in der Situation* als unhintergehbar und konstitutiv auftreten, dies in anderen Situationen aber durchaus nicht tun müssen. Exakt in diesem Sinne – und nur in diesem Sinne – sprechen wir im Folgenden von einer transzendentalen Struktur. So ist ärztliche Praxis etwa immer gebunden an ökonomische, wissenschaftliche und personelle Bedingungen. Sie ist nur in diesem Kontext möglich, wobei diese Bedingungen gleichzeitig ihre Grenzen definieren. Ärztliche Praxis existiert nur, weil eine Erkrankung eine Angelegenheit ist, die sowohl hinsichtlich der Diagnostik als auch der Therapie nicht unmittelbar einsichtig bzw. eindeutig ist, und muss mit genau dieser Intransparenz als Problem kämpfen. In der ärztlichen Entscheidungsfindung wird das dann mitunter auf Begrifflichkeiten wie „heroischer" oder „konservativer Zugang" zugespitzt – die Chirurgen öffnen den Körper und schauen herein, die Internisten warten auf weitere Befunde, die Indizien geben könnten. Problem und Problembearbeitung, Anrufung und Antwort einer bestimmten Praxis sind also immer aufs Engste miteinander verwoben. Es ist nicht möglich, das eine oder das andere ex ante theoretisch zu deduzieren.

Was jeweils konkret als (transzendentale) Strukturbedingung zu gelten hat und was als (empirisch variable) Praxis erscheint, ist dabei, anders als bei Kant, allerdings keineswegs von vornherein festgeschrieben, sondern hängt von den jeweiligen Referenzpunkten der Beobachtung ab in anderen Worten: vom Erkenntnisinteresse der Forscherin. Soll ärztliche Entscheidungsfindung im Krankenhaus untersucht werden, so wäre diese als „Praxis" zu betrachten, während Abläufe in anderen Abteilungen – wie etwa der Verwaltung – als „Strukturbedingung" erscheinen. Doch spricht grundsätzlich nichts dagegen, auch die exakt umgekehrte Perspektive einzunehmen. Werden Prozesse in der Verwaltung untersucht, so rückt die Intransparenz des Patientenkörpers in den Hintergrund (wenn sie überhaupt auftritt), während die ökonomischen und rechtlichen Konsequenzen einer bestimmten Behandlungs- und Diagnosepraxis als problematisch erscheinen können – einer Praxis, die aus einem administrativen Standpunkt ihrerseits als intransparent zu gelten hat, weil sie in einem Spannungsfeld entsteht, das der Verwaltung und Organen des Rechts nicht einsichtig ist. Die Problembearbeitung, welche durch die ärztliche Tätigkeit geleistet wird, wird nun also ihrerseits zu einer (intransparenten) Bedingung der hier anzutreffenden Praxis.

„Dabei ist darauf zu achten, dass die erlebten Probleme, die Verhaltensschwierigkeiten, nicht ohne weiteres identisch sind mit den funktionalen Bezugsproblemen" (Luhmann 1970b, S. 41). So hat etwa eine Ärztin, die einen multimorbiden, präfinalen Patienten behandelt, ein ethisches Problem und muss sich die Frage stellen, ob eine schmerzhafte, kostenintensive und aufwendige Behandlung indiziert ist oder ob eine Verlegung auf die Palliativstation angebracht wäre (siehe etwa Abschn. 5.2). Ein Geschäftsführer, der immer wieder die Autonomie ärztlicher Entscheidungsfindung zugunsten ökonomischer Kalküle einschränkt, evoziert an anderer Stelle Antworten auf die Frage der richtigen Medizin – auch wenn er sie in seinem eigenen Handeln nicht beachtet. Wenn die entsprechende Praxis auf eine bestimmte Bedingung nicht eingeht, heißt dies jedoch nicht, dass das Problem nicht bestehen würde. Das betrifft ebenso die Problembearbeitung. Auch in einem stark ökonomisch zugerichteten Krankenhaus müssen Ärzte anderen Ärzten und den Patienten sowie den Angehörigen entgegentreten, was Verwicklungen schafft, die rein ökonomisch ausgerichtete Handlungsprimate unmöglich machen. Stets ist organisationale Praxis in ein Geflecht von Kalkülen, Logiken und Notwendigkeiten eingebunden, welche derart disparat sind, dass von der Möglichkeit rationaler Planung bzw. Steuerung nicht auszugehen ist. Daher verbietet es sich, Leitlinien, Strategien und Taktiken wörtlich zu nehmen, mögen sie von einer bestimmten Position aus betrachtet auch noch so angemessen und gerechtfertigt erscheinen. Vielmehr gilt es, sie im Hinblick auf ihre Konsequenzen für das jeweilige Arrangement zu untersuchen.

Entsprechend sind die Bezugsprobleme eines bestimmten Arrangements von der jeweiligen Forscherin zu rekonstruieren und nicht etwa aus der Selbstbeschreibung zu übernehmen. „Der Begriff der latenten Funktion bildet die Brücke" (Luhmann 1970b, S. 41). Die Rekonstruktion eines Bezugsproblems wiederum lässt sich vornehmen, indem die zentralen Widersprüche und Ambivalenzen eines bestimmten Arrangements herausgearbeitet werden. Denn, so die These, Widersprüche und Ambivalenzen ergeben sich an jenen Stellen, an denen eine bestimmte Praxis fragwürdig und unklar wird, etwa weil sie mit der Logik einer anderen Kontextur in Konflikt gerät. Anders ausgedrückt, verweisen Widersprüche und Ambivalenzen auf inkommensurable, widerstreitende logische Räume wie auch auf mögliche alternative Arrangements. In der Methode der komparativen Analyse (Glaser 1965) kann dann wiederum auf ein *Tertium Comparationis* geschlossen werden, das durch bestimmte Strukturbedingungen relevant wird. Beispielsweise entstehen die medizinischen Optionen des „konservativen" oder „heroischen" Zugangs in Bezug auf die Unsicherheit, die durch die Intransparenz des Körpers des Patienten geschaffen wird. Der internistische und der chirurgische Behandlungsmodus erscheinen damit insofern funktional äquivalent, als beide eine Antwort auf das Problem der therapeutischen Unsicherheit liefern.

Ein sich über längere Zeit hinziehender Konflikt zwischen den Optionen der Entlassung oder Weiterbehandlung eines Patienten kann darauf hindeuten, dass dieser weder behandelbar noch gesund ist, also etwa mit einer recht hohen Wahrscheinlichkeit sterben wird. Das Problem wäre dann ein ethisches, das dort entsteht, wo die Medizin an ihre Grenzen stößt und die ärztliche Profession entsprechend damit umgehen muss. Die Strukturbedingungen eines bestimmten Arrangements zeigen sich also insbesondere dort, wo dieses prekär wird und Unsicherheiten in Bezug auf den weiteren Verlauf der Trajektorie auftreten, sich also Weichenstellungen andeuten.

Damit wird auch deutlich, dass kein Arrangement in Bezug auf nur *ein* Bezugsproblem verstanden werden kann. Es gibt nicht *das* Bestandsproblem, das gelöst werden müsste, nicht *die eine* Funktion, die zu erfüllen ist. So ist beispielsweise keineswegs gesagt, dass religiöse Praxis immer eine Antwort auf das Problem der Differenz von Faktizität und Möglichkeit im Anbetracht der Endlichkeit des Lebens darstellt (Oevermann 1995) oder Alkoholismus immer im Sinne Batesons (1981) auf das Problem einer übersteigerten Idee von Selbstkontrolle zurückzuführen ist, die dann komplementär in Hingabe und Selbstaufgabe umzukippen droht. Vielmehr ist jedes Arrangement eine Antwort auf multiple Bezugsprobleme. Nur so ist die Pluralität und Polyphonie sozialer Ordnungen zu erklären. So kann man etwa religiöse Praxen nur verstehen, wenn man begreift, dass sie von konkreten Personen ausgeübt werden, die im Einzelfall recht unterschiedlich sein können. Zugleich ist Religiosität jedoch immer auch geteilte Praxis von Gruppen, was seinerseits mit bestimmten Konstitutionsbedingungen einhergeht. Und nicht zuletzt treffen religiöse Praxen auf ein Feld aus Wissenschaft, politischen Rahmenbedingungen und administrativen Gegebenheiten. Somit wird klar, dass beispielsweise die spezifische Aneignung des Buddhismus im Westen keine Antwort auf das eine Bezugsproblem der Endlichkeit des Lebens oder Ähnliches ist. Sie dient nicht per se der Befriedigung eines objektiv im Wesen des Menschen verankerten Transzendenzbedürfnisses, sondern erscheint als ein polykontexturales Arrangement, das trotz und wegen der Widersprüchlichkeit der Welt und der Verschiedenheit der Menschen in Kraft tritt (Vogd und Harth 2015).

Dabei ist aus heuristischen Gründen davon auszugehen, dass vergleichbare Arrangements vergleichbare Strukturbedingungen aufweisen – auch wenn die Arten, mit diesen umzugehen, von Fall zu Fall unterschiedlich sind und andere Bezugsprobleme in den Vordergrund rücken lassen. Umgekehrt können bestimmte konkrete Lagerungen unter Umständen andere Strukturbedingungen aktualisieren. So wird etwa medizinische Praxis in einer angstgetriebenen Klinik auf andere Strukturbedingungen reagieren als in einer Klinik, die nicht von einer Angstkultur geprägt ist. Andere Strukturbedingungen bleiben jedoch als solche bestehen und können dann an anderer Stelle wieder Relevanz erlangen, etwa wenn eine unter Unsicherheit getroffene Entscheidung im Nachhinein als Kunstfehler thematisiert wird. Ein konkretes Arrangement rückt also bestimmte Bedingungen in den Vordergrund und vernachlässigt andere. Bearbeitungen zeitigen entsprechend Folgeprobleme, die sich dann bereits in der Rekonstruktion andeuten.

Auf der Basis einer guten, minutiös durchgeführten Analyse geschickt ausgewählter Einzelfälle – dies wäre an dieser Stelle zumindest als These in den Raum zu stellen – sollten wir damit in der Lage sein, zumindest den Großteil der Strukturbedingungen etwa religiöser oder medizinischer Praxis zu rekonstruieren – womit jedoch nicht auf die Objektivität dieser Bedingungen hingewiesen ist, sondern nur auf die Tatsache, dass sich in einer Ökologie polykontexturaler Arrangements ähnliche Situationen in ähnlicher Weise stabilisieren.

Im hier vorgeschlagenen Sinn besteht die funktionale Analyse entsprechend zunächst darin, die Strukturbedingungen einer Situation zu analysieren. Darüber hinaus geht es darum, zu erklären, wie ein bestimmtes Arrangement mit diesen Strukturbedingungen umgeht. Dem Begriff der Funktion kommt somit eine Doppelbedeutung zu: Funktion als Antwort auf eine bestimmte Problemlage und Funktion als Arrangement inkommensurabler Mengen. Dabei kann sich die Einheit einer Funktion in diesem doppelten Sinne kaum in einer positivsprachlichen Beschreibung oder Typisierung wiederfinden. Denn letztlich bewegt auch sie sich in jenem Bereich, über den man, nach Wittgenstein (2003, S. 7), nicht sprechen kann: im Ethischen und Ästhetischen. Mit Widersprüchen und Inkommensurabilitäten lässt sich besser oder schlechter, schöner oder weniger schön umgehen, sie lassen sich jedoch weder zum Verschwinden bringen noch durch ein rationales Kalkül bewältigen. In diesem Sinne gilt es, ein bestimmtes Arrangement analytisch zu umkreisen, es auf seine Polykontexturalität hin auszuloten.

Im konkreten Fall erlaubt die funktionale Analyse dann die Rekonstruktion mehrdimensionaler Sinnzusammenhänge. Die Komplexität kann dabei – je nach Forschungsfrage – stufenweise aufgefächert werden, indem man damit fortfährt, die rekonstruierten Strukturbedingungen eines Arrangements selbst als Arrangement zu fassen. Im einfachsten Fall würde man jedoch ein Arrangement als Referenzpunkt verwenden und dabei stehen bleiben. Ein gutes Beispiel hierfür ist der „Fall Marion" (5.1.1.), in dem wir uns mit der Rekonstruktion von

3.4 Funktionale Methode

Selbst- und Weltverhältnissen im christlichen Fasten befassen. Fasten erscheint dabei als eine mehrdimensionale Antwort auf etwas, das sich mit Heidegger (1993 § 41) als „Sorge" und „Verfallenheit des Daseins an die Welt" (Heidegger 1993, S. 167 ff.) begreifen ließe. So stellt Marion fest, dass sich im alltäglichen Funktionieren-Müssen immer wieder Gewohnheiten im Umgang mit ihrem Körper einschleichen, die nicht die ihren sind. Sie trinkt Kaffee, obwohl sie ihn nicht mag, und isst Zucker zur Stressbewältigung. Ebenso stellt sie fest, dass ihr Verhältnis zu ihrer Familie mehr und mehr in Routinen erstickt. Letztlich hat sie das Gefühl, dass sie sich abhandenkommt, und zwar in 3facher Weise – in Bezug auf ihren Körper, ihre Beziehungen und ihr eigenes Selbst. Ihr Selbstverhältnis scheint hierdurch von einer grundlegenden Paradoxie durchzogen zu sein, die sich folgendermaßen ausdrücken lässt: Ich bin ich und ich bin nicht ich. All diese Faktoren konstituieren hier das Bezugsproblem. Diesem begegnet Marion durch eine Fastenpraxis, durch die sie Distanz gewinnt – zu ihrem Körper, ihrem Selbst und ihrer Familie. Diese Distanz erlaubt ihr dann, wieder in die Welt zu treten und diese erneut als die ihre und sich erneut als selbstidentisch zu erleben.

Die Strukturbedingungen zeigen sich hier – wenn man sie auf individuelle Selbst- und Weltverhältnisse bezieht – als etwas, das sich wiederum in Anlehnung an Heidegger als Existenzialien oder Existenzialstrukturen bezeichnen ließe. Jedoch sind diese nicht objektiv bestimmbar (etwa im Sinne eines Vorlaufens zum Tod oder dergleichen). Vielmehr zeigen sie sich in der empirischen Analyse nur im Einzelfall als relevant oder eben nicht. Dann sind sie jedoch als transzendentale Strukturen (nicht als transzendente oder objektive Existenzialien) unhintergehbar. Für Marion ist es hier das Dilemma, die eigene Familie zu lieben und für sie zu sorgen, dabei aber die gefühlte Selbstbindung zu verlieren. Wenn man es jeden Tag macht, erscheint es nur noch als Routine. Der leibliche Vollzug erscheint nicht mehr als der eigene. Das hiermit einhergehende Selbst- und Weltverhältnis ist unhintergehbar und wird in der Praxis des Fastens reproduziert und in lebendiger Form aktualisiert. Durch das wiederholte Unterbrechen erinnert sich Marion daran, dass es anders sein sollte und sein kann – nur um dann wieder im Alltag verloren zu gehen. Dasein ist dann keine objektive Bestimmung mehr, sondern eine konkret hergestellte Praxis, die im weiteren Verlauf immer wieder auf die von ihr eigenen Probleme stößt.

Formal komplexer wird die Analyse, wenn wir uns im „Fall Spondel" der Behandlung eines multimorbiden Patienten in einem Akutkrankenhaus zuwenden. Hier treffen wir auf eine Kaskade unterschiedlicher Strukturbedingungen, denen mit unterschiedlichen Praxen begegnet wird. Wir sehen, wie die Praxis mit den administrativen Bedingungen kämpft. Ein Akutkrankenhaus sieht die Behandlung chronischer Patienten nicht vor. Die ärztliche Profession jedoch schon. Der Körper des Patienten erscheint als intransparent (Was hat er eigentlich?); die therapeutischen Möglichkeiten als fraglich (Soll man nun „heroisch" oder „konservativ" vorgehen?). Die Angehörigen erwarten, dass die Ärzte wissen, was sie zu tun haben (obwohl diese es nicht wissen). Über allem aber schwebt die grundsätzliche Frage, wie man mit einem Patienten verfährt, der keine rosigen Aussichten mehr zu erwarten hat. Diese Lagerung lässt sich unabhängig davon rekonstruieren, ob sie den Beteiligten bewusst ist oder ob die entsprechende Praxis die ethischen oder medizinischen Grenzen des Möglichen auslotet.

Schon hiermit wird deutlich, dass sich die funktionale Analyse, anders als im „Fall Marion", nicht auf die Untersuchung individueller, existenzialer Strukturen beschränken kann, da die konkrete Ausgestaltung des untersuchten Arrangements nicht auf einzelne Personen oder Gruppen zurückgeht. Die Behandlungspraxis entsteht aus der *Differenz* unterschiedlicher Positionen, unterschiedlicher Disziplinen und unterschiedlicher Nähe bzw. Distanz zum Patienten. Ober- und Chefarzt nehmen andere Positionen ein als die behandelnde Stationsärztin. Deren Einschätzung wiederum unterscheidet sich vom Urteil der Konsiliarärzte. Somit ist die Behandlungspraxis weder auf das planmäßige und kohärente Vorgehen eines einheitlichen Behandlungsteams noch auf die Taktik oder Strategie einzelner Akteure reduzierbar, vielmehr präsentiert sie sich als ein tastender Prozess, der sich wie ein Fluss seinen Weg zwischen den unterschiedlichen Realitäten und Positionen, Interessen, Karrieren und Patientenkörpern bahnt.

Die konkreten Bezugsprobleme des Behandlungsprozesses zeigen sich auch hier als (transzendentale) Bedingungen desselben. Der Prozess entsteht durch sie und reproduziert sie. Ein Arzt, der nicht behandelt, ist kein Arzt. Ein Patient, der nicht behandelt werden muss, kein Patient. Eine Organisation, die nicht entscheidet, keine Organisation. Ein Chefarzt, der seine Rolle in der Hierarchie nicht einnimmt, ist kein Chefarzt.

Dennoch deutet sich schon hier an, dass die jeweiligen Bezugsprobleme je nach Position unterschiedlich gewichtet sind, sodass manche eher in den Vordergrund, andere tendenziell in den Hintergrund treten: Die leitenden Ärzte etwa finden sich mehr in einer administrativen Lagerung wieder, in der Kostenprobleme drängender werden. Aus ihrer Sicht erscheint die Abteilung als administrative Einheit, in der der „Fall Spondel" eben nur ein Fall unter anderen ist. Die Position der behandelnden Ärztin hingegen ist mehr von den charakteristischen Problematiken der ärztlichen Profession gekennzeichnet. Die Angehörigen und der Patient nehmen demgegenüber eine nochmals andere Position ein, welche ihrerseits mit spezifischen Interessen einhergeht.

Wie dieses Beispiel zeigt, ist die funktionale Analyse ein Verfahren, das Probleme und Bearbeitungsmodi immer nur in Referenz auf den zuvor

3.4 Funktionale Methode

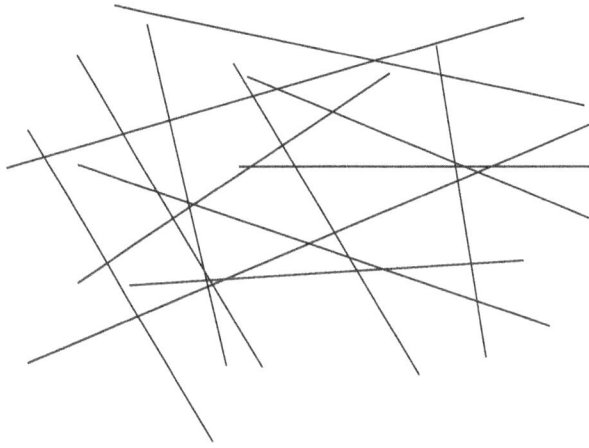

Abb. 3.1 Polykontexturalität. (Günther 1979c, S. 289)

festgelegten Gegenstand (hier der Prozess der Behandlung) zu bestimmen vermag. Mit der Änderung der Frage (etwa nach den Selbst- und Weltverhältnissen des Patienten oder der managerialen Praxis der Abteilungsleitung), verändert sich das Bild. Man greift auf nur je einen Schnittpunkt (oder eine begrenzte Auswahl von Schnittpunkten) in der Polykontexturalität der Welt zu und sieht je nach gewähltem Referenzpunkt etwas anderes (vgl. Abb. 3.1).

Gleichzeitig lässt sich die funktionale Analyse jedoch potenziell weiterführen. Hierzu ist es notwendig, von der prozessualen Entfaltung einer polykontexturalen Lagerung auf die unterschiedlichen Positionen selbst umzustellen und zu untersuchen, wie bestimmte Positionen Polykontexturalität arrangieren. Es ist dann von der einen Position auf die benachbarten Positionen zu wechseln, um dort zu fragen, welche Probleme sich jeweils auftun und wie die Lösungen der zuvor betrachteten Position wieder zur Strukturbedingung der nun betrachteten Position werden. Die Analyse wird hier also zu einer Rekonstruktion der Verschränkung unterschiedlicher Problem-/Lösungsverhältnisse bzw. der Verschachtelung von Arrangements in Metaarrangements.

Konkret zeigen wir im Fall des mitbestimmten Aufsichtsrats der Dortmunder Petrol, wie eine solchermaßen ausgestaltete funktionale Analyse aussehen kann. Hier zeigt sich denn auch eine Vielzahl von Konstitutionsbedingungen, etwa der Umgang mit dem Problem externer Anteilseignervertreter, die das Unternehmen eigentlich nicht wirklich kennen, jedoch dennoch eingebunden werden müssen und wollen, damit die Fiktion eines kompetenten Gremiums aufrechterhalten werden kann. Es stellt sich die Frage der Wahrnehmung von Arbeitnehmerinteressen gegenüber der Kapitalseite, die jedoch nur im Bündnis mit dem Kapital glücken kann, also voraussetzt, dass das Kapital hinreichend erfolgreich ist, was jedoch unweigerlich (zumindest teilweise) auf Kosten der Arbeitnehmer geht. Es stellt sich die Frage, wie Entscheidungen unter der Bedingung hoher Intransparenz und Unsicherheit getroffen und wie Karrieren gesichert werden können, etwa wenn die eigene Wählerschaft etwas anderes erwartet, als die eigenen Vertreter für richtig halten. Diese (und noch weitere) Probleme finden sich an verschiedenen Positionen und werden auf unterschiedliche Weise aktualisiert. Als Muster, das verbindet, lässt sich auf diese Weise ein Metaarrangement rekonstruieren, das mit raffinierten Formen mehrstufiger Ein- und Ausklammerung arbeitet.

Der Fall „Dortmunder Petrol" zeigt gleichzeitig die Grenzen der funktionalen Analyse, da diese letztlich doch irgendwo einen Schnitt setzen muss, obwohl das jeweilige Arrangement immer wieder auf noch ein weiteres Außen verweist, das neue Fragen aufwirft und auf weitere Verwicklungen hindeutet. Um zu einem abschließenden Ergebnis zu kommen, ist auch hier das Einrasten in die Positivität einer begrenzten Beschreibung mit einer bestimmten Ontologie unvermeidlich. Schließlich muss ein Forschungsbericht aufs Papier gebracht werden, in dem *etwas* steht.

Das schmälert jedoch nicht die Leistungen einer funktionalen Analyse, der es am Ende weniger darum geht, bestimmte Praxen entlang von Typen zu klassifizieren und zu katalogisieren. Vielmehr geht es zunächst darum, ein Problemfeld zu erschließen und die Konstitutionsbedingungen einer bestimmten Praxis zu rekonstruieren.

Erst in einem zweiten Schritt wird dann der Vergleich unterschiedlicher Arrangements interessant. Dieser hebt die Spezifik einer bestimmten Antwort hervor – man könnte mit Wittgenstein sagen, ihre ethische und ästhetische Dimension. Dabei hat die funktionale Analyse gegenüber der Philosophie jedoch den Vorteil, dass sie sich der Bewertung entziehen kann: Sie muss überhaupt nicht versuchen, eine einheitliche ethische oder ästhetische Antwort zu geben. Es reicht vielmehr aus, die rekonstruierten Arrangements und die sich hiermit zeigende Prozesshaftigkeit sowie die dabei ausflaggenden Selbst- und Weltverhältnisse als Versuche eine Antwort auf die transzendentalen Fragen zu verstehen, die sich aus dem jeweiligen Setting heraus ergeben.

3.4 Funktionale Methode

▶ **Trailer**

Die funktionale Methode geht davon aus, dass jede Praxis in einem Geflecht von Konstitutionsbedingungen stattfindet. Diese Konstitutionsbedingungen sind zwar nicht als objektive Bezugsprobleme zu begreifen. In einer Situation erscheinen sie jedoch als unhintergehbar, sozusagen als Fragen bzw. als Probleme, die in einer bestimmten Form beantwortet bzw. bearbeitet werden müssen. Dabei müssen sowohl die Probleme wie auch die Modi ihrer Bearbeitung als latente Strukturen angesehen werden. Sie sind in den jeweiligen Praxen nicht immer in Form expliziten Wissens verfügbar.

Die funktionale Methode zielt entsprechend auf zweierlei: Zunächst gilt es, die Konstitutionsbedingungen einer Situation zu rekonstruieren, auf die in der Praxis eine Antwort gefunden werden muss. Dabei gehen wir davon aus, dass sich Bezugsprobleme dort zeigen, wo eine bestimmte Praxis fragwürdig wird. Diese Fragwürdigkeit lässt sich anhand von Widersprüchen oder Ambivalenzen im Datenmaterial rekonstruieren. In einem zweiten Schritt geht es darum, die jeweilige Praxis bzw. das jeweilige polykontexturale Arrangement als Antwort auf seine Konstitutionsbedingungen zu rekonstruieren.

Methodisches Vorgehen 4

Die bisherigen Ausführungen sind für ein Buch, das eine Methode der qualitativen Sozialforschung vorstellen möchte, ungewöhnlich und zweifelsohne recht abstrakt. Man mag ihnen folgen, mag sie interessant und vielversprechend finden oder auch nicht. In jedem Fall stellt sich die Frage, wie man von einer Theorie wie der hier skizzierten zu einem konkreten Vorgehen kommt. Das ist die Gretchenfrage, an der sich entscheidet, ob es sich hier nur um ein Glasperlenspiel handelt oder um die metatheoretische Grundlage einer Methode, die konkrete Forschung anzuleiten vermag.

Um letzteres zu gewährleisten, skizzieren wir im Folgenden die Grundlagen für ein konkretes interpretatives Vorgehen. Wir beginnen mit einer Diskussion jenes Datenmaterials, das den mit Abstand meisten Studien zugrunde liegt, dem Text – ob nun als Interviewtranskript, als Transkript von Gruppendiskussionen, Forschungsnotizen oder in anderer Form.

Den Text fassen wir dabei zum einen als ein propositionales System, das ein So-und-So-Sein der Welt vorschlägt. Gleichzeitig begreifen wir ihn auch als polykontexturales Gewebe, das durchzogen ist von Brüchen. Diese Brüche gilt es zu identifizieren, um auf diese Weise die wichtigsten Bezugsprobleme eines bestimmten Arrangements herauszuarbeiten.

Das methodisch kontrollierte Erschließen logischer Brüche stellt somit die erste Herausforderung dar. Um dieser zu begegnen, schlagen wir eine Methode vor, die wir an anderer Stelle *Logische Kondensation* genannt haben (Jansen et al. 2020). Das Vorgehen folgt zunächst der Idee, die propositionale Struktur eines Textes möglichst eindeutig herauszuarbeiten, das heißt, zu versuchen, einen Text in eine eindeutige Aussagenwelt zu überführen.

Dies führt jedoch zwangsläufig zu Widersprüchen und Doppeldeutigkeiten, da kein Text eindeutig ist. Die so freigelegten Widersprüche und Ambiguitäten bilden dann die Grundlage für eine weitere Interpretation, deren Ziel darin besteht, Rationalitäten, Stimmen, Sprecher-, Beobachterpositionen und Ähnliches zu konsolidieren. An die logische Kondensation schließt sodann eine reflektierende Interpretation an, welche ihrerseits von der Frage geleitet ist, welche zentralen Bruchlinien den untersuchten Fall bestimmen.

Hierauf lässt sich eine funktionale Analyse aufbauen, die das Muster eines bestimmten Falls zu rekonstruieren vermag und dabei ein Bezugsproblem freilegt.

4.1 Der Text als polykontexturaler Zusammenhang[1]

Wir möchten uns im Folgenden mit dem Datenmaterial befassen, das der Interpretation noch immer am häufigsten zugrunde liegt: dem Text.[2] Der Text, also die sprachliche, niedergeschriebene Verfasstheit von Sinn rückt hier ins Zentrum, weil die propositionale Struktur von Sprache in besonderer Weise die Mehrdimensionalität von Sinn eröffnet. Die reine Anschauung, schreibt Schopenhauer (2007, S. 66), „ist sich selbst genug." Erst mit der sprachlichen Verdopplung der Welt treten Zukunft und Vergangenheit, Bedauern, Reue, Wollen, Moral, Wahrheit und Unwahrheit zu einer Welt der reinen Anschauung hinzu (Schopenhauer 2007, S. 66 ff.). Sprache zeigt, dass es anders sein könnte, dass es anders sein sollte, sein wird oder anders war. Sie deutet darauf hin, dass jemand etwas anders sieht und stellt auch die Mittel bereit, um zu begründen, warum das so ist. Sind wir in der Sprache, verstricken wir uns in Polykontexturalität.[3]

---

[1] Das folgende Kapitel beruht maßgeblich auf Jansen, Feißt und Vogd (2020).

[2] Was nicht heißt, dass man sich nicht auch sinnvoll mit anderem Datenmaterial befassen kann (siehe etwa Bohnsack 2009).

[3] Natürlich können auch Bilder oder Videos so gestaltet sein, dass Spannungen und Gegensätzlichkeit zutage kommen. Nonverbale Gesten können ambivalent daherkommen und auch Musik kann explizit polyphon angelegt oder komponiert sein. Doch allein schon durch die Negation, ganz zu schweigen von Modaloperatoren, den Modi der Temporalisierung und Konjunktivierung und den Möglichkeiten, Referenzen, Rahmungen und Distanzierungen auszudrücken, stellt die Sprache gleichsam den Königsweg zur Polykontexturalität dar.

Zudem gilt: Erst in der Sprache konstituiert sich jene Mehrdeutigkeit, um die es uns geht. Selbst wenn Bilder oder Videos durchaus Gegenstand der Interpretation werden können, so müssen diese zunächst sprachlich erschlossen werden. Interpretation baut immer auf Sprache auf und vermag keinen Weg um den Text herum zu finden.

4.1 Der Text als polykontexturaler Zusammenhang

Dabei erscheint uns jeder Text, auch wenn er polykontextural gesättigt ist, zunächst als ein positives Datum, das ein bestimmtes So-Sein vorschlägt. Er spannt einen Bedeutungsraum auf und schafft seine eigene Wirklichkeit. Er verdoppelt zwar die Welt (Schopenhauer 2007, S. 72) und steht von Anfang an unter dem Vorbehalt, auch falsch sein zu können. Doch das setzt bereits eine Reflexionsbewegung voraus. Für sich genommen ist der Text zunächst ein eigener, geschlossener Zusammenhang, eine Verkettung von Bildern von der Welt (Wittgenstein 2003 2.1.). Der Text sagt: So ist es und nicht anders. Der Text „stellt das Bestehen und Nichtbestehen von Sachverhalten vor" (Wittgenstein 2003 2.11). Nur deshalb lässt er sich auf inhaltlicher Ebene erschließen. Ein Text sagt, wie es ist und wie es nicht ist.

Doch ein Text trägt immer mehr als nur eine Welt in sich, ob nun beabsichtigt oder nicht. Bei näherer Betrachtung stellen sich die meisten Texte daher schnell als ein Geflecht unterschiedlicher Bedeutungsräume heraus. Texte sind in diesem Sinne nicht ein- sondern mehrdeutig. Sie sind polykontextural und lassen sich entsprechend aus unterschiedlichen Perspektiven aufschließen und interpretieren.

Methodologisch stellt sich nun jedoch die Frage, wie unter der vordergründigen Schicht der Eindeutigkeit, wie sie sie etwa die Inhaltsanalyse suggeriert, die Polykontexturalität eines Textes herausgeschält werden kann. Wir möchten an dieser Stelle die Aussagenlogik ins Spiel bringen. Denn kaum ein anderes Instrumentarium gestattet es, einen Text ähnlich präzise auf eine einwertige Ontologie zu reduzieren. Mittels der Aussagenlogik lässt sich die Eindeutigkeit eines Textes aufarbeiten. Wenn man aber versucht, einen polykontexturalen Text möglichst eindeutig zu fixieren, wird das – so die These – Probleme in der Interpretation aufwerfen. Die aussagenlogische Reformulierung wird notwendig scheitern. Es entstehen Brüche, Widersprüche und alternative Interpretationsmöglichkeiten. Genau diese lassen sich dann als Grundlage für die weitere Interpretation nutzen, da sie Rückschlüsse auf weitere logische Räume, also auf Polykontexturalität erlauben.

Unsere Ausgangsposition für die weiteren Überlegungen ist also eine monokontexturale und damit eineindeutig ontologische Auffassung der Logik und der Sprache,[4] wie sie wohl am wirkmächtigsten von Wittgenstein (2003) im *Tractatus* formuliert worden ist. Jeder Satz, so Wittgenstein, muss als Aussage über die Welt verstanden werden. Er ist nicht nur eine Aussage im alltags-

---

[4] Siehe zur Differenz von ontologischer, psychologischer und sprachlicher Auffassung der Logik auch Tugendhat und Wolf (2010, S. 17 f.).

sprachlichen Sinne, sondern eine Proposition, eine Behauptung über das So-Sein eines Sachverhalts. Die auf diese Weise vorgenommene Verdopplung der Welt ist allerdings in einem gewissen Sinne zweifelhaft. Denn die entsprechende Proposition behauptet zwar ein So-und-So-Sein der Welt. Doch bleibt offen, ob es sich tatsächlich so verhält. Die Aussage kann wahr sein, sie kann aber auch falsch sein. Aussagenlogisch würde man sagen, dass eine Proposition sich dadurch auszeichnet, *wahrheitsfähig* zu sein. Eine Aussage kann innerhalb der klassischen zweiwertigen Logik demzufolge einen der beiden Wahrheitswerte *wahr* oder *falsch* annehmen.

Folgt man Wittgenstein in der Auffassung, dass Sätze Aussagen über die Welt darstellen, also nur wahrheitsfähige Sätze Propositionen im vollen Sinne sind, so kann nur ein sehr kleiner Teil der Aussagen, die sich in der natürlichen Sprache finden, im Bereich der sinnvollen Aussagen angesiedelt werden. Sprachliche Äußerungen, auf die das nicht zutrifft, stellen aus dieser strengen aussagenlogischen Perspektive keine sinnvolle sprachliche Aussage dar.[5]

Zusammenfassend zeichnen sich Propositionen dadurch aus, dass sie

a) ein Satz sind,
b) einen Bezug auf einen Sachverhalt haben und
c) wahrheitsfähig sind.

Entsprechend können Propositionen in jeder dieser Dimensionen ihren Sinn im logischen Verständnis des *Tractatus* verlieren. Zu den Sprechakten, welche diese Kriterien nicht erfüllen, gehören performative Aussagen (Austin 1975; Wittgenstein 2008) wie etwa Gebete oder Befehle, aber auch Anrufungen oder Ausrufe des Erstaunens, des Schmerzes etc. Diese Artikulationen treffen keine Aussage über einen Sachverhalt in der Welt – wenn jemand etwa ausruft „verdammt!", so ist das keine wahrheitsfähige Aussage. Äußerungen von Hoffnungen und Vermutungen sowie normative Forderungen, ästhetische Urteile und epistemologische Erwägungen fallen ebenso in diese Kategorie. Auch die Ethik fällt in diesen Bereich. „Es ist klar, dass sich die Ethik nicht aussprechen lässt", schreibt Wittgenstein hierzu: „Die Ethik ist transcendental"[6] – und damit kein

---

[5] Eine Auffassung, die in der analytischen Philosophie kanonisch wurde (Tugendhat und Wolf 2010, S. 20), letztlich aber missversteht, dass es Wittgenstein am Ende in seiner Philosophie um das geht, was sich eben nicht sagen lässt, nämlich um das Mystische (Wittgenstein 2003 6.522; siehe auch Rauh 2014).
[6] Wittgenstein (2003 6.422).

4.1 Der Text als polykontexturaler Zusammenhang

Sachverhalt in der Welt. Neben solchen sprachlichen Phänomenen, die keine vollständigen Sätze sind oder sich nicht auf einen Sachverhalt in der Welt beziehen, gibt es zudem Aussagen, die nicht wahrheitsfähig sind. Darunter fallen Kontradiktionen, Tautologien und Paradoxien.

Möchte man also nach Polykontexturalität suchen, so gilt es, sich an dem zentralen aussagenlogischen Kriterium der Wahrheitsfähigkeit zu orientieren, bzw. daran, ob dieses verletzt wird. Denn hier produziert Sprache das, was Günther (1976a) *Transjunktion* nennt: Operationen, die unterschiedliche Kontexturen relationieren. Die aussagenlogische Fehlgeformtheit zeugt nämlich, so unsere grundlegende Arbeitshypothese, weniger davon, dass jemand nicht die richtigen Worte gefunden hat, sondern verweist vielmehr auf vielschichtige, polyphone Lagerungen und die hiermit einhergehenden komplexen (sozialen) Referenzen, Widersprüche und Mehrdeutigkeiten.

Auf diese Weise können wir *ex negativo* von der Monokontexturalität zur Polykontexturalität, von der Eineindeutigkeit zur Mehrdeutigkeit gelangen. Die Analyse beginnt mit der Rückführung des Textes auf eindeutige Propositionen und führt dann zu denjenigen Stellen, wo dies nicht möglich ist. Anschließend kann untersucht werden, mit welchen transjunktionalen Operationen einer polykontexturalen Logik die an dieser Stelle erscheinenden Interpretationsprobleme aufgeschlossen und verstanden werden können.

Im Folgenden möchten wir genauer darauf eingehen, was man unter korrekten (wahrheitsfähigen) Propositionen zu verstehen hat und an welcher Stelle demzufolge Polykontexturalität ins Spiel kommt.

Eine korrekte Proposition im Sinne der Aussagenlogik könnte etwa lauten:

‚Der Stein ist rund'.

Der Satz ist als Satz vollständig. Er trifft eine Aussage über einen Sachverhalt. Zudem ist es möglich, dass der Satz sowohl wahr wie auch falsch sein kann.

Eine Proposition kann darüber hinaus auch ein komplexerer Zusammenhang sein, etwa eine kausale Aussage:

Weil der Stein rund ist, rollt er den Berg hinunter, wenn man ihn anstößt.

Doch relativ schnell treffen wir auf sprachliche Äußerungen, die nicht in diese Kategorie fallen. Beispiele hierfür wären etwa:

‚Stoß den Stein an!'
Oder:

,Stein, rolle!'

In beiden Fällen handelt es sich um Befehle. Sie sind weder wahrheitsfähig noch treffen sie eine Aussage über einen Sachverhalt in der Welt. Sie nehmen nicht für sich in Anspruch, ein Bild zu sein. Austin (1975) und Searle (2013) nennen diese Kategorie von Sprechakten *illokutive* Akte. Begreift man die Sprache als Ontologie, als einwertige Repräsentation der Welt, handelt es sich um unsinnige Sätze. Sie fügen der Weltbeschreibung – dem, was die Welt *ist* – nichts Neues hinzu.

Illokutive Akte bekommen jedoch einen Sinn, wenn man sie als Ausdruck von Polykontexturalität begreift. Denn das, was in jedem dieser Sätze enthalten ist, ist ein ‚Du', eine Reflexionsperspektive und eine hiermit einhergehende Eigenaktivität, auf die Bezug genommen wird. Im ersten Beispiel handelt es sich um die Person, die den Stein anstoßen soll. Im zweiten wird dem Stein selbst eine eigene Position unterstellt, die angerufen und zur Aktivität aufgefordert werden kann.

Logisch gesehen sind solche Prozesse der Bezugnahme alles andere als trivial. Sie beschreiben, wie gesagt, keinen Sachverhalt, der ist oder nicht ist. Vielmehr lässt sich das, was hier geschieht, nur als *Verdopplung der Welt* begreifen. Es gibt plötzlich nicht mehr nur ein So-oder-nicht-So-Sein, sondern die Perspektive des Sprechers auf den Stein, die Perspektive der angesprochenen Person auf den Stein sowie die Beziehung zwischen dem Sprecher und dem Angesprochenen. Bereits die hiermit aufgeworfene Komplexität lässt sich schon nicht mehr in einer beschreibenden Kausalbeziehung darstellen. Die Aufforderung impliziert nämlich nicht nur ihre Befolgung, sondern auch die Möglichkeit der Verweigerung. Es kommt zu einer Unentscheidbarkeit, die zu einem weiteren Riss im monokontexturalen Gewebe führt. Auch wenn versucht wird, den anderen zu bestimmen, erscheint er oder sie als nicht bestimmbar. Das „Du" bleibt intransparent.

Gleichzeitig erscheint nun nicht mehr nur die Gegenwart, sondern eine mögliche Zukunft, in die ein rollender oder ein nichtrollender Stein projiziert wird. Die Welt vervielfacht sich in jenen sprachlichen Äußerungen. Sie beinhaltet nun plötzlich Möglichkeiten und Trajektorien, Unsicherheiten und verschiedene Positionen. Die Welt ist nicht mehr „alles, was der Fall ist" (Wittgenstein 2003, S. 1). Sie ist deutlich mehr.

Ähnlich verhält es sich mit folgenden Beispielen, die auf den ersten Blick wie ganz reguläre Propositionen wirken:

,Ich denke, der Stein ist den Berg herunter gerollt.'
,Thorsten meint, der Stein liege noch auf dem Berg.'

4.1 Der Text als polykontexturaler Zusammenhang

Hier mag man – was die analytische Philosophie auch tun würde (klassisch etwa Ryle 2015) – erst einmal davon ausgehen, dass doch alles seine aussagenlogische Ordnung hat. Es handelt sich um Sätze, die sich auf einen Sachverhalt in der Welt beziehen, auf mich, auf Thorsten, auf den Berg und den Stein und das Verhältnis dieser Elemente zueinander. Doch vor dem Hintergrund der vorherigen Beispiele sind Zweifel angebracht. Denn genau genommen sind die hier vorgenommenen Aussagen keine Propositionen, weil sie sich auf einen Sachverhalt beziehen, der gleichzeitig in der Welt ist und dann doch wieder nicht. Sie beziehen sich auf Denken und Meinen, womit zwei verschiedene logische Räume aufgemacht werden: Auf der einen Seite gibt es den logischen Raum *meines Denkens* (erstes Beispiel) bzw. das *Meinen eines Anderen* (zweites Beispiel). Daneben gibt es aber noch immer den *Raum der Faktizität* (in welchem der Stein den Berg herunter gerollt ist oder nicht). Man kann beide Propositionen getrennt voneinander behandeln. Die Tatsache, ob der Stein auf dem Berg liegt oder nicht, ist völlig unabhängig von meinem Denken oder dem, was Thorsten meint.

Sobald uns das klar geworden ist, wird auch klar, dass die Position des Beobachters selbst wieder nur eine Ontologie unter vielen ist. Es gibt Thorsten, es gibt mich und es gibt die Position eines Meta-Ichs, das die beiden anderen beobachtet, aber doch auch nur eine Position ist. Vielleicht erscheint – wie im Roman – noch als weitere Position die Schriftstellerin, die nicht mit dem erzählerischen Ich verwechselt werden kann. Wie auch immer – es gibt nicht mehr nur eine Welt, es gibt deren vielmehr verschiedene, die alle indiziert und benannt werden können, aber doch eben mehr – oder besser: anderes – sind als Sachverhalte in der Welt. Denn wir reden hier über die Sprache selbst, die der Welt gegenübersteht.

Das wird vielleicht noch deutlicher, wenn wir Sätze betrachten, die auf die Angabe eines ‚Ich' oder ‚Du' verzichten, Sätze, die sich nur auf Denken und Meinen, Wollen und Fürchten beziehen, ohne diesem einen Ort zu geben:

> ‚Vermutlich liegt der Stein noch auf dem Berg.'
> ‚Hoffentlich liegt der Stein auf dem Berg.'

Beide Aussagen sind keine wahrheitsfähigen Propositionen. Es lässt sich nicht feststellen: Es ist wahr, dass der Stein hoffentlich auf dem Berg liegt. Oder: Es ist falsch, dass der Stein vermutlich auf dem Berg liegt. Ein Stein kann nicht hoffentlich auf dem Berg liegen oder vermutlich noch auf dem Berg liegen. Er liegt entweder auf dem Berg oder nicht. Die Aussage über den vermuteten oder gewünschten Sachverhalt impliziert zugleich dessen Bestehen, wie auch die Option, dass eben dies nicht der Fall ist. Das Kriterium, über einen eindeutigen

Wahrheitswert zu verfügen, ist damit nicht erfüllt. Der Stein liegt in beiden Aussagen auf dem Berg und er liegt nicht auf dem Berg.

Die Sprache gelangt also selbst in Fällen, die in der analytischen Philosophie noch als sinnvoll gelten mögen, schnell an die Grenzen einer eineindeutigen Ontologie, die bestimmen lässt, was der Fall ist oder nicht. Die natürliche Sprache und die mit ihr einhergehende natürliche Logik (Lakoff 1971) arbeiten mit einer Vielzahl von reflexiven Adressen und ontischen Zuständen (Hoffnungen, Möglichkeiten, Meinungen etc.), die keinen klassischen Wahrheitswert (wahr/falsch) annehmen können. Im Sinne einer klassischen aristotelischen Logik reden wir schon immer eine Menge Zeug, welches die strenge analytische Philosophin für sinnlos bzw. unsinnig halten würde.

Das trifft auch auf jene Aussagen zu, mit denen wir Urteile verschiedenster Art treffen. Man mag hier an Rechtfertigungsordnungen (Boltanski und Thévenot 2014), mediale Codierungen (Luhmann 1998), an Wertsphären (Weber 1989) oder symbolische Formen (Cassirer 2010) denken. Denn das Urteil „gut" stellt ebenso eine Verdopplung der Welt dar, wie ‚schön', ‚sündig' oder dergleichen. Die Urteile beziehen sich nicht auf einen Sachverhalt in der Welt, sondern auf eine Wertung. Nehmen wir etwa folgende Sätze:

‚Runde Steine sind schön.'

Oder:

‚Es ist gut, dass der Stein den Berg heruntergerollt ist.'

Hier wird deutlich, dass die Auffassung von Sprache als Wahrheitsfunktion selbst nur eine kontingente Möglichkeit ist. Man kann nicht nur die Unterscheidung von wahr und falsch durch unterschiedliche Positionen vervielfachen oder ihr unsinnige Wahrheitswerte zuordnen (möglich, hoffentlich etc.). Man kann sie auch einfach ersetzen, etwa durch die Unterscheidung von ‚schön' und ‚nicht schön'. Für das ästhetische Urteil tut es gar nichts zur Sache, ob es runde Steine gibt oder nicht. Man kann etwas schön finden, das nicht existiert oder sogar, *weil* es nicht existiert. Dasselbe trifft auf moralische Urteile zu. Nur weil etwas schlecht ist, muss es noch lange nicht existieren – in der Regel ist das Gegenteil der Fall. Auch Glaubenssätze haben mit Wahrheitsfunktionen nicht direkt etwas zu tun. Die Existenz Gottes ist etwas, mit dem sich ein metaphysisch interessierter Mensch zwar durchaus herumplagen kann. Doch sobald man an Gott glaubt, plagt man sich eben mit Glaubens- und gerade nicht mehr mit Wahrheitsfragen herum. Man glaubt eben und ist dann eher damit beschäftigt, die Welt (und die eigene Person) auf ihre Sündigkeit hin zu befragen und nach Erlösung zu streben. Natürlich kann man zweifeln. Doch die Frage nach der Beweisbarkeit Gottes stellt sich erst, wenn sich die Wahrheit bereits mithilfe institutionalisierter Diskurse zwischen Theologen herausgebildet hat.

Manche Aussagen scheinen aber nicht nur im Wittgensteinschen Sinne sinnlos zu sein, weil sie nicht wahrheitsfähig sind (etwa Glaubensfragen). Sie sind vielmehr unmittelbar logisch unsinnig. Das trifft etwa auf folgende Aussagen zu:

,Der Stein ist auf dem Berg und im Tal.' *(Kontradiktion)*

Oder:

,Der Stein ist rund, weil er rund ist.' *(Tautologie)*

Gerade weil es uns hier um die Alltagssprache geht, mögen diese Beispiele auf den ersten Blick gleichsam als eher seltene Orchideen erscheinen, denn eine rundweg widersprüchliche oder tautologische Aussage wird wohl nur in Ausnahmesituationen vorkommen. Doch tatsächlich sind Kontradiktionen und Tautologien weit häufiger, als man denken mag. Nur werden sie im Alltag häufig unsichtbar gemacht. Sie verschwinden im Kontext, im diskursiven Anschluss. So mag zwar die Aussage, ein Stein sei auf dem Berg und im Tal zunächst einmal als Unfug erscheinen. Formulieren wir sie jedoch um, so verhält es sich anders. Stellen wir uns also eine Situation vor, in der A fragt, ob der Stein oben oder unten sei und B antwortet: „Der Stein rollt den Berg hinab", so ist ontologisch eben genau jene Aussage getroffen: Der Stein ist nicht auf dem Berg, aber auch nicht im Tal. Er ist in einer dritten Position, die in der Frage nicht vorgesehen ist. Wieder haben wir es also mit einer Verdopplung der Referenzsysteme zu tun, die hier aber erst aus dem Kontext deutlich wird. Der diskursive Anschluss schafft hier die merkwürdige Aussage.

Ebenso verhält es sich mit Tautologien. So ist etwa ein Kind vorstellbar, das seine Mutter immer wieder mit Fragen bedrängt, auf die diese keine Antwort weiß. ,Mama, warum ist das Gras grün?', ,Mama, wie fliegen Hummeln?' und dergleichen mehr. Die Mutter wird schließlich auf die letzte Frage des Kindes, ,Warum ist der Stein rund?', möglicherweise entnervt antworten: ,Der Stein ist rund, weil er rund ist!'. Vielleicht wird sie noch hinzufügen: ,Und jetzt hör auf, ständig solche Fragen zu stellen.' Auch hier geht es also um eine Beziehung, die sich in der Tautologie darstellt. Die Sachebene tritt hinter der Sozialebene zurück (Watzlawick et al. 1996), ohne dass die Beziehung explizit genannt wird.

Deutlich wird in dem letzten Beispiel die Bedeutung des kommunikativen Anschlusses. So mögen viele Aussagen für sich genommen eine valide Proposition darstellen. Es kann jedoch vorkommen, dass ein Satz, der ein-eindeutig zu sein scheint, sich im kommunikativen Zusammenhang als mehrdeutig entpuppt. Die Differenz zweier Propositionen im direkten Anschluss ergibt so im Zusammenhang eine propositionale Struktur, die nicht eine Ontologie produziert, sondern mehrere verschränkt.

Bereits in der Dokumentarischen Methode, vor allem in den Arbeiten von Przyborski (2004; siehe auch Bohnsack 2003, S. 135), kommt der Analyse des Diskursverlaufs eine gewichtige Bedeutung in der Rekonstruktionsarbeit zu. Dabei geht Przyborski davon aus, dass jede sprachliche Äußerung, auch wenn sie keine Proposition im aussagenlogischen Sinne darstellt, doch einen propositionalen Gehalt aufwirft. „[E]twas ‚proponieren'", bedeutet dann soviel wie einen „Orientierungsgehalt aufwerfen" (Przyborski 2004, S. 63). Auch mit Fragen (wie etwa: ‚Ist der Stein auf dem Berg?') oder Aufforderungen (etwa: ‚Wirf den Stein!') wird eine bestimmte Positionierung in der Welt impliziert, die mit einer spezifischen ontologischen Verortung einhergehen kann (etwa: Ich bin es, der Anweisungen gibt und Fragen stellen darf.). Wie diese in der Welt gebrochen und relationiert wird, wird dann jedoch erst in den jeweiligen Anschlüssen deutlich, in denen die Annahme, die Modifikation oder die Elaboration der jeweiligen Proposition sichtbar wird. „Du schon wieder mit deinen Steinen", mag die Antwort lauten oder aber einfach „Ja", vielleicht auch „Nein" oder „Wirf ihn doch selbst!". In der Differenz der Äußerungen zeigt sich dann eine komplexe Verflechtung von Reflexionspositionen, von Konturen, die sich ineinander verzahnen, sich zueinander positionieren und so Ordnung schaffen, ob nun als Missverständnis, als Konsens oder als Konflikt – was letztlich auf dasselbe hinausläuft, nämlich auf anschlussfähige Kommunikation.

Hier zeigt sich, dass es so etwas wie eine einzelne Proposition in letzter Konsequenz eigentlich überhaupt nicht geben kann. Denn jeder Satz verweist schon immer auf Anschlüsse, auf Möglichkeiten der Validierung und der Zurückweisung. Jede Proposition ist schon immer eingebunden in ein Netz aus anderen logischen Räumen. Kein Text steht für sich allein, sondern befindet sich immer schon in einem Netzwerk von Referenzen und verweist seinerseits bereits auf diese.

> **Trailer**
> Wir gehen in der Interpretation davon aus, dass ein Text eine bestimmte Wirklichkeit, ein bestimmtes So-Sein der Welt vor-

schlägt. In dieser Hinsicht ist der Text in sich kohärent und kann etwa inhaltsanalytisch erschlossen werden. Gleichzeitig jedoch ist jeder Text polykontextural. Er trägt viele Welten in sich. Die von uns vorgeschlagene Methode erschließt die Polykontexturalität eines Textes, indem wir versuchen, diesen möglichst eindeutig im Sinne der Aussagenlogik zu verstehen. Das heißt, wir verstehen ihn als eine Serie von wahrheitsfähigen Propositionen, die ein So-und-So-Sein der Welt behaupten.

Dabei zeigt sich jedoch, dass die Aussagenlogik schnell an ihre Grenzen stößt. Aufforderungen, Hoffnungen, Möglichkeiten und dergleichen vermag sie nicht schlüssig als einen wahrheitsfähigen Sachverhalt darzustellen. Es treten Doppeldeutigkeiten und Widersprüche auf. Neben die faktische Welt tritt eine erhoffte, erdachte, behauptete, bewertete, eine vergangene, zukünftige und mögliche. Diese methodisch generierte Vervielfachung der Welt bietet die Grundlage, auf der wir systematisch Polykontexturalität erschließen können.

4.2 Vorgehen in der Interpretation

Auf Basis der oben geschilderten Überlegungen lässt sich ein Verfahren zur methodisch kontrollierten Rekonstruktion polykontexturaler Verhältnisse entwickeln. Die Aussagenlogik dient uns dabei als Technik der methodischen Verfremdung. Indem wir versuchen, einen Text auf eine einwertige Ontologie zu verdichten bzw. auf seinen propositionalen Gehalt zu kondensieren, beginnt an den Stellen, wo dies nicht so recht gelingen mag, Polykontexturalität aufzuscheinen.

Konkret schlagen wir daher in Anlehnung an das Vorgehen der Dokumentarischen Methode vier Schritte der Interpretation vor: In der *formulierenden Interpretation* wird der Text als geschlossene und zusammenhängende Wirklichkeit betrachtet und als solche auf Inhaltsebene rekonstruiert. Es geht darum, die Welt, die der Text vorschlägt, in eigenen Worten zu erschließen.

In der daran anschließenden *logischen Kondensation* werden Mehr- und Doppeldeutigkeiten, Widersprüchlichkeiten und Tautologien sichtbar gemacht, indem der Text im Sinne der Aussagenlogik auf seine propositionale Struktur kondensiert und die Kausalketten, welche explizit oder implizit im Text beschrieben sind, herausgearbeitet werden. Dies wird in vielen Fällen, etwa dort, wo Hoffnungen, Zweifel, Eventualitäten, Bewertungen etc. auftreten, nicht voll gelingen. Die Welt vervielfältigt sich. Zudem werden Memos über mögliche Wertsphären bzw. Codierungen geschrieben und mögliche relevante Reflexionspositionen markiert. Wann wird etwas beispielsweise als gut oder schlecht, als hübsch oder hässlich, als effektiv oder ineffektiv bezeichnet. Die leitende Frage lautet hier also: Wo zeigen sich im Text Ambivalenzen, Doppeldeutigkeiten und Widersprüche?

Im Schritt der *reflektierenden Interpretation* werden diejenigen Elemente, die in der logischen Kondensation herausgearbeitet wurden, auf Basis der Theorie der Polykontexturalität so konsolidiert, dass deutlich wird, welche Positionen für den betreffenden Fall relevant sind. Die reflektierende Interpretation überführt also die unterschiedlichen Brüche in zentrale Ambivalenzen und Widersprüche.

Diese Positionen werden schließlich in der *funktionalen Analyse* in ein Verhältnis zueinander gesetzt, um so die zentralen Bezugsprobleme des Falls herauszuarbeiten. Diese ergeben sich aus den Bruchstellen, die im polykontexturalen Geflecht entstehen (etwa zwischen der medizinischen Professionalität und dem intransparenten Körper des Patienten, zwischen dem Ich als sozialer Adresse und als Subjekt, zwischen dem Anspruch rationaler Entscheidungsfindung und der faktischen Unmöglichkeit derselben). Im Anschluss geht es darum, die jeweilige Praxis als ein Arrangement sichtbar werden zu lassen, das die unterschiedlichen Widersprüchlichkeiten in eine bestimmte Beziehung setzt und so die Bezugsprobleme bearbeitet.

▷ **Trailer**
Die Interpretation gliedert sich in vier Schritte:

1. In der formulierenden Interpretation wird der Text auf Inhaltsebene rekonstruiert. Es geht darum, die Welt, die der Text vorschlägt, in eigenen Worten zu erschließen. Gleichzeitig stellt die formulierende Interpretation die Vorstufe für die logische Kondensation dar.
2. Die logische Kondensation zielt darauf ab, Bruchstellen, Ambivalenzen, Mehr- und Doppeldeutigkeiten sichtbar zu machen. Dies geschieht, indem der Text im Sinne der Aussagenlogik auf seine propositionale Struktur hin verdichtet wird. Dies wird in vielen Fällen, etwa dort, wo Hoffnungen, Zweifel, Eventualitäten, Bewertungen etc. auftreten, nicht voll gelingen. Die Welt vervielfältigt sich. Diese Brüche und Vervielfältigungen bietet dann die Grundlage für die reflektierende Interpretation.

3. Die reflektierende Interpretation konsolidiert die unterschiedlichen Brüche in zentrale Ambivalenzen und Widersprüche.
4. Die funktionale Analyse arbeitet schließlich aus den zentralen Brüchen und Widersprüchen die Bezugsprobleme eines Falls heraus und versteht den Fall als Arrangement der Widersprüche, also als Praxis der Beantwortung der Bezugsprobleme.

4.2.1 Formulierende Interpretation

Die formulierende Interpretation folgt der von Bohnsack (2003, S. 135) vorgeschlagenen Vorgehensweise. In diesem ersten Schritt geht es darum, den Text auf inhaltlicher Ebene zu erschließen. Hier wird noch keine Theorie von außen an den Text herangetragen. Einzig und allein die Bilder, die der Text zeichnet, zählen hier.

Konkret wird der Text in zwei Schritten erschlossen. In einem ersten Schritt verschaffen wir uns einen Überblick über den Verlauf des jeweiligen Transkripts. Es wird eine grobe thematische Gliederung verfasst. Diese kann durch kurze Inhaltsangaben ergänzt werden. Insgesamt sollte die Gliederung jedoch so kurz wie möglich sein. Sie dient nur der groben Orientierung.

Auf Grundlage der Gliederung werden nun jene Passagen ausgewählt, die dem ersten Eindruck nach interessant und in Bezug auf die Forschungsfrage relevant scheinen. Neben der thematischen bzw. inhaltlichen Relevanz sind vor allem die interaktive Dichte in Gruppendiskussionen oder Beobachtungsprotokollen, besonderes Engagement oder metaphorische Dichte gute Indikatoren für relevante Passagen (Bohnsack 1997, S. 135). Als weitere Indikatoren für die Textauswahl kommen zudem noch Kontradiktionen oder Tautologien sowie auffällige Wechsel von Sprecherpositionen in Betracht. Interaktive Dichte meint also nicht unbedingt nur die Interaktion realer Sprecher, sondern bezeichnet auch den Wechsel von Personen und Perspektiven in derselben Erzählung.

Diese Passagen werden in der Folge in eigener Sprache reformuliert. Das Ziel dieser Reformulierung ist die Ablösung des immanenten Sinngehalts von dem konkret vorliegenden sprachlichen Ausdruck. Indem eine neue Formulierung gewählt wird, erschließen wir uns den Sinn des Textes, anstatt ihn einfach zu replizieren, ohne ihn zu verstehen. Dies schließt jedoch nicht aus, einzelne Formulierungen – etwa solche, die sich nicht unmittelbar erschließen oder deren Übersetzung eine unverhältnismäßige Verkomplizierung bedeuten würde – als markierte Zitate direkt zu übernehmen (Przyborski 2004, S. 55).

Die formulierende Interpretation sollte darüber hinaus die unterschiedlichen Textsorten beachten, mit denen es die rekonstruktive Sozialforschung zu tun hat (siehe etwa Schütze 1983). Zwar ist aus der hier vorgeschlagenen Perspektive kein epistemologischer Vorrang einer Textsorte (etwa dem Narrativ) gegenüber einer anderen (z. B. reflektierenden und erklärenden Passagen) abzuleiten. Es geht entsprechend nicht darum, einen bestimmten Texttyp zu eliminieren, während einem anderen zugesprochen wird, Ausdruck der tatsächlichen Praxis zu sein. Allerdings ist davon auszugehen, dass unterschiedliche Textsorten unterschiedliche Reflexionspositionen ausdrücken. So kann etwa eine Erzählung als Ausdruck einer bestimmten inkorporierten Praxis begriffen werden, während eine daran anschließende Reflexion eine andere Praxis ausdrückt. Eine Reflexionspraxis kann hier beispielsweise gegen eine kollektive Praxis stehen, etwa die Angewohnheit des kollektiven Trinkens gegen den Versuch, das Trinken immer wieder kontrollieren zu wollen.

Es kann dabei jedoch nicht darum gehen, eine Seite als die Basis, den eigentlichen Grund zu betonen und zu versuchen, die andere als ‚Theorie', ‚Ideologie' oder Ähnliches zu begreifen, das aus der ersten resultiert oder ihm in einer sonstigen Weise nachgeordnet ist. Vielmehr ist es das Ziel, die unterschiedlichen Positionen in ihrem Zusammenhang zu verstehen. Unterschiedliche Textsorten verweisen aufeinander und bezeugen jeweils unterschiedliche Praxisformen. Unser Erkenntnisinteresse ist darauf gerichtet, *wie* sie aufeinander verweisen und inwieweit sich hieraus eine funktionierende Ordnung bildet. Auch hier sind es also die Übergänge, denen unser besonderes Interesse gilt.

4.2.2 Logische Kondensation

In der formulierenden Interpretation geht es darum, den Text trotz aller mitschwingenden Ambivalenz als einen geschlossenen Zusammenhang, bzw. als eine Welt zu rekonstruieren. Die anschließende logische Kondensation hat zum Ziel, genau diese Welt wieder brüchig werden zu lassen. Das geschieht, indem der Text so verdichtet wird, dass seine Prämissen und Schlussstruktur sichtbar werden. Es gilt also, die propositionale Struktur des Textes so weit wie möglich aufzuarbeiten. Dabei werden synonym verwendete Begriffe zusammengeführt. Äquivalente Aussagen und Wiederholungen werden zu einer Proposition zusammengefasst. Ebenfalls hilft es, Attribute und Adverbien als getrennte Eigenschaften separat aufzuführen, um eine Verdopplung in Wertsphären oder Codierungen deutlich zu machen. Ist so etwa von großen Äpfeln die Rede, kann es hilfreich sein, in der logischen Kondensation die Existenz der Äpfel (es gibt

4.2 Vorgehen in der Interpretation

Äpfel) von der Qualität derselben zu trennen (die Äpfel sind groß, grün, böse oder ineffizient). So wird deutlich, dass man es zum einen mit einer Welt der Bewertung nach Größe sowie mit einer Welt der puren Existenz zu tun hat.

Ein erster Schritt von der formulierenden Interpretation zur logischen Kondensation kann darin bestehen, die gesetzten Dinge eines bestimmten Satzes zu markieren. Das kann etwa durch eine Hervorhebung im Text (fett für Prämissen, kursiv für unterschiedliche Bewertungen, Tätigkeiten etc.) geschehen. Der Satz: ‚Jetzt ist es aber nicht so, dass ich keine Lust habe, nach Kitzbühel zu fahren. Hanna sagt das immer, aber das ist nicht so' ließe sich also etwa so verdichten: ‚**Ich** *habe Lust,* nach **Kitzbühel** zu fahren. **Hanna** *sagt,* ich habe keine Lust, nach **Kitzbühel** zu fahren.'

Es geht also bei dieser Art der Interpretation darum, eine Verfremdung herzustellen, in der viele Details der Formulierung, des Dialekts, Wiederholungen und dergleichen getilgt werden, um die propositionale Struktur sichtbarer hervortreten zu lassen.

Gleichzeitig ist das Ziel aber nicht die Übersetzung in eine rein logische Struktur, wie sie der analytischen Philosophie vorschwebt. Es geht nicht darum, die aus dem Text ableitbaren Wahrheitsfunktionen bis ins Letzte zu definieren. Vielmehr heißt logische Kondensation an dieser Stelle, eine Art Mittelweg zu finden: Der Kontext der jeweiligen Aussagen darf nicht verloren gehen, aber die propositionale Struktur sollte deutlich herausgearbeitet werden. Das funktioniert gut, wenn man sich stets aufs Neue die Frage stellt, was in einer bestimmten Situation der Fall ist. Man muss jede Passage daraufhin befragen können, ob sie wahrheitsfähig ist.

Dieses Vorgehen erlaubt bereits in Passagen, die sich gut kondensieren lassen, Rückschlüsse auf Polykontexturalität. So wird etwa im obigen Beispiel deutlich, dass im zweiten Satz eine Prämisse eingeführt wird, die im ersten noch nicht auftaucht. Neben ‚Ich' und ‚Kitzbühel' taucht nun ‚Hanna' auf. Ist ‚Ich' im ersten Satz noch das Subjekt, wird es im zweiten Satz zum Objekt. Dabei kommt es zu einer Verdopplung der ‚Lust, nach Kitzbühel zu fahren'. Die beiden Reflexionsperspektiven ‚Ich' und ‚Hanna' lassen sich separat voneinander verneinen oder bejahen. Dies sollte in der Kondensation deutlich werden, etwa indem beide Prämissen fett markiert werden.

Im Zuge einer solchen Verdichtung gilt es auch, einen Text als kausalen Zusammenhang zu reformulieren, wo immer dies möglich ist. Das ist in vielen Fällen recht einfach, etwa bei der Aussage ‚Wenn ich in Kitzbühel bin, kommt Hanna nicht.' Doch gibt es in vielen Texten neben der offen daliegenden Kausalstruktur noch eine zweite, die als Temporalstruktur bezeichnet werden könnte. Diese Temporalstruktur gilt es ebenso, in einen klaren Kausalnexus zu überführen

– wo dies sinnvoll möglich ist. Eine biografische Erzählung würde so zum Teil als Ursache-Wirkungs-Beziehung reformuliert werden. Das schärft zunächst den Blick für die Prämissenstruktur, die sich von der Folgestruktur unterscheidet. So ist der Satz ‚Weil ich in Kitzbühel war, war Hanna nicht da' grundlegend unterschieden von ‚Als ich in Kitzbühel war, war Hanna nicht da.' Den ersten Satz würde man reformulieren als ‚Wenn ich in Kitzbühel bin, ist Hanna nicht in Kitzbühel', den zweiten als ‚Ich bin in Kitzbühel. Hanna ist nicht in Kitzbühel.'

Logische Kondensation, so wird am ersten Beispiel deutlich, ist nicht selten zu einem gewissen Grad sinnentstellend. Denn selbstverständlich wollte der Sprecher hier keine allgemeingültige Regel aufstellen – zumindest gibt der Satz das nicht her. Die logische Kondensation ermöglicht jedoch gerade durch die „Ent-Zeitlichung", den Blick für Kontraste an verschiedenen Zeitpunkten zu schärfen. Wenn man beispielsweise etwas später im Interview die Passage findet: ‚Gestern habe ich Hanna in Kitzbühel getroffen', so wird ein Widerspruch deutlich, der auf eine Veränderung in der Beziehungsstruktur hindeutet. Früher wäre Hanna nicht in Kitzbühel gewesen, wenn der Sprecher ebenfalls dort ist. Die logische Kondensation zeigt diesen Wandel auf, indem sie aus methodischen Gründen verfremdet.

Eine solche Verfremdung wird ebenfalls vorgenommen, wenn man auf Passagen trifft, die sich nicht auf eine klare Wahrheitsfähigkeit trimmen lassen. Das wird etwa bei Modalwörtern wie ‚eigentlich', ‚irgendwie' oder ‚relativ' deutlich. Diese lassen offen, ob etwas der Fall ist oder nicht. Modifizieren wir vor diesem Hintergrund das obige Beispiel: ‚Ich fahre irgendwie gerne nach Kitzbühel.' Fährt ‚Ich' nun gerne nach Kitzbühel oder nicht? Das bleibt in merkwürdiger Weise unbestimmt. Irgendwie schon – aber eben auch nur irgendwie. Es liegt eine gewisse Ambivalenz in der Formulierung. Diese nimmt ihr aber die Wahrheitsfähigkeit.[7] „Ein Ereignis trifft ein, oder es trifft nicht ein, ein Mittelding gibt es nicht" (Wittgenstein 2003 5.153). Reformuliert man: ‚X fährt nicht gerne nach Kitzbühel', so wäre das falsch. Würde man die Aussage zu ‚X fährt gerne nach Kitzbühel' kondensieren, so träfe auch das nicht zu. Ähnlich verhält es sich mit analogen Aussagen wie ‚Eigentlich fahre ich ja gerne nach Kitzbühel', ‚Ich fahre relativ gerne nach Kitzbühel' oder dergleichen. Der Versuch einer ein-ein-

---

[7] Selbstverständlich könnte man gerade diese Ambivalenz nun als Tatsache begreifen: ‚X hat ein ambivalentes Verhältnis zu Kitzbühel.' Doch das wäre ein Schritt, der die Ontologie des Textes selbst und damit Polykontexturalität nicht ernst nimmt. Würde man den Sprecher damit konfrontieren, wäre gut vorstellbar, dass er diese Ambivalenz abstreiten würde: „Ich, ambivalent? Nein! Ich fahre doch gerne nach Kitzbühel – irgendwie."

deutigen Reformulierung scheitert hier und die logische Kondensation legt eine widersprüchliche propositionale Struktur offen.

Die Frage ist in der Folge, was dieser Widerspruch bedeutet. Eine Antwort zeichnet sich ab, wenn man bedenkt, dass hinter jedem Modalverb eine Modalität steht, etwa: ‚aber eigentlich bin ich lieber in Zell am See, aber da treffe ich immer Hanna' oder: ‚aber Skifahren ist schlecht für die Umwelt.' Diese Modalität gilt es später im Vergleich zu rekonstruieren.

Entsprechend würde die obige Passage wie folgt reformuliert werden: ‚Ich fahre gerne nach Kitzbühel & ich fahre nicht gerne nach Kitzbühel.' Auch hier gilt wieder: Durch die Kondensation wird ein künstlicher Kontrast hergestellt, der in der anschließenden reflektierenden Interpretation zu erklären ist. Es stellt sich die Frage, warum der Sprecher gleichzeitig gerne und nicht gerne nach Kitzbühel fährt. Auch hier wird die Antwort das Spannungsfeld aus zwei Positionen/Kontexturen sein.

Eine Zuspitzung erfährt dieses Vorgehen noch, wenn es um performative Aussagen geht, etwa um Befehle, Gebete, Bitten oder Aufrufe. Stellen wir uns etwa vor, dass X (Ich) zu Hanna sagt: „Komm mit nach Kitzbühel!" Hier begegnen wir zwei nicht explizit artikulierten Referenzen, die jedoch beide in der logischen Kondensation genannt werden müssten (‚Ich' und ‚Hanna'). Darüber hinaus haben wir es noch mit einem ontologisch unbestimmten Verweis zu tun. Es bleibt unklar, ob Hanna mit nach Kitzbühel kommt oder nicht. Entsprechend würden wir notieren: ‚Hanna kommt mit nach Kitzbühel & Hanna kommt nicht mit nach Kitzbühel.'

Schließlich bietet es sich an, im Zuge der logischen Kondensation das Augenmerk auf unterschiedliche Bewertungen zu legen. Nehmen wir etwa den Satz ‚Vielleicht kommt Hanna nach Kitzbühel. Das wäre schön.' Dieser wäre etwa zu kondensieren als ‚Hanna kommt und kommt nicht nach Kitzbühel. Es ist schön, wenn Hanna nach Kitzbühel kommt.' Wir haben also zweimal denselben propositionalen Gehalt (Hanna in Kitzbühel). Einmal ist der Status unbestimmt, nämlich im Hinblick auf die Seinsaussage. Bestimmt ist er hingegen in Bezug auf die Bewertung. Neben die reine Wahrheitsfunktion tritt hier also noch eine Wertfunktion. Welche Art der Wertfunktion es ist, bleibt dabei im vorliegenden Beispiel noch unklar. Häufig wird erst im weiteren Verlauf klar, womit man es zu tun hat (etwa eine moralische Wertung, eine rechtliche, eine libidinöse o. Ä.). Gerade deshalb ist es von Bedeutung, dass man schon im Zuge der Kondensation eine Sensibilität hierfür entwickelt. So kann man etwa wertende Passagen kursiv hervorheben oder die Aussagen auf Memos notieren.

Ein solches Arbeiten mit Memos, das die Kondensation begleitet, empfiehlt sich darüber hinaus auch im Hinblick auf Sprecherpositionen. So kann man etwa unterschiedliche Positionen auf einzelnen Memos sammeln und diese später in der Reflexion so zusammenfassen, dass die zentralen und relevanten Positionen deutlich werden.

Schließlich lassen sich hier noch nonverbale Äußerungen aufführen, etwa Schulterzucken, Kopfschütteln oder Lachen, also performative, nichtsprachliche Zeichen. Diese können entweder als Verstärkung einer Aussage oder aber als Zweitcodierung oder Einklammerung auftreten. Dasselbe trifft auf Ironie oder Sarkasmus zu. Es ist ein Unterschied, ob man ernsthaft sagt: ‚Kitzbühel ist aber ein geiler Ort' – oder ob man dabei lacht oder die Aussage mit einem ironischen Unterton trifft. Auch hier gilt es dann, in der logischen Kondensation zunächst die Doppeldeutigkeit festzuhalten und zu notieren ‚Kitzbühel ist ein geiler Ort und kein geiler Ort.' Inwieweit beides gleichzeitig der Fall ist und was dies bedeuten kann, erscheint dann als Frage, die in der reflektierenden Interpretation zu klären ist.

4.2.3 Reflektierende Interpretation und funktionale Analyse

Die logische Kondensation dient dazu, Brüche in der vom Text vorgeschlagenen Welt aufzuspüren. Sie sensibilisiert für Reflexionspositionen und zeigt Unbestimmtheiten auf. Sie erklärt jedoch nicht, warum ein Widerspruch auftritt und wie es etwa zu verstehen ist, wenn eine Aussage auf ‚Ich bin in Kitzbühel & ich bin nicht in Kitzbühel' verdichtet wird. Die logische Kondensation lässt offen, was mit einem ‚Vielleicht', einem ‚Relativ', einem ‚Vermutlich' gemeint ist, was es heißt, dass die Welt durch Erwartungen und Hoffnungen verdoppelt wird oder dass Verschiedenes gleichzeitig der Fall ist. Sie vermag auch keine Antworten darauf zu geben, welches Arrangement, welche Praxis sich entspannt.

Die logische Kondensation dient dazu, Fragen aufzuwerfen. Die reflektierende Interpretation dient dazu, auf diese Fragen eine Antwort zu finden. Dazu gilt es in einem ersten Schritt, die Brüche und Positionen, die im Zuge der logischen Kondensation aufscheinen, herauszuarbeiten und zu erklären. Was ist damit gemeint, wenn Hanna sagt, es sei gut, nach Kitzbühel zu fahren? Meint sie damit, dass es gut sei, endlich mal wieder gemeinsam Urlaub zu machen und auf diese Weise etwas für die Beziehung zu tun? Geht es darum, die Eltern zu besuchen? Oder geht es gerade darum, den Eltern zu entkommen oder vielleicht um etwas Drittes – etwa Ski zu fahren? Was eine Proposition bedeutet, erschließt sich erst im Kontext. Genau diesen gilt es, im Zuge eines ständigen Vergleiches (Glaser 1965) herauszuarbeiten und die relevanten Positionen nach und nach zu konsolidieren. Man sucht im Sinne Bohnsacks (2003, S. 136) nach Vergleichshorizonten und führt unterschiedliche Positionen zusammen.

Sukzessive werden so die für den betreffenden Fall relevanten Räume, Strukturbedingungen und Bezugsprobleme herausgearbeitet. Dabei stellt sich häufig heraus, dass man es mit verschiedenen Widersprüchen und Problemen zu tun hat, die sich auf einer Metaebene zusammenfügen lassen. Aus unterschiedlichen Problemlagen wird so ein übergreifendes Thema. So mag vielleicht erotisches Begehren, die Lust Ski zu fahren und die Anwesenheit von Freunden in Kitzbühel für einen Urlaub mit Hanna sprechen. Vielleicht hat man auch einfach Lust, sich auf dem Anwesen der Eltern und auf Papas Kosten mit teurem Champagner zu betrinken. Die problematische Beziehungsgeschichte, die Erwartung der eigenen Eltern und die Deadline für eine Hausarbeit hingegen mögen dagegensprechen. Das Konsolidieren dieser widersprüchlichen Motivlage könnte dann konkret etwa so aussehen, dass ein Konflikt zwischen einem rational-abgeklärten sowie einem hedonistischen Selbst- und Lebensentwurf herausgearbeitet wird. Dabei bleiben die verschiedenen Positionen (der Körper, Erwartungshaltungen der Freunde bzw. Eltern, Karriereambitionen usw.) zwar getrennt. Sie verdichten sich jedoch zu einem Muster, das als solches wirksam wird. Die unterschiedlichen Positionen gehen also nicht ineinander auf, schaffen jedoch einen Verbund (Günther 1979b), in dem sie sich gegenseitig stabilisieren.

Die Konsolidierung unterschiedlicher Positionen im Zuge einer komparativen Analyse ist dabei ein rein differenztheoretisches Vorgehen. Eine Position wird nur dadurch sichtbar, dass sie mit einer anderen im Widerspruch steht oder zumindest von ihr abweicht. Die Konsolidierung erfolgt zudem immer schon zusammen mit den ersten Ansätzen einer funktionalen Analyse, da wechselseitige Regelmäßigkeiten in der Verweisstruktur zwischen den unterschiedlichen Positionen aufgedeckt werden, die Beziehungen also als Operationen verstanden werden, die bestimmte Formen der Relation generieren.

Dabei ist das Ziel der Analyse die Entwicklung eben jener Funktion, die die Regelmäßigkeit eines Falls in Bezug auf eine bestimmte Fragestellung darstellt. Es geht also nicht um eine Ontologie von Kontexturen, ein ‚plotting' (Clarke et al. 2018), das einen bestimmten Bestand darstellen möchte. Vielmehr geht es um die Rekonstruktion eines Modus Operandi, um die Logik einer bestimmten Praxis, die eine Antwort auf ein Set bestimmter Bedingungen darstellt. Die so herausgearbeiteten Funktionen können dabei unterschiedliche Formen haben. Sie können etwa als Homöostasen erscheinen, aber auch als eskalierende Konflikte, als Schismogenese oder als andere, sich selbst relationierende Muster.

Konkret präsentiert sich die Funktion dann als eine Weise, multiple Probleme oder ein übergeordnetes Bezugsproblem – in welchem die unterschiedlichen Probleme des Arrangements gewissermaßen aufgehen – zu bearbeiten. Um in unserem Beispiel des ambivalenten Sohns zu bleiben: Vielleicht erscheint der Konflikt zwischen einem hedonistischen und einem rational-abgeklärten Lebensentwurf nur, weil das implizite Versprechen der Karriere und der hiermit einhergehenden Selbstkontrolle letztlich darin besteht, *später* machen zu können, was man möchte. Wenn man jedoch bereits jetzt macht, was man möchte (die Hausarbeit sausen lassen und nach Kitzbühel fahren), verweist das darauf, dass man vermutlich in der Zukunft nicht machen kann, was man möchte (auch in der Zukunft noch genug Geld haben, um nach Kitzbühel zu fahren, wenn man es denn möchte, und zudem keinen Ärger mit den Eltern zu haben). Hedonismus verweist also direkt auf Nichthedonismus und Nichthedonismus auf Hedonismus. Dabei stellt sich bei näherer Betrachtung das Ganze als komplexe Verbindung heraus. Denn der Nichthedonismus verspricht bei näherer Betrachtung Lustgewinn durch Status und Karriere (sowie die Möglichkeit, den Champagner in Kitzbühel in einigen Jahren vielleicht selbst bezahlen zu können). Der Hedonismus impliziert wiederum den Verzicht, der mit einer gescheiterten Karriere verbunden ist.

Ein solches zentrales Bezugsproblem gilt es idealerweise herauszuarbeiten. Das geschieht, indem man sich der Praxis sukzessive annähert. Diese stellt keine Lösung dar, denn das Bezugsproblem lässt sich nicht endgültig lösen, sondern nur bearbeiten. So wäre etwa vorstellbar, dass der junge Mann nach Kitzbühel fährt, aber die Hausarbeit mitnimmt, nicht Ski fährt und abends gemäßigt trinkt. Eine andere Möglichkeit wäre, dass er zu Hause bleibt, passiv-aggressiv gegenüber den Eltern wird, die Hausarbeit schlampig schreibt und sich abends allein betrinkt. Selbstverständlich wären noch andere Formen der Bearbeitung möglich. Indem man diese Formen jedoch als Funktion, als regelmäßige Form der Praxis, als Arrangement von Widersprüchen versteht, nähert man sich der Freilegung des Bezugsproblems an und kann entdecken, wie sich Muster herausbilden, die dann eine gewisse Beständigkeit haben.

Gerade in Bezug auf komplexere Fälle, die sich nicht auf individuelle Selbst- und Weltverhältnisse beschränken, kann man jedoch durchaus mit der Situation konfrontiert sein, dass sich kein übergreifender Topos, kein zentrales Bezugsproblem finden lässt, sondern dass der Fall sich als eine Pluralität unterschiedlicher Bedingungen darstellt. Empirisch ist das beispielsweise in Organisationen wie auch in komplexeren Forschungsdesigns der Fall. So lässt sich etwa in einem mitbestimmten Aufsichtsrat gerade nicht mehr eindeutig ausmachen, worum es eigentlich geht. Würde man versuchen, die Arbeit des Gremiums auf einen

4.2 Vorgehen in der Interpretation

bestimmten Topos zuzuspitzen, etwa auf das Dilemma der Arbeitnehmervertreter, dass ihre Arbeit gegen das Kapital dessen Erfolg immer schon voraussetzt, würde man die Arbeit solcher Gremien verkennen. Es geht eben auch um die Frage, wie eine Gruppe von Managern gesichtswahrend geführt werden kann oder wie man die Fiktion rationaler Entscheidungsfindung im Angesicht einer kaum überschaubaren Unternehmung und einer unsicheren Zukunft aufrechterhalten kann. Den einen, zentralen Konflikt gibt es hier nicht. Dasselbe trifft auf das Beispiel ärztlicher Entscheidungsfindung zu. Hier geht es nicht nur um die Frage, wie man im Angesicht eines intransparenten Körpers korrekt diagnostiziert, wie man ärztliche Professionalität ökonomisch organisiert oder wie man ethisch angemessen (be-)handelt, wenn man einen multimorbiden Patienten vor sich hat, den man eigentlich nicht mehr behandeln kann. Es geht um diese und mehr Dilemmata. Die Rekonstruktion eines zentralen Bezugsproblems bleibt also auf überschaubare Forschungsdesigns beschränkt, in denen man sich mit einzelnen Positionen befassen kann. Gerade deshalb wird es in komplexeren Settings umso wichtiger, die Mehrdimensionalität der jeweiligen Praxis zu erfassen.

Dabei werden im Zuge der Entwicklung einer solchen Funktion immer wieder Brüche auftauchen, die auf neue Kontexturen hinweisen, die vielleicht nicht unbedingt mit der Forschungsfrage zu tun haben. Jedes Ergebnis produziert also neue Fragen. Hier gilt es dann, jedoch zu unterscheiden, ob es in Bezug auf die Forschungsfrage relevant oder notwendig ist, dem weiter nachzugehen. Das betrifft dann unter Umständen sogar das Sampling, wenn sich etwa im Laufe der Untersuchung zeigt, dass eine bestimmte, bislang nicht so recht bedachte Position für die eigene Frage hochgradig relevant wird. Dann gilt es, nachzuarbeiten und im Sinne eines Theoretical Sampling die erforderliche theoretische Sättigung anzustreben. Sind die weiteren sich offenbarenden Transjunktionen jedoch für die Fragestellung irrelevant, so gilt es, in der Auswertung an diesen Stellen einen Schnitt zu setzen und eine bestimmte Transjunktion einfach soweit positivsprachlich zu verdichten, dass sie jetzt als gegebener *Kontext* erscheint und damit der Kontingenz der potenziell unendlichen Verweisungsstruktur von Kontexturen entkleidet wird. Die Benennung als Kontext, der nicht weiter untersucht werden braucht, macht den Forschungsprozess abschließbar.

Die Funktion entwickelt sich entsprechend nicht als ein Bestand. Sie ist keine objektiv vorhandene Regelmäßigkeit in der Welt. Sie stellt sich vielmehr nur als Antwort auf eine bestimmte Forschungsfrage dar. Würde man den Gegenstand anders befragen, so würde man unter Umständen eine völlig andere Funktion erhalten. Auch die Funktion verdankt sich also immer der Koproduktion von Datenmaterial, von Erhebung, Theorie und Fragestellung. Sie hat keinen „Ort der Orte" und kann entsprechend keinen übergreifenden, objektiven Standort beanspruchen. So ist etwa die Annahme unsinnig, dass ein bestimmtes Phänomen gesamtgesellschaftlich eine Funktion hat. Hier gilt stets: Da es keine Zentralperspektive der Gesellschaft gibt, sondern die Sozialität auf sich selbst über einzelne Zellen und Positionen zugreift, ist die Bestimmung einer Funktion immer an diese Referenz gebunden.

4.2.4 Funktionale Analyse und Typenbildung

Die Typenbildung gilt häufig als das anzustrebende Ziel rekonstruktiver Sozialforschung. Wie aber etwa die Arbeiten der objektiven Hermeneutik zeigen, kann gerade auch der Einzelfall hochgradig aufschlussreich sein. Natürlich hängt dies im Zweifelsfall vom jeweiligen Erkenntnisinteresse ab. Wenn ich mich für die Pluralität von Generationen oder Milieus interessiere, gewinnt der Einzelfall sein Gewicht erst im Vergleich mit anderen Fällen. Erst hier wird deutlich was eigentlich für was steht. Welche Praxis lässt sich auf welche soziale Lagerung zurechnen? Gleichwohl zeigt sich bereits in theoretischen Figuren wie der Basistypik der Dokumentarischen Methode (Bohnsack 2001, S. 245 f.), dass bereits die Analyse des Einzelfalls hohes Erkenntnispotenzial bereithält – ohne dass man davon ausgehen muss, objektive soziale Strukturen rekonstruieren zu können.

Die Kontexturanalyse und die Funktionale Methode stehen der Frage nach der Typenbildung zunächst einmal indifferent gegenüber. Ob es um Typen geht oder nicht, entscheidet letztlich die Forschungsfrage, nicht die Methode. Dennoch lohnt es sich, das Erkenntnispotenzial sowohl der Einzelfallanalyse wie auch der Typenbildung zu diskutieren. Dabei ist zunächst festzuhalten, dass es der Kontexturanalyse überhaupt nicht um den Einzelfall geht und dass sie sich auch in der Typik nicht dafür interessiert, Menschen, Felder, Biografien oder ähnliche Gegenstände zu gruppieren – zumindest in einem ontologisierenden, essenzialistischen Sinne. Stattdessen sucht sie nach Mustern von Problemen und Bearbeitungen. Hier steht sie in der theoretischen Tradition des Theoretical Samplings: Es geht ihr um *theoretische* Sättigung, nicht um Repräsentativität. Sie möchte wissen, welche Probleme auftauchen können und welche Bearbeitungen möglich sind. Weniger geht es um Häufigkeit und Verteilungen.

Dabei ist es bereits im Einzelfall möglich, durch eine minutiöse Analyse die Strukturbedingungen und eine Vielfalt möglicher Arten der Problembearbeitung sichtbar zu machen. Denn in beinahe jedem empirischen Fall überlagern sich unterschiedliche Formen der Bearbeitung. Eine solche Rekonstruktion gelingt besonders gut in krisenhaften Situationen, in unruhigen und prekären Fällen, in

4.2 Vorgehen in der Interpretation

denen viele Ambivalenzen im Raum stehen. So zeigt sich etwa schon in einer ärztlichen Praxis, die unsicher ist und dadurch selbst Möglichkeiten abtastet, wie sie mit multimorbiden, eigentlich nicht behandelbaren Patienten umgehen kann, was auch jenseits der gewählten Praxis denk- und praktizierbar wäre: das Ausreizen sämtlicher ärztlichen Möglichkeiten, Entlassung, administrativer Aktivismus, Rehabilitation oder – als unausgesprochene Möglichkeit – die Palliativstation. Ebenso zeigen sich in komplexen Entscheidungssituationen durch den Konflikt unterschiedlicher Erwartungen, welche Entscheidungen neben der jeweils getroffenen auch möglich gewesen wären. Man muss nicht annehmen, dass jemand das Unternehmen besonders gut kennt und daher Autorität gewinnt, sondern kann etwa auch davon ausgehen, dass, wenn nur jeder seine Meinung sagt, die Entscheidung, zu der man kommt (wie auch immer) eine gute ist, weil man sich selbst als kompetent betrachtet. Der Einzelfall deutet also über sich selbst hinaus, weil er stets mehr Möglichkeiten mitführt, als am Ende tatsächlich aktualisiert werden. So können also nicht nur zentrale Bezugsprobleme herausgearbeitet werden, die mit hoher Sicherheit auch in vergleichbaren Fällen so auftreten (die Unsicherheit in der Behandlung nicht behandelbarer Patienten, die Frage, wie man eine Entscheidung unter polyvalenten Bedingungen trifft etc.), sondern auch mögliche Arten der Bearbeitung. Ziel ist also die Theoriebildung im Sinne der funktionalen Analyse.

Im Rahmen einer funktionalen Analyse verfolgt der Vergleich mit anderen Fällen also nicht das Ziel einer Katalogisierung unterschiedlicher Realtypen oder einer soziogenetischen Typenbildung. Die chirurgische Abteilung auf dem Land interessiert nicht als solche, ebenso wenig wie der Unterschied zwischen dem Aufsichtsrat eines mittelständischen Maschinenbauers oder eines internationalen Finanzkonzerns. Es geht vielmehr darum, die zentralen Bezugsprobleme möglichst klar herauszuarbeiten und das Spektrum möglicher Antworten im Sinne einer gesättigten Theoriebildung sichtbar werden zu lassen. Die unterschiedlichen Arten der Bearbeitung eines Bezugsproblems können im Sinne einer Soziogenese dann bestimmten Klassen empirischer Gegenstände (Zentrum/Peripherie, hohes/niedriges Bildungsniveau, Geschlecht etc.) zugeordnet werden. Eine solche Zurechnung steht jedoch nicht im Fokus, da die Theoriebildung eben nicht auf eine bestimmte, klassifizierende Ontologie abzielt, sondern auf eine differenztheoretische Betrachtung bestimmter Bezugsprobleme und ihrer Bearbeitung.

Der Fallvergleich und damit auch die Typenbildung bekommen vor diesem Hintergrund eine leicht geänderte Bedeutung, geht es doch nun vor allem darum, a) die Spannbreite relevanter Strukturbedingungen und die damit einhergehenden Bezugsprobleme zu erarbeiten sowie b) die unterschiedlichen Formen der Praxis zu erfassen, die hier eine Bearbeitung bzw. ein Arrangement bilden.

Das Verhältnis von Strukturbedingungen und Praxis bzw. Bezugsproblemen und deren Bearbeitung kann dabei in vier unterschiedlichen Weisen ausgestaltet sein, die wir an unserem Beispiel des Urlaubs in Kitzbühel illustrieren möchten. Würden wir uns also etwa für den Vergleich 20-jähriger männlicher Kitzbühel-Besucher und ihrer Urlaubsmotivation interessieren, so wären folgende Möglichkeiten denkbar:

1. Identische Bezugsprobleme bei unterschiedlicher Bearbeitung. Das wäre etwa der Fall, wenn sich alle untersuchten Kitzbühel-Besucher im Spannungsfeld von Hedonismus und gefährdeten Karrierechancen bewegen würden, aber unterschiedliche Arten des Umgangs mit dieser Problematik entwickelten. In einem Fall mögen dann plötzliche Angstattacken auftreten, der nächste mag versuchen, seine Hausarbeit nach den Vergnügungen fertigzustellen, der dritte den Urlaub um die Hälfte abkürzen, um dann rund um die Uhr seine Pflichten abzuarbeiten.
2. Identische Bezugsprobleme bei identischer Bearbeitung. Beispiel: Alle geben sich dem Rausch hin und bearbeiten die Angstattacken mit noch mehr Alkohol.
3. Unterschiedliche Bezugsprobleme bei unterschiedlicher Bearbeitung. Hier mag der Kitzbühel-Besuch sich als Versuch herausstellen, Anschluss an die Clique der Verehrten zu bekommen und man trinkt, um es zu ertragen und die Blamagen der ersten Versuche auf den Skiern zu verdrängen.
4. Identische Bearbeitung bei unterschiedlichem Bezugsproblem. Alle trinken und geben sich dem exzessiven Nachtleben hin – die einen zwecks Betäubung der Angst, keine Karriere zu machen, die anderen, um die Frustrationen ihrer Karriere ertragen zu können und die Dritten schließlich, weil der Karrierismus der anderen sie anwidert, sie aber mit dem Außenseiterdasein noch viel weniger anfangen können.

In diesem Vergleich wird deutlich, dass eine Typenbildung, die zwischen Bezugsproblemen und Bearbeitung zu unterscheiden weiß, unter Umständen nicht einfach zu bewerkstelligen ist. Stellt sich jedoch eine der beiden Seiten als fix heraus, so lässt sich die andere gut im Sinne eines Vergleichs bearbeiten. Unsere fiktive Kitzbühel-Untersuchung könnte somit entweder in eine Typisierung unterschiedlicher Umgangsweisen mit dem Dilemma von Hedonismus und Karriere münden oder aber verschiedene Problemlagen rekonstruieren, auf welche Trinken und Skifahren eine mögliche Antwort darstellt. Letzteres lässt sich zwar in gewisser Weise durch die Forschungsfrage engstellen, etwa indem man nach Bezugsproblemen eben jener Freizeitpraxis fragt. Letztlich besteht jedoch immer

4.2 Vorgehen in der Interpretation

die gar nicht so unwahrscheinliche Möglichkeit, dass dieselbe Praxis nicht dieselbe Praxis ist, da Problem und Bearbeitung in einer nichttrivialen Weise miteinander verschränkt sind. Das Arrangement hängt vom Problem ab und das Problem vom Arrangement. Die Wahrscheinlichkeit, dass auf den ersten Blick identisch erscheinende Praxen auch funktional identisch sind, ist also gering.

Das führt zum – recht wahrscheinlichen – Szenario, dass eine Praxis sich bei näherer Betrachtung als Menge unterschiedlicher Arrangements herausstellt, die sich unter dem Vorzeichen unterschiedlicher Bezugsprobleme ergeben. Die hier zu erarbeitende Typologie weist dann eine doppelte Variabilität auf, die auf keiner Seite verkürzt werden darf. Eine bestimmte Praxis ist nicht als notwendige Antwort auf ein bestimmtes Bezugsproblem anzusehen und zumindest gedankenexperimentell neben funktionalen Äquivalenten zu betrachten. Ebenso kann eine bestimmte Praxis unterschiedliche Bezugsprobleme bearbeiten, manchmal sogar in ein und demselben Fall. Typenbildung bedeutet dann, ein bestimmtes Feld im Hinblick auf Bezugsprobleme wie auch auf mögliche Muster der Bearbeitung auszuloten.

Dieses Problem wird noch gesteigert, wenn wir es mit Praxen zu tun haben, die sich nicht ohne Weiteres auf einen bestimmten Topos, ein zentrales Problem zuspitzen lassen. Diese stellen jedoch den Regelfall, nicht die Ausnahme dar. So wird man gerade in organisationalen Settings schnell feststellen, dass sich vieles nicht als Bearbeitung nur einer Frage behandeln lässt. Einer ärztlichen Praxis geht es eben nicht nur um das Dilemma von knappen Ressourcen und richtiger medizinischer Praxis. Es geht ihr nicht nur um die Frage, ob man behandelt oder nicht behandelt, wenn man eigentlich nicht mehr behandeln kann.

Es stellt sich nicht nur das Problem, ob man ‚heroisch' oder ‚konservativ' an etwas herangeht. Die jeweilige Praxis ist polyvalent. Sie liefert auf spezifische Problemkonstellationen Antworten – ob sie will oder nicht. Damit beantwortet sie aber nicht nur *ein* Problem, sondern viele. „Heroisch" oder „konservativ" zu verfahren, hat ethische und wissenschaftliche, technische, wirtschaftliche und therapeutische Konsequenzen.

Das wiederum macht die Typenbildung schwierig. Denn jede Praxis bringt Probleme in ein neues Arrangement, wirkt also auf ihre Strukturbedingungen zurück. Jedes Arrangement wirft neue Probleme auf, mildert andere ab, rückt Bestimmtes in den Vordergrund und lässt anderes in den Hintergrund treten.

Vor diesem Hintergrund wird deutlich, dass Typenbildung problematisch wird, da sie zum Subsumtionslogischen tendiert. Begreift man jedoch einen Fall als individuelles Arrangement, das auf seine eigenen Bedingungen zurückwirkt und damit selbst immer mehrdeutig aufgeschlossen werden muss, wird deutlich, dass ein subsumptionslogisches Verfahren nicht angemessen ist. Die „Heroiker" und die „Konservativen" sagt nichts, da es eben immer nur einen Teil einer Praxis beleuchtet und alles andere ausklammert. Man steht also an der Wegscheide zwischen Individuellem und Allgemeinem (Ginzburg 2011, S. 32) und vermag weder die eine noch die andere Abzweigung zu nehmen, sondern hat beides in Beziehung zu setzen. Auch in Hinblick auf die Darstellung ergibt sich damit eine Präferenz für eine Fallanalyse, welche die Komplexität, der hier zum Ausdruck kommenden Weichenstellungen sichtbar werden lässt.

▶ Die Arbeit entlang von Bezugsproblemen bietet die Möglichkeit, unterschiedliche Fälle auf einen Gesichtspunkt hin zu vergleichen und so zu (unterschiedlichen) Typologien zu gelangen. Indem man das Problem in unterschiedlichen Fällen vergleichend aufarbeitet und Alternativen der Bearbeitung in den Vordergrund rückt, entzieht man sich der Notwendigkeit, den konkreten Fall subsumptionslogisch zu katalogisieren, ohne dabei auf abstrahierende, über den Einzelfall hinausweisende Erkenntnisse zu verzichten.

Empirische Zugänge 5

Die meisten qualitativen Forschungen legen durch ihre explizite oder implizite (meta-)theoretische Konfiguration einen bestimmten Zugang zu einem Feld nahe. Keine Methode ist ontologisch indifferent. Keine Methode ist nur Methode. Dies scheint klar, wenn es um gegenstandsspezifisch spezialisierte Zugänge wie etwa die Biografieforschung geht. Jedoch legt auch die Dokumentarische Methode gewisse Zugänge (etwa die Gruppendiskussion) und eine bestimmte Auffassung des Gegenstands nahe (etwa die Bindung an ein Milieu). Gleiches gilt für die Objektive Hermeneutik, wie auch die Konversations- oder die Diskursanalyse. Auch die Grounded Theory geht entgegen ihrer Selbstbeschreibung nicht vollkommen offen auf ihren Gegenstand zu, sondern neigt dazu, aus der interaktionistischen Tradition zu schöpfen und so zumindest Akteure und deren Strategien zu fokussieren. Die Actor-Network-Theory (ANT) hingegen wird beinahe zwangsläufig den Blick auf Dinge und ihre Rolle in den aus ihnen assoziierten Netzwerken richten. Nicht zufällig ist sie aus den Science & Technology Studies entstanden.

Der hier vorgeschlagene Zugang betreibt hingegen, soweit das möglich ist, ontologische Abstinenz in Hinblick auf Vorannahmen gegenüber dem Gegenstand und durch welche Engführung er methodologisch zu greifen ist. Die Kontexturanalyse lässt sich entsprechend sowohl für die Diskursforschung, für Milieustudien, für die Biografieforschung, vermutlich sogar für eine Exegese der Bibel oder philologische Studien verwenden.

Entsprechend lässt sich auch kein hervorgehobenes Interesse für einen spezifischen Gegenstand oder ein bestimmtes Erhebungsverfahren feststellen. Weder kann der Gruppendiskussion noch der teilnehmenden Beobachtung noch dem narrativen Interview eine besondere Form von Vorrang eingeräumt werden. Vielmehr gilt ganz im Sinne der Grounded Theory: „all is data" (Glaser und Holton 2004 § 45), und somit entsprechend: Alles ist potenzieller Gegenstand der Analyse. Dies schließt jedoch nicht aus, dass abhängig vom Erkenntnisinteresse im Sampling und in der Wahl der Erhebungsverfahren entsprechende Vorabfestlegungen getroffen werden. Im Gegenteil – diesbezügliche Entscheidungen sind und bleiben unerlässlich, ob man will oder nicht. Gerade weil keine Präferenz für einen bestimmten Gegenstand vorliegt, gilt es, diesen in der jeweiligen Studie hinreichend zu bestimmen.

Damit bleiben unsere alltäglichen Ontologien in der Forschungspraxis weiterhin präsent. Sie werden vielleicht noch relevanter. Denn es wird deutlich, dass jede Forschungsfrage auf einem Vorverständnis aufbaut, in einer bestimmten Vorstellung von einem So-und-So-Sein der Welt. Interessiert man sich für die Behandlungspraxis von Ärzten, so geht man davon aus, dass Ärzte Kranke behandeln und dass daran irgendetwas interessant ist. Dasselbe trifft auf die Entscheidungspraxis von Managern oder auf die spirituelle Praxis von Buddhisten zu. Erst eine bestimmte Ontologie ermöglicht es, einen abgrenzbaren Gegenstand zu definieren (es geht eben um Ärzte und nicht um Patienten oder Pflegepersonal) und ein Erkenntnisinteresse zu formulieren. Es ist aber gerade der Sinn der meontischen Offenheit der Kontexturanalyse, die Kategorien und Schemata der „Alltags-Ontologie" im Forschungsprozess zu einem gewissen Grad zu suspendieren (und sich die hiermit einhergehenden ontologischen Unbestimmtheiten zu gestatten), um schließlich in der Antwort – dem Forschungsergebnis – wieder zu einer bestimmten Ontologie, ausgedrückt in konkreten Begriffen zurückzufinden.[1]

Nachdem wir auf den zurückliegenden Seiten eingehend die von uns vorgeschlagene Methode sowie die ihr zugrunde liegenden theoretischen Überlegungen erörtert haben, wollen wir sie nun in der Praxis erproben. Im Folgenden möchten wir daher anhand einiger Beispielfälle zeigen, wie die Kontexturanalyse mit unterschiedlichem Datenmaterial bzw. mit unterschiedlichen Gegenständen umgeht und mögliche Designs der Erhebung und Auswertung vorstellen. Die folgenden Fallrekonstruktionen sind in diesem Sinne eher als skizzenartige Anregungen gedacht. Der erste Beispielfall mag als der vertrauteste gelten, da er auf die „Welt- und Selbstverhältnisse" (Marotzki 1990) einer einzelnen Person beschränkt ist. Hier fragen wir danach, wie sich Personalität im Hinblick

---

[1] Formal ähnelt dieses Vorgehen Niels Bohrs Einsicht, dass auch eine nichtklassische Physik nur in den klassischen, anschaulichen Begriffen formuliert werden kann, dies einen aber nicht daran hindern darf, in der Theoriebildung mit ontologischen Ambivalenzen und Unbestimmtheiten zu arbeiten, insofern es der Gegenstand erlaubt (Bohr 1931, S. 36; siehe auch Vogd 2020).

auf einen bestimmten Sachverhalt im Spannungsfeld aus äußeren und inneren Erwartungen stabilisiert. Der gewählte Gegenstand ist die Praxis des Fastens.

Ebenso gut lässt sich mit der Kontexturanalyse aber auch etwa erforschen, wie sich soziale Gebilde wechselseitig stabilisieren. Das können etwa Gruppen sein, Konstellationen im Management oder in der ärztlichen Behandlungspraxis. Der Blick wechselt also von der einzelnen Person in einem polykontexturalen Geflecht zu einer dezentrierten Perspektive, die sich eher an Themen oder Entscheidungen orientiert. Die beiden Beispiele, die wir für eine solche Perspektive anführen möchten, sind zum einen die ärztliche Entscheidungsfindung, zum anderen die Entscheidungspraxis in Aufsichtsräten. Als organisationale Entscheidungsprozesse sind sich diese beiden Gegenstände recht ähnlich. Das Design der gewählten Beispiele unterscheidet sich jedoch insofern, als im ersteren Fall vor allem mit teilnehmender Beobachtung gearbeitet wurde. Die Entscheidungsfindung stellt sich hier primär in ihrer Prozesshaftigkeit dar. Im Fall der Aufsichtsräte wurde hingegen mit Interviews gearbeitet, sodass wir in der Auswertung ein Arrangement unterschiedlicher Positionen erhalten. Das Verhältnis von Prozess und Arrangement bzw. Verbund gleicht jedoch dem von Spiel- und Standbein. Man kann in der Betrachtung vom einen auf das andere wechseln, muss also nicht zwingend vorab entscheiden, ob man eher ein gegebenes Arrangement unterschiedlicher Positionen fokussiert oder dessen prozessuale Entfaltung. Letzteres werden wir anhand eines Behandlungsprozesses eines chronisch kranken Patienten demonstrieren, ersteres am Beispiel des mitbestimmten Aufsichtsrats eines multinational agierenden Rohstoff-, Pharma- und Chemiekonzerns.

5.1 Selbst- und Weltverhältnisse

Viele Sozialforscher neigen dazu, den Akteur, das Subjekt oder den Menschen als gegeben anzunehmen und das soziale Geschehen auf ihn zurückzuführen. Der Mensch steht als Individuum dann anderen gegenüber, mit denen er interagiert. Man ist sich einig, dass es um Individuen und deren Perspektiven geht. Dissens entsteht häufig entlang der Frage, wie das Handeln des Menschen zu interpretieren sei, ob es als Resultat intersubjektiver Sinnstiftung oder eines Habitus zu verstehen ist, ob man es im Sinne von Strategien interpretieren soll, die in einem bestimmten Kontext auf bestimmte Bedingungsfaktoren reagieren oder als Resultat inkorporierter bzw. verkörperter Wissensbestände. Damit einher geht die Frage, ob man den menschlichen Akteur eher im Sinne klassischer Subjekttheorien zu verstehen hat oder ob es angemessener ist, ihn im Sinne eines praxistheoretischen Zugangs als verkörpertes Wesen zu modellieren. In beiden Fällen scheint die Grenze zwischen Mensch und Sozialität jedoch klar gezogen zu sein. Dabei sind die Grenzen zwischen Körper und Psyche sowie zwischen Individuum und Sozialem keineswegs ex ante definiert. Sie sind kein vorab gegebener Bestand, keine objektive Tatsache in der Welt. Denn die Grenze zwischen Innen und Außen, zwischen Körper-Haben und Leib-Sein, zwischen rationaler Kalkulation und irrationalem Verhalten ist eine, die sich immer wieder verschiebt (Latour 2008; Lindemann 2009; siehe Descola 2011). Damit kann eine bestimmte Konfiguration und eine bestimmte Handlungstheorie nicht unumstößlicher oder alternativloser Ausgangspunkt rekonstruktiver Sozialforschung sein. Vielmehr muss die Variabilität dieser Grenze ebenfalls rekonstruiert werden. Denn das Psychische ist schon immer sozial formatiert und verkörpert, der Leib hingegen schon immer sinnhaft verortet und durch soziale Diskurse geformt (Foucault 1976, 2015; man denke etwa an Butler 2014). Das Soziale wiederum ist im und durch den Leib verkörpert und räumlich verortet sowie durch psychisch prozessierten Sinn getragen.[2] Der Mensch steht dem Sozialen in diesem Sinne nicht gegenüber, sondern ist vielmehr selbst die verkörperte Realität des Sozialen. Um es hier mit Fuchs zu formulieren: „Das psychische System" des Menschen, „das SELBST einbegriffen, ist nicht eine *Intimität,* sondern randlose *Extimität,* in der durch Sozialisation unter unendlich vielem anderen auch die Selbstbeschreibung als Intimität verfügbar wird" wie auch „das Erleben eines Körpers etwa" (Fuchs 2010, S. 304).[3]

Aus einer polykontexturalen Perspektive betrachtet, hat es daher wenig Sinn, den einen Zugang zur Welt gegenüber den anderen auszuspielen (etwa

---

[2] Bezeichnend ist hier der Titel des Sammelbands *Der Mensch – das Medium der Gesellschaft?* (Fuchs und Göbel 1994).
[3] Und eine noch spitzere Formulierung: „Mein SELBST ist alles, nur nicht meines." Es „sieht es ganz so aus, als sei das SELBST alles andere als es selbst und stattdessen Ausdruck einer sozial je fungierenden Phantasmatik, die festlegt, was an ‚Originalität' oder ‚Selbstheit' oder ‚Authentizität' ausgespielt werden kann und plausibel ist. Das SELBST ist – summarisch formuliert – ein soziales Phänomen, dessen Individualisierung oder Singularisierung durch ›Einkörperung‹ gewonnen wird. Insofern ist die großartige Bibelformulierung ‚Und das Wort ist Fleisch geworden …' (wenn man metaphysische Instanzen und Pläne für einen Moment suspendiert) in gewisser Weise paradigmatisch. Das psychische System erweist sich als Produkt der sozialen Interpretation von Hirnereignissen. Die Psyche ist nicht einfach da, wenn Menschen geboren werden. Sie entsteht durch Sozialisation, die ihr nicht noch Fehlendes hinzufügt, sondern sie als Sinnsystem erzeugt" (Fuchs 2010, Bucheinband).

5.1 Selbst- und Weltverhältnisse

den Körper gegenüber sinnhaften sprachlichen Typisierungen) – oder überhaupt davon auszugehen, dass es eine gegebene Grenze zwischen Ich und Welt gäbe. Vielmehr muss angenommen werden, dass beispielsweise die Annahmen rationalistischer Akteurstheorien in der Tradition Webers ebenso ihren Geltungsbereich haben wie praxeologische Theorien, die auf implizites und inkorporiertes Wissen setzen, dass Diskurstheorien über Subjektivierung ebenso stimmen können wie phänomenologische Ansätze – jedoch nur als Rekonstruktion einer je spezifischen Kontextur. Um wieder auf die Frage nach dem Subjekt zurückzukommen: Legt man eine mehrwertige Logik im Sinne Günthers zugrunde, so erscheint das Selbst mithin schon immer als ein polykontexturales Spannungsverhältnis, das nicht auf ein bestimmtes So-und-So-Sein reduziert oder festgelegt werden kann bzw. dessen Komplexität eben gerade nicht in einer monokontexturalen Beschreibung aufgeht.

Wenn unser Forschungsinteresse darauf ausgerichtet ist, den einzelnen Akteur (was immer das auch ist) in den Blick zu nehmen und entsprechend nach den individuellen Weisen zu fragen, mit denen ein bestimmtes polykontexturales Spannungsverhältnis bearbeitet wird, dann bleibt uns zunächst nichts anderes übrig, als von einem polykontextural angelegten Selbst auszugehen – und dies in verschiedener Hinsicht. Zunächst gibt es unter Umständen in bestimmten Situationen keine eindeutige Körper-Leib-Verortung. Dies wird etwa in den Grenzbereichen menschlichen Erlebens deutlich, etwa in der Psychiatrie oder wenn es um religiöse oder mystische Fragen geht (siehe etwa Vogd 2014b; Vogd et al. 2015; Vogd und Harth 2015) oder im Hinblick auf Gruppen- oder Massenphänomene aktuell. Hier kann das eigene Ich plötzlich ein anderes werden oder sich sogar auflösen, der Körper kann kollabieren, die eigene Biografie fremd werden (Riemann 1987). Es mag dann plötzlich mehrere Ichs geben – das gläubige und das ungläubige, das individuierte und das kollektive, das erleuchtete und das alltägliche, das psychotische und das kontrollierte.

Gleichzeitig lässt sich die Grenze zwischen Innen und Außen nicht so ohne Weiteres ziehen. Die Welt zerfällt nicht in Kontexte und externe Bedingungen auf der einen Seite und subjektive Strategien, mit denen auf diese Bedingungen geantwortet wird, auf der anderen Seite (Strauss und Corbin 1998), und zwar aus dem einfachen Grund, dass jeder Kontext schon immer nur deshalb Kontext ist, weil er als Hintergrund nur vor einem bestimmten Vordergrund relevant wird. Jede externe Bedingung muss also vorab als solche gesehen und interpretiert werden. Dies mag zunächst einmal wie ein konstruktivistischer Allgemeinplatz klingen, ist jedoch für die rekonstruktive Sozialforschung zumindest insofern harte Realität, als selbst eine als strukturell gegeben erscheinende Kontextbedingung und noch die härteste ursächliche Bedingung einer spezifischen Rahmung (Goffman 1986) bedarf, damit sie überhaupt als relevant verarbeitet werden kann.

Umgekehrt gibt es genügend innere Prozesse, die als externe Faktoren betrachtet werden können. Dies müssen noch nicht einmal psychotische Ereignisse sein. Es reicht, wenn man einfach den in der Biografieforschung vertrauten Unterschied des Erleidens und Handelns (Schütze 1981) als etwas begreift, das ebenfalls nicht per se geben ist, sondern erst durch den kontinuierlich erfolgenden Akt der Grenzziehung zwischen autonomem Selbst und externen Bedingungen hervorgebracht wird – eine Grenzziehung, die je nach Situation unterschiedlich ausfällt und sich oft genug als eher interessengeleitet erweist, denn an Fakten oder Logik orientiert. Mit anderen Worten: Was ein bestimmter Akteur jeweils als eigen oder fremd wahrnimmt, kann situativ wechseln – womit die Grenze zwischen Ich und Welt sich verschiebt. So mag sich beispielsweise eine Ärztin im Sinne einer „Fremdrahmung" (Bohnsack 2017, S. 122 ff.) durch die Organisation restringiert fühlen, da sie mit einem ihrer Patienten gerne etwas machen würde, was ihr durch den formellen Rahmen verwehrt ist. Ein wenig später jedoch wird sie froh sein, einen anderen, problematischen Patienten mit Verweis auf dieselben formalrechtlichen Vorgaben abweisen zu können. Das eine Mal empfindet sie den organisationalen Vektor im vitalen Sinne als ihren eigenen, das andere Mal als eine Zumutung.[4] Mal ist die Profession externe Einschränkung, dann wieder als ermächtigend empfundenes Ich-Erleben. Aus der vorher nur erlittenen ursächlichen Bedingung kann nun eine Stütze des eigenen Handelns, der Durchsetzung eigener Interessen werden.

Interne und externe Sachverhalte lassen sich also nicht ohne Weiteres trennen. Vielmehr muss davon ausgegangen werden, dass sie im Sinne der Systemtheorie eine Einheit bilden, einen Zusammenhang, in dem die Umwelt das System konstituiert und dieses wiederum die Umwelt. In den Blick rückt damit das Selbst als *Differenzphänomen*. Es ist nicht als Einheit zu verstehen, sondern als „dynamischer Prozess, immer in Bewegung und damit zugleich prekär und krisenhaft" (Vogd 2014b, S. 11).

---

[4] Die sorgfältige übergreifende sozialwissenschaftliche Rekonstruktion der ärztlichen Praxis wird dann möglicherweise feststellen können, dass der Wechsel zwischen beiden Seiten eine Conditio sine qua non ärztlicher Praxis darstellt, denn nur so kann es den Ärzten gelingen, die Balance zu finden, Patienten sowohl behalten als auch wieder loszuwerden zu können. Dies ermöglicht ihnen, sich mit den guten, helfenden Aspekten ihrer Arbeit zu identifizieren, jedoch die abgrenzenden und abwehrenden Aspekte bei Bedarf als fremdverursacht zu attribuieren.

5.1 Selbst- und Weltverhältnisse

Marotzki (1990) hat das im Anschluss an Dilthey mit dem Terminus *Selbst- und Weltverhältnisse* bezeichnet. Diese entfalten sich als ein temporär stabilisierter Verbund verschiedener Kontexturen, die auf eine bestimmte Art und Weise in ein Verhältnis gebracht werden. Gerade auch das, was wir üblicherweise als „Ich" bezeichnen, ist also keine selbstidentische Adresse, die in einem bestimmten Kontext zu finden ist, sondern ein Verbund unterschiedlicher Positionen, die aufeinander referieren. Hierauf nehmen wir mit dem Begriff des „Selbstverhältnisses" Bezug. Dieses erscheint beispielsweise als komplexe Referenz auf die eigene Leiblichkeit – etwa als die seinerseits selbstidentifizierende Bewegung „Leib sein" und „Körper haben", ebenso aber auch als die Bezugnahme von Gedanken auf Gefühle, Wahrnehmungen und andere Gedanken (Luhmann 1997a). Selbstverhältnis heißt also zugespitzt: Verhältnis des Selbst, das jetzt gerade Ich ist zu dem Selbst, das jetzt gerade nicht Ich ist, aber als dem Ich zugehörig identifiziert wird. In der einfachsten Form ist das „Selbstreflexion".

Die andere Seite, das „Weltverhältnis", bezeichnet analog dazu die Bezugnahme auf all das, was jeweils als „Außenwelt" erscheint. Wie im Fall des Selbstverhältnisses bezeichnen wir damit also kein inneres Subjekt oder Seelenwesen, das die in der Außenwelt liegenden Gegebenheiten erleidet oder mit diesen handelt, sondern richten die rekonstruktive Aufmerksamkeit auf Muster, die „Erleidende" oder „Handelnde" und im selben Zuge eben auch eine „Außenwelt" ausflaggen lassen. Die hierbei mitschwingende Unterscheidung „Innenwelt"/ „Außenwelt" ist damit allein als eine heuristische zu verstehen, die Suchbewegungen anleitet – etwa indem sie unterschiedliche Qualitäten von Relationen und Bezugsproblemen vermuten lässt –, nicht jedoch als grundlagentheoretische Kategorie.

Das Forschungsdesign für Arbeiten, die sich primär für die Selbst- und Weltverhältnisse einzelner Personen interessieren, ist vom Umfang her das wohl am einfachsten zu bearbeitende, da es sich auf offene Interviews mit Einzelpersonen stützen kann. Wie die Interpretation eines solchen Interviews auf Basis der Kontexturanalyse bis hin zur Fallbeschreibung aussehen kann, möchten wir im folgenden Beispiel zeigen. Dabei greifen wir auf ein Gesprächsprotokoll zurück, das uns dankenswerterweise von der Theologin Antonia Rumpf zur Verfügung gestellt wurde. Es handelt sich um Datenmaterial aus einem Dissertationsprojekt, das sich mit der Bedeutung gegenwärtiger spiritueller Fastenpraktiken in der Passionszeit beschäftigt. Das vorliegende Material erscheint uns für unsere Demonstrationszwecke besonders geeignet, da sich an ihm gut zeigen lässt, wie sich Körper, Soziales und Psyche oder auch Gott in komplexen Selbst- und Weltverhältnissen verschränken (Vogd und Harth 2015; Vogd 2019). Gleichzeitig wird deutlich, wie ein konkretes Selbst- und Weltverhältnis auf eine Problemstellung antwortet, die nicht allein in demselben verortet werden kann. Das hier aufscheinende Bezugsproblem lässt sich – nicht ungewöhnlich für religiöse Fragestellungen – im vorliegenden Fall recht gut mit Heidegger (1993) als die existenzielle Struktur des Daseins als In-der-Welt-Sein umschreiben.

5.1.1 Marion: Praxis des Fastens

Fasten ist für Marion keine große Sache, so scheint es zunächst. Sie verbindet „nichts Großes" damit, sagt sie. Sie habe „keine großen spirituellen Erwartungen". Auf den ersten Blick scheint Marion damit zu einem Forschungsprojekt, das sich für spirituelles Fasten in der Passionszeit interessiert, wenig Substanzielles beitragen zu können. Denn auch das Christliche kommt bei Marion eher am Rande vor, würde die Interviewerin nicht häufiger nachfragen.

Bei näherem Hinsehen wird jedoch deutlich, dass gerade in dieser Position, die sich schon in der Eingangspassage ausdrückt, weitaus mehr liegt als lediglich eine ambivalente Distanziertheit. Fasten, so zeigt sich bald, ist für Marion ein Prozess, in dem sie sich selbst wiederfinden kann. Das aber kann nur geschehen, wenn dem Fasten etwas Unergründliches anhängt. Fasten mag zwar geplant sein. Doch im Fasten selbst passiert etwas, das nicht geplant werden kann, das von sich aus, gleichsam aus dem Nichts heraus geschieht. Das Interview beginnt wie folgt:

> Interviewerin: … dann ist meine eigentliche Frage, meine erste Frage an dich, ob du mir einfach erzählen kannst, was du in deinem Leben mit Fasten für Erfahrungen gemacht hast bis jetzt.

> Marion: Also ich faste seit vielleicht etwa 16, 17 Jahren, anfangs war es immer nur 1 Woche, und seit ein paar Jahren mache ich das 7 Wochen, ehm, ich … bin da relativ locker, ich habe auch nicht große spirituelle Erwartungen, dass mir jetzt da jetzt irgendwas Großes passiert, sondern ich lass mich auf etwas ein, und gehe da durch, und ziehe meine Schlüsse daraus.

Formulierende Interpretation

Gefragt, welche Erfahrung sie mit dem Fasten gemacht habe, antwortet Marion, dass sie seit etwa 16–17 Jahren faste und dass sie die Fastenzeit von anfänglich nur 1 Woche auf nunmehr 7 ausgedehnt habe. Sie nehme das mit dem Fasten nicht so sehr streng und habe auch keine großen „spirituellen Erwartungen", dass „irgendwas Großes passiert". Vielmehr sei das Fasten etwas, das geschehe. „Ich lass mich auf etwas ein, und gehe da durch". Dann denke sie darüber nach.

5.1 Selbst- und Weltverhältnisse

Logische Kondensation
1. Interviewer: **Erfahrungen** der **Befragten** mit dem **Fasten**.
2. Befragte: Erfahrungen erstrecken sich auf 16 oder 17 Jahre. Ich faste nicht 1 Woche. Ich faste 7 Wochen.
3. Ich *bin locker* und nicht locker.
4. Ich habe **spirituelle Erwartungen**. Die sind nicht groß.
5. Nicht **etwas Großes** passiert. Ich lasse mich auf es ein & und gehe hindurch. Danach ziehe ich Schlüsse.

Methodische Bemerkungen

Die Verhältnissetzung „bin da relativ locker" wird in Form zweier widersprüchlicher Aussagen interpretiert, da es von der Perspektive abhängt, ob es der Fall ist oder nicht.

Die Beschreibung der Vergangenheit (anfangs war es immer nur 1 Woche), wird hier als Faktum begriffen, da es sich nicht um eine Kausalkette handelt. Es gibt für Marion eine Zeit, in der weniger gefastet wird. Diese Zeit ist nicht mehr. Vielmehr ist jetzt eine Zeit, in der 7 Wochen gefastet wird.

Der Satz „Ich habe auch nicht große spirituelle Erwartungen" wurde hier als „Ich habe spirituelle Erwartungen. Diese sind nicht groß" interpretiert. Rein formal könnte man auch „Ich habe keine großen spirituellen Erwartungen" wählen. Hier ist es jedoch wichtig, sehr präzise danach zu fragen, was genau negiert wird: Die Existenz der Erwartungen oder das Ausmaß derselben. Denn Marions Formulierung „keine großen" schließt durchaus nicht aus, dass sie „kleine", „grüne", „eckige" oder anderweitige spirituelle Erwartungen hat. Allerdings folgt daraus eben auch nicht zwingend, dass sie diese hat. Da jedoch die „spirituellen Erwartungen" als eigene Proposition von der Befragten vorgebracht werden, spricht vieles dafür, hier die spirituellen Erwartungen als Prämisse zu akzeptieren.

Das „Etwas", auf das sie sich „einlässt", haben wir als „Es" interpretiert, als ein unbestimmtes Gegenüber. ◄

Reflektierende Interpretation
Auffällig an der Eingangspassage sind 2 Brüche. Zum einen wird die eigene Einstellung in einer merkwürdigen Ambivalenz charakterisiert: So gibt es eine bestimmte Erwartungshaltung wie auch eine bestimmte Anspannung. Beides scheint jedoch nicht näher bestimmt zu werden. Das Fasten darf, so scheint es, nicht mit Bedeutung aufgeladen und mit konkreten Erwartungen belastet werden.

Gleichzeitig ist es jedoch bedeutsam. So gibt es spirituelle Erwartungen – oder zumindest müssen sie thematisiert werden. Gleichzeitig werden sie jedoch relativiert. Das führt zu einer ambivalenten Position, die gleichzeitig locker und nicht locker ist. Es geschieht etwas, das nicht eindeutig benannt werden kann oder darf.

Der zweite Bruch findet mit dem Wechsel der Prämissen statt. Die propositionale Struktur ändert sich an jenem Punkt, wo der Text von „Ich" auf „Es" umschwenkt, um dann wieder auf das „Ich" zurückzukehren. „Es" ereignet sich. Als etwas Fremdes, nicht konkret Bestimmbares tritt „Es" auf und dem „Ich" bleibt nichts anderes übrig, als dieses „Es" zu erleben. Das „Ich" verschwindet gleichsam und taucht erst wieder auf, wenn das „Es" vorüber gegangen ist. Erst danach kann das „Ich" seine Schlüsse ziehen.

Fasten zeigt sich hier also als eine Verschränkung der Räume „Ich" und „Es". Fasten ist auf der einen Seite etwas, das aktiv von einer Person getan wird. Relevant wird es jedoch erst, wenn es sich als etwas anderes ereignet und nicht mehr als eigene Handlung erscheint. Das erklärt auch, warum Fasten nicht mit Erwartungen überfrachtet werden darf: Es muss seine Autonomie bewahren. Es muss fremd und unbestimmt bleiben.

Dabei zeigt sich Fasten offenbar als erfolgreiche Praxis. Die Zeiten, in denen Marion nur 1 Woche fastet, sind vorüber.

Das Spannungsfeld aus „Ich" und „Es", aus Planbarkeit und Nichtplanbarkeit erweist sich als kennzeichnend für das weitere Interview. So zeigt Marion im Anschluss an die Eingangspassage an einem Beispiel, was im Prozess des Fastens geschieht:

> Ich ... hab' ich durch das Fasten auch sehr viel gelernt. Also meine Ernährung ein Stück weit so Jahr um Jahr ein bisschen umgestellt, ehm... ja. Und hab auch wieder/ immer wieder interessante Sachen bemerkt. So gewisse Sachen, das geht gar nicht für mich, das hab ich wieder weggetan... so z. B., Kaffee ist so eine Geschichte: Eigentlich hab ich sehr lange Kaffee nicht gemocht, und Kaffee nur getrunken, um mich wachzuhalten bei der Arbeit, Nachtdienst, oder als die Kinder klein waren und ich manchmal sehr wenig geschlafen habe, und, ehm, manchmal wurde das dann so „ich brauch Kaffee". Also so Drogenkonsum. Natürlich in Anführungs- und Schlusszeichen, aber so „ich muss das haben". Und ich habe dann immer ganz klar Kaffee gefastet, um das wieder wegzukriegen, so quasi. Und, eh, dieses Jahr ist das erste Jahr, dass ich keinen Kaffee faste, weil ich eben gemerkt habe, ja, inzwischen schmeckt mir das, und ich mag eigentlich einen Milchkaffee zum Frühstück trinken, und das ist gut so. Also, ich genieß den, ich mag den, das ist nicht mehr so „ich brauch das!", sondern einfach, „das gehört jetzt dazu". Weil ich dieses Jahr keinen Zucker nehme, mag ich inzwischen sogar den Kaffee ohne Zucker. Und das ist so/ also so/ also für mich ist Fasten auch immer was mit Gewohnheiten durchbrechen.

5.1 Selbst- und Weltverhältnisse

Formulierende Interpretation

Sie habe durch das Fasten etwas lernen und ihre Ernährung ein wenig umstellen können, so Marion. Zudem seien ihr immer wieder interessante Dinge aufgefallen, Dinge, die nicht akzeptabel seien und die sie wieder aufgegeben habe. So habe sie lange Kaffee getrunken. Doch nicht, weil sie ihn gemocht habe, sondern nur, um wach zu sein und ihre Aufgaben besser erfüllen zu können. Dadurch sei Kaffee zu einer Notwendigkeit für sie geworden, vergleichbar mit „Drogenkonsum". Sie habe Kaffee nicht trinken wollen, sondern trinken müssen. Daher habe sie Kaffee gefastet, was zur Folge gehabt habe, dass sie nun Kaffee möge. Nun sei sie nicht mehr „süchtig" („ich brauch das!"). Vielmehr sei Kaffee nun einfach ein Teil ihres Alltags („das gehört jetzt dazu"). Sie möge Kaffee nun und könne ihn sogar ohne Zucker trinken.

Logische Kondensation

1. Weil **ich** durch das **Fasten** gelernt habe, habe ich meine Ernährung umgestellt und nicht umgestellt.
2. Ich habe interessante **Sachen** *gemerkt*. Es gibt Sachen, die *nicht gut* sind für mich. Wenn ich das merke, tue ich sie weg.
3. Ich *mag* **Kaffee** und mag ihn nicht. Ich trinke Kaffee, um wach zu sein. Ich *brauche* Kaffee. Kaffee ist eine **Droge**. Kaffee ist keine Droge.
4. Weil ich merke, dass ich Kaffeetrinken brauche und nicht mag, faste ich Kaffee.
5. Durch das Kaffee-Fasten mag ich Kaffee. Ich mag Kaffee zum Frühstück. Ich trinke Kaffee, weil ich Kaffee mag.
6. Das ist *gut*.
7. Ich brauche Kaffee nicht. Kaffee *gehört dazu*.
8. Jetzt faste ich **Zucker** und mag Kaffee ohne Zucker.
9. Fasten heißt, **Gewohnheiten** zu durchbrechen.

Methodische Bemerkungen

Die obige Passage ist stark durch unterschiedliche Codierungen gekennzeichnet. Erkennen steht neben Tun. Mögen, Funktionieren, Dazugehören, Gut-und-Schlecht-Sein eröffnen einen Raum der Polykontexturalität. Hier wurden die entsprechenden Prädikate, Adjektive und Adverbien kursiv gesetzt. Alternativ oder ergänzend kann man mit Memos arbeiten. ◀

Reflektierende Interpretation
Fasten stellt sich hier zum einen als Erkenntnisprozess dar, zum anderen jedoch auch als Re-Konfigurationsprozess, der nicht direkt aus dem eigenen Tun resultiert. Was genau rekonfiguriert wird, bleibt zunächst im Vagen. Denn die Ernährung wird und wird nicht umgestellt. Es scheint also im Kern um etwas anderes zu gehen.

Marion beschreibt einen solchen Prozess am Beispiel des Kaffeekonsums, der sich durch das Fasten geändert hat. Die Ausgangssituation stellt sich dabei als Verbindung der Kontexturen „Mögen" und „Brauchen" dar. Marion mag Kaffee nicht, verwendet ihn jedoch, um zu funktionieren. Das macht Kaffeekonsum zu einer hochgradig ambivalenten Sache. Marion spricht hier von einer Art Sucht, die sie ablegen möchte.[5]

Das Fasten führt nun zu einer Rekonfiguration: Sie stellt unerwarteterweise fest, dass sie Kaffee mag und ihn trinken kann, ohne süchtig zu sein. Aus Nichtmögen wird nun also Mögen. Damit aber verschwindet der Widerspruch zwischen „Brauchen" und „Mögen", und darüber hinaus das Thema „Sucht". Entsprechend geht das „Nichtmögen" und „Brauchen" in einen neuen Modus des „Dazugehörens" über. Diesen Prozess beschreibt Marion als „Gewohnheiten durchbrechen". Treffender wäre hier vielleicht davon zu sprechen, Gewohnheiten zu rekonfigurieren. Denn nichts anderes stellt der Schritt von „Brauchen" und „Nichtmögen" zu „Dazugehören" in der Praxis dar. Die störende Verbindung löst sich zugunsten einer neuen auf. Damit wird auch deutlich, dass Marion ihre Ernährung umstellt und nicht umstellt:

Zum einen trinkt Marion nach dem Fasten Kaffee, wie sie Kaffee auch vorher getrunken hat. Sie wird nicht abstinent.

Gleichzeitig ändert sich jedoch der Kontext, in dem sie Kaffee trinkt. Aus dem bedarfsabhängigen, funktionalen Kaffeekonsum wird ein genussorientierter Kaffeekonsum zum Frühstück. Es ändert sich also tatsächlich die Ernährungspraxis.

Vor allem jedoch erscheint die Routine jetzt als das, was man psychologisch als ich-synton beschreiben würde. Die Routine des Kaffeetrinkens ist eine, von

---

[5] Die Kontradiktion „Sucht" und „Keine Sucht" ergibt sich hier als Antwort auf eine antizipierte Erwartungsstruktur des Interviewers, der nicht denken möge, dass Marion hier eine legale Kaffee-Sucht mit einer illegalen (und vielleicht unmoralischen) Drogensucht gleichsetzt. Es zeigt sich hier also eine Transjunktion, die im gegebenen Kontext aber nicht direkt relevant ist.

5.1 Selbst- und Weltverhältnisse

der sie nicht beherrscht wird, die sie auch nicht beherrscht, die aber Teil von ihr ist.

Diese Rekonfiguration funktioniert dabei nur, weil sie gleichzeitig geplant und erwartet sowie nicht erwartet wird. Das Durchbrechen der Gewohnheiten ist eine Sache des Wollens. Bei der Rekonfiguration stellt es sich jedoch anders dar. Die Wandlung muss einen von außen überkommen und *ex post* erkannt werden. Fasten zeigt sich hier also exemplarisch als die in der Eingangspassage benannte Differenz von Erwarten und Nichterwarten, von „Ich" und „Es", sowie der im Nachhinein stattfindenden reflexiven Aneignung als Erkenntnis.

Dieser Prozess des Fastens verläuft jedoch keineswegs reibungslos, wie die folgende Passage zeigt, in der Marion von einer Technik des Zuckerfastens berichtet, das sie begonnen hatte, weil sie zu viel Zucker in Form von Schokolade gegessen habe:

> Und interessant war eigentlich/ hier wird wirklich dann auch auf jeglichen Fruchtzucker verzichtet, also keine Früchte mehr, und, ehm, dann hab ich gefunden, „Jaja, mir geht's ja gut, ich lass jetzt das, ich fang dann nach Ostern fang ich dann an, Früchte zu essen." Und das ging solange gut bis zu der Woche, wo sie [die Autorin des Buchs über die Fastentechnik] gesagt hat, „So, jetzt kann man wieder mit Frucht/mit Früchten anfangen." Ich hab's eigentlich nicht mal gelesen, ich hab gedacht, ist gut, machen wir ohne, und dann hatte ich extrem Hunger. Wirklich extrem Hunger, und, eh, das kann's jetzt nicht sein. Es ist 5 Wochen gut gegangen, ich hab's kaum gemerkt ... / paar Nüsse gegessen, oder mal ein Stück Käse, und das ging ganz gut, und jetzt hab ich so Hunger, und dann hab ich dann die Frage auch gestellt im Forum, und die haben gefunden ... „Ja, iss doch was, was soll das?" [lacht]. Und [?] irgendwann kann man doch mit Früchten anfangen, vielleicht sollte ich halt doch nicht bis Ostern warten. Und sie macht dann hier so bisschen Unterschied von, von ... Früchte mit wenig Zucker, das sind vor allem Beeren, so mit mittel, und dann stark zuckrig, wie dann Bananen z. B. Und dann hatte ich Himbeeren hier, weil ich... weiß auch nicht mehr, weil ich, für irgendein Rezept hatte ich für meine Familie gekauft, gefrorene, und dann hab ich gedacht, okay, jetzt esse ich ein paar Himbeeren, und das war dann wirklich sehr spannend, wie wenig Himbeeren es brauchte, dass ich vom Frühstück zum Mittagessen ohne Hunger durchkam. Also das waren vielleicht etwa 10 Beeren.

Logische Kondensation
1. Ich esse keinen **Fruchtzucker. Mir** geht es gut ohne Fruchtzucker.
2. Die **Autorin des Fastenbuchs.** Sie schreibt, ich kann wieder Zucker essen. Ich lese es und lese es nicht. Ich esse keinen Zucker, da es auch ohne Zucker geht.
3. Fünf Wochen habe ich kein **Hunger.** Nach 5 Wochen habe ich extremen Hunger.
4. Ich frage das **Forum.** Das Forum sagt: Iss Zucker.

5. Es gibt **Früchte** mit viel und wenig Zucker.
6. **Himbeeren** sind da, weil sie für die **Familie** gekauft sind.
7. Ich esse wenige Himbeeren.
8. Ich brauche wenige Himbeeren, um keinen Hunger zu haben.

Reflektierende Interpretation
Zuvor wurde der Prozess des Fastens als „Es" beschrieben, als ein „Es", das sich ereignet. Im Vollzug stellt sich das Fasten jedoch als komplexe Verschachtelung verschiedener Positionen dar, die einander gegenüberstehen. In diesem Fall ist es die Absicht, keinen Zucker zu essen und damit der Wunsch, den eigenen Körper zu kontrollieren, der in Form des Hungers auftritt. Auf der anderen Seite stehen verschiedene Stimmen Dritter, die sagen, was richtig und was falsch ist, wie Fasten funktioniert, wann man den eigenen Körper zu kontrollieren habe und wann man ihm nachgeben muss. Hier kommen die Autorin eines Buchs über die entsprechende Fastentechnik sowie das Fastenforum ins Spiel. Beide sagen, dass nach einer bestimmten Zeit wieder gegessen werden darf. Marion versucht aber zunächst, diesem Rat nicht zu folgen und weiterhin keinen Zucker zu essen. Erst als der Hunger zu stark wird, fragt sie im Forum nach und erhält eine zweite Stimme, die ihr ebenfalls den Rat gibt, nun zu essen, was sie dann auch tut. Als sie die Beeren isst, stellt sie fest, wie sich der Geschmack verändert hat und wie wenig Zucker sie nur noch braucht.

Das Fasten stellt sich hier in gewisser Weise als ein Scheitern dar, als der Versuch der vollständigen Abstinenz, der jedoch nicht gegen den Körper durchgesetzt werden kann. Das hieraus resultierende Patt zwischen Marions Willen und ihrem Körper kann nur mit Referenz auf Dritte aufgelöst werden. Es braucht das Forum und die Expertin, damit Marion dem Körper nachgeben darf.

Dennoch stellt sich das Nachgeben gegenüber dem Körper als Kompromiss dar. Marion betont zwar, dass sie die Beeren nicht für sich selbst gekauft hat und dass es Früchte mit wenig Zucker sind, doch gemessen an ihrem ursprünglich angestrebten Ziel ist sie gescheitert.

Doch gerade hier zeigt sich, dass Fasten eben nur teilweise eine Willenssache ist. Man muss es zwar wollen, hat jedoch nicht die volle Verfügungsgewalt über sich selbst. Erstaunt stellt Marion fest, dass sie mit viel weniger Zucker auskommt als vor dem Fasten. Wenngleich sie also mit dem Plan, länger zu fasten, gescheitert ist, war das Fasten doch erfolgreich.

Tritt man einen Schritt zurück, so lässt sich die Vermutung anstellen, dass sich hier ein neues Verhältnis zwischen „Ich" und „Körper" gebildet hat. Marion ist wieder ihr „Ich" und ihr „Körper", kann sich jetzt auch in Bezug auf das Fasten als leibliche Einheit identifizieren. Das aber geht eben nur, weil diese Einheit nicht gewollt ist, da das Wollen nur auf der Seite des Ichs angesiedelt ist und deshalb in der konflikthaften Spaltung verbleiben muss.

An dieser Stelle lässt sich die Differenz von Körper-Haben und Leib-Sein als ein erstes Bezugsproblem der Praxis des Fastens identifizieren. Auf der einen Seite ist Marions Leib. Auf der anderen Seite stellt sie jedoch fest, dass ihr Körper gleichsam nicht der ihrige ist. Sie erscheint also als jemand, der sie eigentlich gar nicht ist, nämlich als Frau, die Kaffee trinkt, obwohl Kaffee trinken nicht das ist, was sie mag oder was sie möchte, oder umkehrt ihren Körper mehr disziplinieren möchte als dieser es zulässt. Das Fasten macht den Körper zu einem Gegenüber, mit dem Marion sich auseinandersetzen kann. Dadurch verschiebt sich die Konfiguration. Sie ist zunächst nicht mehr ihr Körper, um dann in der Rekonfiguration wieder zu einer leiblichen Einheit zu finden, und ist dadurch ganz bei sich.

Erfolgreiches Fasten heißt jedoch nicht, dass die Rekonfiguration der Gewohnheit tatsächlich auf Dauer gestellt worden ist. Auch für Marion bleibt die Erwartungsunsicherheit in dieser Hinsicht bestehen:

> Also für mich ist auch klar, ich werde nicht ohne Zucker leben nachher, also vor allem nicht das dann weg, und dann mit Stevia, das finde ich sowieso grässlich, also vom Geschmack her, ... also... nein, das mache ich nicht. Genau, da werd ich, ehm/ also was ich gedacht hab, was ich mal ausprobiere, ist, Schokolade zu machen, also nur mit Kakaobutter und Kakaopulver, mal schauen, wie das schmeckt. ... Aber grundsätzlich werde ich nachher, eine Woche nach Ostern, mich wieder so ziemlich normal ernähren, bis auf dass ich hoffentlich meinen Schokokonsum in so einen normalen Genussrahmen reinbringen werde, ähnlich, wie ich vorher vom Kaffee gesagt habe, dass ich das, was ich konsumiere, eben auch genieße, und bewusst konsumiere.

Formulierende Interpretation
Sie werde nach dem Fasten den Zucker nicht durch Ersatzstoffe substituieren, die sie sowieso nicht möge. Sie werde anderes ausprobieren – etwa Schokolade nur mit Kakao und ohne Zucker. Doch werde sie sich auch nach Ostern wieder „normal", also mit Zucker ernähren. Einzig hoffe sie, weniger Schokolade zu essen und dass sie „bewusster konsumiere".

Logische Kondensation
1. Nach dem **Fasten** lebe **ich** nicht ohne **Zucker**.
2. **Zuckerersatz.** Zucker wird nicht ersetzt.
3. Ich werde und ich werde nicht **Schokolade** ohne Zucker machen. Schokolade ohne Zucker schmeckt und schmeckt nicht.

4. Nach dem Fasten werde ich mich *normal* und *nicht normal* ernähren. Mein Schokoladenkonsum ist normal und nicht normal. **Kaffee.** Schokolade *genieße* ich wie Kaffee *bewusst.*

Reflektierende Interpretation
Deutlich wird hier, dass die Abstinenz im Genuss nicht auf Dauer gestellt wird und dass es Marion auch gar nicht darum geht, ohne Zucker zu leben oder die Ernährung als Ganzes umzustellen. Vielmehr geht es um die Konfiguration des Selbstverhältnisses, also darum, die Art und Weise des Zuckerkonsums zu ändern. Die Ernährung als Gesamtheit geht wieder in den Modus „normal", während Zucker „bewusst" konsumiert wird.

Hier zeigt sich eine Bifurkation. Zwar geht es auf der einen Seite darum, die Ernährung umzustellen. Das Fasten soll also durchaus einen Beitrag zu einem geänderten Konsumverhalten leisten. Hauptsächlich geht es jedoch darum, das eigene Ich neu zu rekonfigurieren. Der Konsum soll so umgestaltet werden, dass das Ich damit gut leben kann. Aus einer inakzeptablen Sucht soll eine stimmige Gewohnheit werden, der Körper nicht mehr fremd erscheinen. Die Ernährungsproblematik wird damit nach dem Fasten gleichzeitig in die weiterhin fortbestehende Alltagsproblematik übertragen. Die Frage von alltäglicher Disziplin, von möglicher Substitution, von Verzicht und die Frage von der Einheit einer Praxis, mit der sich selbst identifizieren stellen sich damit auch weiterhin.

Doch es geht in Marions Fastenpraxis nicht nur um ihr Verhältnis zu ihrem Körper:

Interviewer: Und du hattest ja schon so ein bisschen beschrieben, dass das für dich auch so einen ganzheitlichen Aspekt hat, also du meintest ja, dass, wenn du mit deinem Körper was machst, das hat schon auch eine spirituelle Dimension. Oder hat vielleicht mit deinem Glauben was zu tun. Kannst du das irgendwie bisschen beschreiben, was sich da …/ ob sich da bei dir irgendwas verändert, oder wie es dir so geht? So in der Hinsicht in der Fastenzeit?

Marion: Also ich denke, es ist eine Zeit, wo ich, ehm, durch das Durchbrechen von Gewohnheiten, ganz egal, was es für Gewohnheiten sind, ehm, ich sensibler bin. Auf mich, auf meine Mitmenschen, auf Gott. Weil ich die Fühler stärker ausgestreckt habe und weil ich auch stärker merke, was macht das jetzt mit mir, wenn ich jetzt eben nicht esse, oder wenn ich jetzt eigentlich Lust hätte auf das, was ich da koche, aber ich koche es nicht für mich, also dass ich so ein bisschen den Altruismus auslebe in einer extremen Form, ehm, das macht schon sehr viel mit meiner Person und mit meinem Verhältnis, mit meiner Umwelt, und somit eben gegen oben, zu Gott, halt auch. Das hat/ ich bin einfach hellhöriger. Insgesamt. Und ehm … auch wenn ich/also ich bin auch gedanklich sehr stark unterwegs.

5.1 Selbst- und Weltverhältnisse

Formulierende Interpretation

Fasten habe „einen ganzheitlichen Aspekt" – so der Interviewer. Es habe mit dem Körper zu tun, jedoch auch „spirituelle" Anteile. Ob auch der Glauben eine Rolle spiele, wird Marion gefragt und ob sie beschreiben könne, ob sich in dieser Hinsicht etwas ändere. Um das „Durchbrechen von Gewohnheiten" ginge es, wodurch sie „sensibler" würde – gegen Gott oder andere Menschen. Ihre „Fühler" habe sie nun „stärker ausgestreckt" und könne so mehr wahrnehmen. Wenn sie faste, bekäme sie ein Gefühl dafür, was geschehe, wenn sie ihren Bedürfnissen nicht unmittelbar nachginge. Sie lebe ihren „Altruismus" ein wenig in einer „extremen Form" aus und sei so offener gegenüber ihrer Umwelt. Sie sei „gedanklich sehr stark unterwegs" und „hellhöriger".

Logische Kondensation
1. Interviewer: **Fasten; Gesundheit; Spiritualität; Glauben; Körper.**
2. Marion: Fasten *durchbricht* **Gewohnheiten.**
3. Fasten macht mich sensibler für **Gott, Mitmenschen. Fühler** sind stärker ausgestreckt, weil ich merke, was mit mir passiert, wenn ich nicht esse.
4. Ich **koche** für meine Mitmenschen. Ich esse nicht, worauf ich Lust habe. So lebe ich und lebe ich nicht extremen **Altruismus** aus.
5. Das macht viel mit meinem Verhältnis zu meiner Umwelt und „gegen oben", zu Gott.
6. Ich *bin hellhöriger,* wenn ich faste.
7. Ich *bin gedanklich stark unterwegs.*

Reflektierende Interpretation

Fasten beginnt mit der Differenzierung von „Ich" und „Körper", mit dem Sich-Stören an der Eigenwilligkeit des Körpers gegenüber dem „Ich". Dann tritt Fasten in einen Versuch der Zurichtung des Körpers ein. Doch dieser Prozess ist nicht nur ein technischer. Vielmehr, und das zeigt sich in der obigen Passage, haftet ihm etwas Spirituelles an. Denn Marion spaltet hier ihre alltägliche Leiblichkeit auf, wodurch ihr „Ich" vorübergehend einen anderen Charakter erhält. Wo sie früher Leibkörper war, ist sie nun ein „Ich", das seinem Körper gegenübersteht, um dann wieder Leibkörper zu werden – allerdings in einer anderen Form. Begleitet wird dieser Prozess von einer gesteigerten Sensibilität, welche ihr erlaubt, gegenüber ihrer Innerlichkeit, welche sich in Gefühlen und Gedanken äußert, „hellhöriger" zu sein. Doch auch für ihre Mitmenschen empfindet sie sich als sensibler, und sogar für Gott.

Diese temporäre Verschiebung in den Selbst- und Weltverhältnissen im Fasten führt zu einer mittelfristigen Rekonfiguration der Selbst- und Weltverhältnisse nach dem Fasten. Gerade weil die Differenz zwischen ihr und den anderen markiert wird, kann eine Handlung plötzlich eine neue Bedeutung bekommen, so etwa das Kochen für ihre Familie. Stellt es im normalen Alltagsmodus nur einen Routinevorgang für sie dar, wird es nun zu einem Akt des Altruismus, da sie selbst nicht mitisst. Sie kocht dann bewusst für ihre Familie, ist aber nicht Teil der familiären Essgemeinschaft. Indem sie ein Essen zubereitet, an dem sie selbst nicht teilhat, „opfert" sie sich gewissermaßen für die Familie (um einmal mit dem religiösen Sinngehalt ihrer Praxis zu spielen), gibt ihre Bedürfnisse hin, während sie andere befriedigt. Dieser „extreme Altruismus" bleibt dabei auf das Fasten beschränkt. Im Alltäglichen bleibt er eine Ausnahme. Doch gerade diese Ausnahme schafft die Möglichkeit einer neuen Verbindung zu ihrer unmittelbaren Mitwelt.

Hiermit zeigt sich ein zweites Bezugsproblem, das dem ersten ähnelt, jedoch nicht mit ihm identisch ist. Analog zu der Differenz von „Körper haben" und „Leib sein", ist Marion Teil ihrer Familie und steht ihr zugleich gegenüber. Als Teil ihrer Familie ist sie im Sinne Heideggers (1993) in der Alltäglichkeit der Sorge verfallen. Genau das erscheint dann aber als Uneigentlichkeit, wird zur unbewussten, mehr oder weniger mechanisch ausgeführten Routine. Marion entfremdet sich damit von sich selbst und ihrem Lebenszusammenhang, da sie diesen nicht mehr als solchen wahrnimmt. Das Fasten jedoch macht aus der Familie wieder ein Gegenüber und lässt die hiermit einhergehende Beziehung wieder spüren und wahrnehmen. Sie ist nicht mehr nur Teil der Lebensvollzüge, sondern ist nun zugleich Teil als auch nicht Teil von diesen. Sie kann nun in gewisser Weise ihre Beziehung zur Welt sowie sich als Teil derselben als etwas Besonderes, in sich Wertvolles wahrnehmen – was sich mit Wittgenstein (2003 6.44) als mystisches Gefühl beschreiben ließe. Somit ließe sich denn auch erklären, warum „Gott" merkwürdig verortet und gleichzeitig unverortet ist („gegen, oben, zu"). Als eigener Faktor taucht er nicht auf. In der Färbung des Zusammenhangs schon.

Fallbeschreibung: Bezugsproblem und Bearbeitung
Marion ist an die Welt verfallen – wie wir alle. Ihr Dasein kann mit Heidegger (1993) primär als eines der Sorge beschrieben werden. Sie kümmert sich um ihre Kinder, geht ihrem Beruf nach und regelt den Haushalt. Sie geht in ihrem Dasein als Leibkörper in der Welt auf. Doch damit verliert sie sich auch an die Welt. Sie ist irgendwie bei den Ihrigen und doch auch wieder nicht. Sie macht, was sie möchte – denn anders möchte sie es überhaupt nicht –, doch irgendwie ist all dies dadurch, dass es Routine ist, eben genau das: Routine und Notwendigkeit. Das Leben gerät zur Selbstverständlichkeit, die Dinge werden gemacht, weil sie gemacht werden müssen.

5.1 Selbst- und Weltverhältnisse

Dabei schleicht sich das ein, was Marion „Gewohnheiten" nennt, Gewohnheiten, die sie eigentlich nicht gut findet. Mit Heidegger könnte man sagen: Uneigentlichkeit. Man muss funktionieren und trinkt deshalb Kaffee, den man eigentlich nicht mag. Man hat Stress und isst deshalb zu viel Schokolade – dem Genuss gegenüber inzwischen indifferent. Man vergisst, warum man es mag, für die eigene Familie zu kochen. Indem Marion sich im Modus der Sorge an die Welt verliert, vermag sie irgendwann nicht mehr zwischen dem zu unterscheiden, was sie eigentlich mag oder will und dem, was sie tut, weil sie es tun muss. Die Welt zwingt ihr ihre Regeln auf und weil diese Regeln die Regeln der Welt sind, kann sie das ihrige von der Welt nicht mehr unterscheiden.

Auf dieses Problem antwortet Marion, indem sie fastet. Dies ermöglicht ihr, temporär eine reflexive Distanz zu ihrem gewohnten Modus der Sorge einzunehmen, ohne diesen zu verlassen. Auf diese Weise kann sie ihn – und sich selbst *in* ihm – beobachten, kann die Entfaltung ihrer Alltäglichkeit gleichsam in Echtzeit mit- und nachvollziehen und genau dies unterbricht etwas. Das Fasten führt zu einem „Aufbrechen" in verschiedener Hinsicht. Zunächst kommt es zu einem Aufbrechen zwischen Marion und ihrem Körper. Ist Marion im Modus der alltäglichen Sorge „Leib", so wird sie im Fasten zu einem Bewusstsein, das sich dem eigenen Körper gegenübersieht und diesen zu disziplinieren sucht.

Gleichzeitig werden jedoch auch die alltäglichen Routinen aufgestört. Marion beginnt, anders auf ihre Familie zu blicken, während sie weiter für die Familie kocht, aber selbst nun anderes ist. Sie tritt also auch hier einen Schritt zurück und tritt in ein anderes Verhältnis zu ihrer Familie. Marion separiert sich von der Welt, um auf eine neue Art Kontakt zu finden. Sie durchbricht den Modus der alltäglichen Sorgen und steht nun für eine Weile in einer Beobachterposition, in der sie sich Gott näher fühlen kann, weil ihre Existenz nun als die eigene erscheint, und nicht mehr in der Uneigentlichkeit von Routinen verschwindet.

Das Fasten ist damit ein Prozess, den sie selbst zwar initiiert und den sie auch mit gewissen mundanen Absichten verbindet (Reduktion des Kaffeekonsums, des Zuckerkonsums o. Ä.). Doch eigentlich geht es im Fasten um etwas anderes. Dieses andere vermag sie sich aber nicht selbst zuzurechnen. Denn die Marion, die das Fasten plant, ist eine andere Marion als jene, die tatsächlich fastet. Anders ausgedrückt, könnte man sagen, dass alltägliches Planen ein Teil des Daseins als Sorge ist. Das Fasten jedoch durchbricht eben jene Sorge, damit sie wieder zu etwas Separaten wird, das sich ereignet. Gerade deshalb ist Fasten gleichzeitig etwas Alltägliches und etwas „Großes", kann es geplant werden und nicht geplant werden. Denn es durchbricht die Grenze, die zwischen dem Ich als Teil der Welt und dem Ich als Gegenüber der Welt verläuft. Somit ist Fasten auf keiner der beiden Seiten zu finden. Fasten ist in gewisser Weise eine ortlose Praxis – und gerade deshalb kann sich mit ihr gleichsam etwas aus dem Nichts ereignen.

Gleichzeitig ist Fasten selbst darauf angewiesen, eine positive, diesseitige Praxis zu sein. Es muss geplant werden, bedarf der sozialen Absicherung über Foren und Bücher. Es ist als geteilte Praxis selbst eine bestimmte Art, der Alltäglichkeit und dem Gerede verfallen zu sein. Fasten ist immer unrein. Es ist eben eine soziale Praxis wie jede andere. Aber genau dadurch und nur deshalb ist Fasten eben auch möglich: Man hat legitime Diskurse, auf die man sich beziehen kann. Man kann sich mit Anderen zusammentun und so eine Differenz zu anderen Anderen schaffen.

Damit wird jedoch auch deutlich, dass Fasten das Problem der Sorge, das Problem der Verfallenheit an die Welt nicht lösen kann. Es muss unweigerlich an irgendeinem Punkt scheitern. Es ist zeitlich begrenzt. Irgendwann meldet sich der Körper und der Alltag kehrt wieder ein. Dann hat sich mit etwas Glück etwas geändert. Das ist jedoch nicht planbar, da ein direktes Durchgreifen der Sphäre des Fastens auf die Sphäre der alltäglichen Sorge nicht möglich ist. Vielleicht ist eine schlechte Gewohnheit verschwunden und Marion ist nach dem Fasten bei aller Sorge ein wenig mehr bei sich, als sie es vorher war. Doch die Welt wird wieder näher rücken und Marion wird sich im Lauf der Zeit erneut an die Alltäglichkeit verlieren. Gewohnheiten werden sich einschleichen. Sie wird funktionieren müssen und eine Vielzahl von Dingen tun, die man von ihr erwartet. Bis die Fastenzeit wiederkommt.

Die Bezugsprobleme von Marions Fasten liegen damit einerseits in der Differenz von „Körper haben" und „Leib sein" sowie anderseits in der Differenz von „Familie haben" und „Familie sein". Zusammenfassend könnte man sagen, dass die Praxis des Fastens eine Antwort auf die Differenz von Ich und Welt darstellt. Auf der einen Seite ist man ein Leib und damit Teil jener physischen Zusammenhänge, welche die Welt konstituieren, folgt sozialen Erwartungen, ist an die Grenzen des Körpers gebunden und an die Faktizität der eigenen Geschichtlichkeit. Man ist Teil einer Familie und eines alltäglichen Zusammenhangs der Sorge. Auf der anderen Seite aber ist man eben im besten Sinne Subjekt, das heißt ein gegen Familie und Welt abgegrenztes Selbst. Es ist Heideggers Jemeinigkeit, die in der Sorge verborgen liegt. Diese Doppelaspektivität des menschlichen Daseins bringt ein Dilemma mit sich: Ist man in der Welt, so ist man nicht bei sich. Ist man bei sich, so lebt man kein Leben, weil man von allem abgetrennt ist.

Das Fasten ist eine Technik, dieses Problem zu bearbeiten, indem es das Sich-Verlieren in Rechnung stellt, es aber immer wieder unter- und durchbricht. Es ist von Anfang an nicht darauf abgestellt, das Sich-Verlieren im Modus der Sorge abzuschaffen und dauerhaft zu einem anderen, wirklicheren Modus – mit Heidegger könnte man hier von Eigentlichkeit reden – zu gelangen. Marions

5.1 Selbst- und Weltverhältnisse

Fasten führt in keine Finalität. Es ist vielmehr eine Art des temporären Zu-Sich-Kommens, indem eine Rejustierung eingefleischter Gewohnheiten vorgenommen wird, eine zyklische Praxis, die sich ihrer eigenen Begrenztheit durchaus bewusst ist, die aber gerade in dieser Begrenztheit ein Modus ist, die Verlorenheit an die Welt und das Ich-Selbst-Sein in ein annehmbares Verhältnis zu bringen.

Hier könnte man die These aufstellen, dass Marions Fastenpraxis das Aufscheinen ihrer Bezugsprobleme letztlich reproduziert und sogar verstärkt. Gerade weil es als Routine etabliert ist, zwingt es Marion die eigenen Regeln auf. Sie muss sich dann eben jedes Jahr wieder etwas suchen, das nicht passt und das sie fasten kann – ob es nun passt oder nicht. Das ist dem Fasten aber nicht mehr zugänglich. Denn Fasten kann man nicht fasten.

5.1.2 Methodische Fragen und Typenbildung

Konkrete Selbst- und Weltverhältnisse, wie hier am Beispiel Marions analysiert, zeigen sich als Antwort auf eine bestimmte Problemkonstellation, die aus dem Material herausgearbeitet werden muss. Das Bezugsproblem haben wir in Anlehnung an Heidegger als die Grundstruktur des Daseins als Verfallenheit an die Welt, aber auch als die Doppelstruktur von Leib-Sein und Körper-Haben bestimmt: Zwar ist unser Leben in jedem Moment unseres. Doch sind wir ebenso schon immer an die Welt verfallen. Wir kümmern uns und sind von ihr in Anspruch genommen, sodass wir uns in ihr verlieren. Die Praxis des Fastens bietet für Marion eine Antwort auf dieses Dilemma, indem sie es ihr erlaubt, sich ihr Leben bzw. ihr Selbst immer wieder neu anzueignen. Als Routine durchbricht sie die Routine der Welt.

Mit Blick auf die Typenbildung sind dabei verschiedene Punkte zu beachten. So ist keineswegs davon auszugehen, dass Fasten immer eine Antwort auf eben jene Problemkonstellation darstellt, die wir bei Marion finden. Fasten kann als Antwort auf andere Probleme praktiziert werden, etwa als rein gesundheitliche oder als tradierte, kollektiv verbürgte religiös-kulturelle Praxis. Beide Motive deuten sich bei Marion an, wenn auch eher im Hintergrund: So nutzt Marion das Fasten, um ungesunde Essgewohnheiten zu durchbrechen. Auch stellt sie ihre Fastenpraxis in den Kontext ihres christlichen Glaubens.

Für das Forschungsdesign heißt das, dass wir Einzelfälle zunächst im Hinblick auf das Bezugsproblem systematisieren. Eine Typologie der Welt- und Selbstverhältnisse des Fastens orientiert sich an den unterschiedlichen Bezugsproblemen, die durch dieses bearbeitet werden. Bei anderen Fällen kann dann etwa die kulturelle oder gesundheitliche Seite des Fastens in den Vordergrund treten.

Hat man eine solche Typik der Bezugsprobleme erarbeitet, kann man diese um eine Typik der Arten der Bearbeitung ergänzen (wenn das möglich ist). Denn es ist durchaus denkbar, dass sich funktional äquivalente Selbst- und Weltverhältnisse bilden, die eine Antwort auf dasselbe Bezugsproblem darstellen. Die Ausgangsproblematik muss nicht durch Fasten, sondern könnte etwa auch durch das jährliche Zen-Retreat, durch Bergsteigen oder anderes bewältigt werden. Die Typologie wird hier also 2-stufig. Zum einen fragt sie danach, auf welche Bezugsprobleme Fasten als Antwort praktiziert wird und sucht diese zu systematisieren. Zum anderen sucht sie nach funktionaler Äquivalenz in den Antworten.

Dabei muss auch hier wieder darauf hingewiesen werden, dass es in der Typenbildung nicht darum geht, einzelne Fälle (hier Personen) in bestimmte Klassen zu subsumieren. Vielmehr muss es darum gehen, unterschiedliche Bezugsprobleme aufzuschließen (hier etwa das Problem von Körper und Leib sowie in der Sorge an die Welt) und Fasten, was dann auch wieder Unterschiedliches heißen kann (etwa eine primär soziale Praxis, eine spirituelle oder eine körperliche Praxis), als Antwort zu begreifen.

Auf metatheoretischer Ebene zeigt gerade das Beispiel Marion deutlich die Differenz der empirischen Konzeption konkreter Selbst- und Weltverhältnisse sowie der transzendentalen Lagerung der Bezugsprobleme. Denn auch wenn Letztere in einem konkreten, empirisch vorfindbaren Selbst- und Weltverhältnis aktualisiert werden, so sind sie doch kein Ausdruck desselben. Der Fall bringt sie nicht hervor. Er ist als konkreter, empirischer Fall überhaupt nur möglich, weil er sich an einer Grundstruktur der Bedingungen seiner Möglichkeit abarbeitet. Diese sind selbst jedoch keine positiven empirischen Sachverhalte, sondern stellen vielmehr die konstitutionslogischen Bedingungen dar, in denen sich Empirie entfalten kann.[6]

---

[6] Überaus treffend schreibt Luhmann (1994, S. 44): „Es scheint vergeblich gewesen zu sein, daß Husserl in der Form der phänomenologischen Reduktion die ontologische Frage ausgeklammert und die ‚transzendentale Phänomenologie' auf die Frage konzentriert hat, daß das (damit transzendentalisierte) Bewußtsein eine Operationsweise ist, die in jedem Zeitschritt Selbstreferenz (Noesis) und Fremdreferenz (Noema) reaktualisiert und deshalb in der Form von Intentionalität prozessieren muß. Es scheint vergeblich gewesen zu sein, daß Heidegger in dem berühmten §10 von Sein und Zeit seine Absicht auf Daseinsanalytik explizit gegen eine anthropologische Interpretation, das heißt: gegen eine Reduktion auf Seiendes, hat schützen wollen. Jedenfalls hat die französische Rezeption alles wieder rehumanisiert, und erst Derrida beginnt, sich davon lösen und sich wieder durch paradox gebildete Problemstellungen faszinieren zu lassen."

5.1 Selbst- und Weltverhältnisse

Gleichzeitig soll hier jedoch keine Philosophie vertreten werden, die von feststehenden Existenzialien eines eindeutig bestimmbaren Daseins ausgeht. Wenn von einer transzendentalen Lagerung des Bezugsproblems die Rede ist, dann ist damit lediglich gemeint, dass es sich bei letzterem um eine logische Struktur handelt, die zwar an ein bestimmtes polykontexturales Arrangement gebunden ist, dabei jedoch nicht in der konkreten empirischen Praxis aufgeht. Bezugsprobleme stellen also die Bedingung der Möglichkeit einer Praxis, jedoch keine abstrakten, universalen Existenzialien dar.

Schließlich wird im Fall Marion deutlich, dass die Analyse von Selbst- und Weltverhältnissen wie auch die Analyse jedes anderen empirischen Gegenstandes schon immer über sich selbst hinausweist. Marions Praxis stabilisiert sich im Rückgriff auf eine kulturell kodifizierte Form des Fastens. Sie greift auf Bücher und den Austausch mit anderen Fastenden in Foren zurück. Ihre Familie spielt ebenso eine Rolle wie die Kollegen auf der Arbeit. Der Fokus der Forschung könnte also ebenso gut auf dem Umgang der Familie mit der fastenden Mutter liegen oder auf der Kommunikation im Fastenforum. Wenn wir berücksichtigen, dass Forschungsobjekte keine Elemente einer beobachtungsunabhängigen Realität sind, sondern durch interessengeleitete Unterscheidungen – oder anders gesagt: Durch kontingente ontologische Unterscheidungen – zustande kommen, so wird deutlich, dass der Untersuchung von Selbst- und Weltverhältnissen, wie sie in diesem Beispiel vollzogen wurde, kein ontologischer Vorrang einzuräumen ist.

▷ Wenn man sich dafür interessiert, wie Menschen mit sich selbst und ihrer Welt zurechtkommen und wie die hiermit einhergehenden Praxen aussehen (hier: Zu-sich-selbst-Kommen durch Fasten), stellt sich die Frage nach den Selbst- und Weltverhältnissen. Dabei können wir nicht von Subjekten und Objekten an sich ausgehen, sondern haben im Sinne einer empirischen Metaphysik zu untersuchen, wie sich so etwas wie ein Selbst gegenüber einer Umwelt konstituiert, auf welchen unterschiedlichen Weisen dies geschehen kann und welche Formen sich dabei zu wiederkehrenden Mustern stabilisieren. Das Selbst erscheint dabei nicht mehr als eine Einheit, sondern als ein polykontexturales Gefüge, das sich durch eine bestimmte Typik auszeichnet. Menschliche Praxen sind mit Blick auf die hiermit einhergehenden relationalen Dynamiken gleichsam in einer Art „Transzendentalstruktur" eingespannt, welche die Bedingungen der Möglichkeit gelingenden und misslingenden Lebens konstituiert (hier: Im Vollzug des Alltags der Welt zu verfallen und damit das eigene Leben als uneigentlich zu erfahren).

5.2 Prozessorientierte Rekonstruktionen

Der Fokus auf Selbst- und Weltverhältnisse ermöglicht die Rekonstruktion individueller Positionen als polykontexturales Arrangement. Personalität erscheint also nicht nur als soziales Konstrukt oder als Subjektivität im traditionellen Sinne, sondern als ein Geflecht widersprüchlicher Kontexturen, in denen Identität als Differenz ständig neu erzeugt wird. Sozialität ist hier neben Dimensionen wie Körperlichkeit, Affektualität und Selbstkonstruktionen eine Dimension.

Soll Interaktion stärker in den Fokus rücken, so gilt es, den ontologischen Schnitt anders zu setzen. Anstatt danach zu fragen, wie sich eine Person sozial verortet, ginge es nun darum, die Interaktion zwischen verschiedenen Akteuren zu rekonstruieren. Man würde etwa danach fragen, wie Psychotherapie funktioniert, wie eine Familie sich als Familie konstituiert, wie Entscheidungen in Gremien zustande kommen. Hiermit einhergehend können gesellschaftliche Zweckaufträge, Finanzierungsmöglichkeiten, rechtliche Vorgaben, aber auch Gruppenprozesse und Interaktionsdynamiken als Positionen in dem polykontexturalen Gebilde in den Blick genommen werden, insofern sie Relevanz gewinnen, also auf sie Bezug genommen wird oder durch sie Bezugnahmen organisiert werden. In einem solchen Forschungsdesign sind individuelle Selbst- und Weltverhältnisse folglich nur dann von Interesse, wenn sie in dem spezifischen Kontext als relevant zum Tragen kommen. Das kann etwa in Settings wie Psychiatrie oder Psychotherapie der Fall sein oder in der Erziehung, der es darum geht, auf die Selbst- und Weltverhältnisse eines Individuums einzuwirken.[7] Dennoch würden die jeweiligen Selbst- und Weltverhältnisse auch hier eben nur als ein Aspekt, als eine spezifische Wider- und Eigenständigkeit innerhalb eines

---

[7] Bereits Marotzki (1990) baut seine strukturale Bildungstheorie mit Gotthard Günther auf polykontexturalen Selbst- und Weltverhältnissen auf.

5.2 Prozessorientierte Rekonstruktionen

Arrangements erscheinen, neben der womöglich noch viele weitere Faktoren in die Rekonstruktion mit einbezogen werden müssen.

Dass nun der Fokus auf der Interaktion liegt, muss sich dabei im Erhebungs- und Auswertungsdesign widerspiegeln. Dieses sollte die Multiperspektivität und Widersprüchlichkeit eines bestimmten sozialen Zusammenhangs besonders in den Blick nehmen. Wollte man etwa die Praxis der Entscheidungsfindung in einem bestimmten Gremium rekonstruieren, so läge es nahe, teilnehmende Beobachtung mit Experteninterviews zu verbinden. Es ginge dann darum, die unterschiedlichen Interpretationen, Interessen, Wahrnehmungen, Verhaltensweisen und Handlungen der beteiligten Akteure zu sammeln, um zu untersuchen, wie in der Praxis zwischen diesen differierenden Positionen vermittelt wird. Eine solche Vermittlung muss dabei nicht zwingend in einen Konsens der Beteiligten münden, ja noch nicht einmal innerhalb eines geteilten Erfahrungsraums stattfinden. Vielmehr sind unterschiedlichste Formen der Vermittlung denkbar, beispielsweise die Eskalation von Konflikten, Befriedung durch formale Verfahren oder aber auch Kompromisse, welche auf den ersten Blick unbrauchbar erscheinen mögen.

Im Folgenden möchten wir ein Beispiel für eine prozessorientierte Rekonstruktion geben, das aus einem Forschungsprojekt zur ärztlichen Entscheidungsfindung in Krankenhäusern stammt.[8] Das Datenmaterial besteht zu großen Teilen aus Beobachtungsprotokollen, die im Rahmen von Feldaufenthalten gesammelt wurden. Diese werden durch kurze Passagen aus Experteninterviews ergänzt. Die Studie ist in dem Sinne verlaufsorientiert angelegt, dass einzelne Fälle zwischen Aufnahme und Entlassung begleitet wurden, was eine Rekonstruktion des Behandlungsprozesses gestattete.[9]

---

[8] Der folgende Abschnitt stellt eine aktualisierte Version der Arbeiten von Vogd (2004a, 2004b, 2006) dar.

[9] Ursprünglich wurden dabei im Anschluss an Goffman (1986) insbesondere Rahmungsprozesse in den Blick genommen, was in unserem Zusammenhang nicht nur als ein dynamisches Ins-Verhältnis-Setzen von gesellschaftlichen Funktionssystemen, sondern von Kontexturen im weitesten Sinne zu verstehen ist.

5.2.1 Prozessorientiert arbeiten: Ärztliche Entscheidungsfindung im Fall Spondel

Die Fallanalyse von Herrn Spondel weist eine hohe interaktive Dichte auf und eignet sich deshalb besonders gut, um die Grundlagen einer prozessorientierten Analyse aufzuzeigen. Während des Fallverlaufs fanden verschiedene Chef- und Oberarztvisiten und eine Reihe fachärztlicher Konsile statt. Auch die Angehörigen waren regelmäßig auf Station und zeigten ein gewisses Engagement. Darüber hinaus wechselte der betreuende Stationsarzt im Laufe der Behandlung, was die Abstraktion von der konkreten Person des betreuenden Arztes erlaubt. Für eine sozialwissenschaftliche Untersuchung ist das insofern von Vorteil, als hierdurch gezeigt werden kann, dass trotz gewisser Unterschiede in der Behandlung durch die erfahrene Dr. Reif und den deutlich jüngeren Kollegen Schmidt die grundlegenden Spannungsfelder, die sich aus dem Aufeinandertreffen unterschiedlicher Rationalitäten ergeben, identisch bleiben.

Der Fall selbst scheint aus medizinischer Sicht dabei wenig vielversprechend. Der multimorbide Herr Spondel, 71 Jahre alt, wird nach einer langen Krankenhauskarriere erneut in die internistische Station eines städtischen Krankenhauses eingewiesen. Den Arztbriefen zufolge leidet er an Bluthochdruck und Diabetes, an einer beginnenden Neuropathie (Degeneration des vegetativen Nervensystems) und Nephropathie (Nierenversagen). Seine Akuterkrankung ist jedoch ein Rektumkarzinom, das sowohl chirurgisch wie auch chemotherapeutisch behandelt wurde. Zudem zeigt sich noch eine gutartige Vergrößerung der Prostata. Auf der Inneren ist Herr Spondel jedoch aufgrund einer Sepsis sowie einer (vermutlich bakteriellen) Entzündung im Lendenwirbelbereich.

Zum Zeitpunkt der Beobachtung ist die Sepsis bereits erfolgreich mit Antibiotika behandelt worden. Das weitere Vorgehen ist jedoch unklar. Gerade diese Unklarheit bietet jedoch aus sozialwissenschaftlicher Sicht eine gute Gelegenheit, das Spannungsfeld zu beobachten, in dem sich die Behandlung bewegt. In jedem Fall stellt sich die weitere Prognose nicht unbedingt günstig dar, wie die behandelnde Ärztin darlegt. Der Harn fließt nur unzureichend ab, weswegen eine neue bakterielle Infektion droht. Die Vorerkrankungen lassen einen chirurgischen Eingriff jedoch nicht zu. Zudem ist der Patient aufgrund der Wirbelkörperentzündung bettlägerig geworden, was wiederum zu einer Muskelatrophie (Abbau der Skelettmuskulatur) führt. Auch ist unklar, worauf die Sepsis zurückzuführen ist. Ein erster Schritt scheint hier zumindest die Anlage eines suprapubischen Katheters zu sein, der einen besseren Harnabfluss gewährleisten soll, um einer weiteren Blaseninfektion vorzubeugen:

5.2 Prozessorientierte Rekonstruktionen

13:30 auf der Station
(Oberarzt Neudorf ist auf der Station. Dr. Neudorf leitet die Intensivstation, vertritt jedoch Dr. Schwarz, den Oberarzt der Station, der im Urlaub ist)
Stationsärztin Dr. Reif: Dann doch zu den Neurochirurgen oder den Orthopäden?
Oberarzt: Wir hatten ja vereinbart, dass wenn da im CT keine Verschlimmerung ist, dann nichts weiter zu machen und ich denke, das ist dann auch so eine gute Entscheidung ... wir können ihn dann ja auch entlassen.
Dr. Reif: Nein, entlassen können wir ihn auf keinen Fall.
Oberarzt: Wir können ihn ja dann auf eine Orthopädie oder eine Neurochirurgie, vielleicht in Krankenhaus X.
Dr. Reif: Das Neurologische ist jetzt nicht so im Vordergrund, eine orthopädische Station wäre dann schon angemessen ... dann ist aber noch die Sache mit dem suprapubischen Katheter ...
Oberarzt: Ist dann doch ein richtiger Eingriff, ist ja dann die Frage, ob man da nicht wartet.
Dr. Reif: Aber das Problem, ich habe ja mit älteren Patienten gearbeitet, ist ja die Sache mit der Sepsis, die dann sofort wieder da ist ...

Formulierende Interpretation
Während die Stationsärztin die Verlegung zu den Neurochirurgen oder Orthopäden in Betracht zieht, verweist der Oberarzt darauf, dass man sich darauf geeinigt habe, den Patienten bei ausbleibender Verschlimmerung zu entlassen. Das lehnt die Stationsärztin rundheraus ab. Nachdem der Oberarzt die Verlegung in eine der beiden genannten Stationen oder ein anderes Krankenhaus in Betracht zieht, weist Dr. Reif darauf hin, dass höchstens die Orthopädie angemessen sei. Die Anlage eines suprapubischen Katheters wird als „richtiger Eingriff" zunächst abgelehnt. Während der Oberarzt warten möchte, scheint Warten für Dr. Reif keine Möglichkeit zu sein, da die Remission der Sepsis drohe.

Logische Kondensation
1. Dr. Reif: **Neurochirurgie** oder **Orthopädie.**
2. Oberarzt: **Wir.** Wir sind uns einig zu *entlassen*, wenn keine Verschlechterung eintritt. **Ich** denke, die Entscheidung ist *gut*.
3. Dr. Reif: *Nicht entlassen.*
4. Oberarzt: *Verlegen* auf die Orthopädie oder Neurochirurgie oder ein **anderes Krankenhaus.**
5. Dr. Reif: Nicht Neurochirurgie, da das Problem nicht neurochirurgisch ist. Orthopädie. **Katheter.**
6. Oberarzt: Der Katheter ist ein *richtiger Eingriff,* daher warten.
7. Dr. Reif: **Ich.** Aus meiner Erfahrung mit älteren Patienten folgt: wenn warten, dann Sepsis.

Reflektierende Interpretation
Der Oberarzt unternimmt zu Beginn den Versuch einer Klärung durch die Proposition eines „Wir", das zu einer geteilten Auffassung gekommen sein soll. Diese Proposition wird von der Stationsärztin jedoch zurückgewiesen und mit ihr die Option der Entlassung. Es entstehen 2 entgegengesetzte Positionen. Hier die Stationsärztin, die gegen eine Entlassung die Option der Überweisung in den Raum stellt. Dort der Oberarzt, der in der jetzigen Situation nichts mehr tun möchte. Selbst der relativ kleine Eingriff eines suprapubischen Katheters wird zurückgewiesen. Behandlung steht in der Situation gegen Entlassung.

An dieser Stelle kann nur spekuliert werden, warum das so ist. Denkbar wäre, dass der Oberarzt einen aussichtslosen Patienten sieht, der nur Geld kostet. Möglich ist aber auch, dass er eine Trajektorie sich ewig hinziehender, schmerzvoller Eingriffe sieht, die er dem Patienten ersparen will. Vielleicht hat er auch einfach keine Lust oder er hofft darauf, dass sich die Situation von allein erledigt und der Harn in den kommenden Tagen wieder abfließt. Auf der anderen Seite könnte man beispielsweise meinen, dass die Stationsärztin davon überzeugt ist, den Patienten heilen zu können. Ebenso ist aber auch denkbar, dass sie mit ihrer eigenen Hilflosigkeit nicht klarkommt und daher den Modus des „Machens" nicht verlassen möchte.

Welche Motivationen hier anliegen und welche Aussichten der Patient tatsächlich hat, kann hier jedoch weder festgestellt werden, noch ist dies für die weitere Rekonstruktion des Entscheidungsprozesses notwendig. Interessant ist vielmehr die für ärztliches Handeln typische Situation, dass Entscheidungen unter Unsicherheit und auf einer unvollständigen Wissensbasis gefällt werden müssen. Vor diesem Hintergrund werden 2 Optionen eröffnet: behandeln oder nicht behandeln. Von hier aus entfaltet sich die Entscheidungsfindung.

Angesichts dieser kaum lösbaren Problematik verwundert es nicht, dass das „andere Krankenhaus" diejenige Option ist, die sich mit der Zeit immer weiter als die zu wählende herauskristallisiert. Das „andere Krankenhaus" löst das Problem, dass man nicht behandeln kann und dennoch behandeln muss, indem man das Problem einfach auslagert. Man kann sagen, dass man nicht *nicht* behandelt (weil der Patient weiter behandelt wird) und dass man dennoch nicht behandelt (weil sich jetzt jemand anderes um das Problem kümmert):

Dr. Reif (denkt laut): ... suprapubischer Katheter für Herrn Spondel ... jetzt ein Konsil bei Dr. Müller ... (einem ambulanten Urologen) ...
  Dr. Reif (telefoniert mit dem Sozialdienst): ... der Herr Spondel hat eine seltene und schwere Erkrankung und der müsste eine Reha bekommen ... kann ich die jetzt schon einleiten ... die Erkrankung ist eine neurologische, die Zersetzung der Band-

5.2 Prozessorientierte Rekonstruktionen

scheiben [eine orthopädische], und da er jetzt 4 Wochen hier gelegen hat, muss er erstmal wieder komplett aufgebaut werden ... deshalb vielleicht eine Frühreha ... gut, wenn die nach der weiteren CT[-Untersuchung], die in [Universitätsklinikum X] sagen, „wir müssen eine stabilisierende Operation machen", dann erübrigt sich dies, aber wenn nicht, – ich gehe jetzt Freitag in den Urlaub, dann stehen wir ohne was da, und wir müssen den ja entlassen. ... Spondylodiszitis [Entzündung der Bandscheibe]? ... ist bei Frühreha dabei ... ok ... dann müssen wir das bei der Krankenkasse beantragen ... Polyneuropathie hat er ... was gibt es denn noch, was die als Reha-Grund akzeptieren ... ja, alles klar.

Formulierende Interpretation

Dr. Reif plant die Beantragung eines urologischen Konsils zur Anlage eines suprapubischen Katheters. Mit der Absicht, einen Platz in einer Rehabilitationsklinik für Herrn Spondel zu bekommen, beschreibt sie dem Sozialdienst telefonisch die Situation. Sie erwähnt die neurologischen Beschwerden und die Muskelatrophie aufgrund der langen Liegezeit. Sollte die CT-Untersuchung doch noch die Notwendigkeit einer Operation nahelegen, würde sich das Problem erledigen. Aber vor ihrem Urlaub würde sie den Fall Spondel gerne abgeschlossen haben. Sie spricht die Themen „Entzündung der Bandscheiben" und „Neuropathie" an und klärt, ob diese als Grund für eine Reha akzeptiert würden. Diese müsse bei der Krankenkasse beantragt werden. Sie konkludiert das Gespräch einvernehmlich mit „alles klar".

Logische Kondensation

1. Dr. Reif: **Spondel; ambulante Urologie. Konsil** anmelden, um den Harnwegsinfekt abzuklären.
2. **Sozialdienst.** Aufgrund langen Liegens und der zersetzten Bandscheiben ist eine **Frühreha** indiziert und nicht indiziert.
3. Wenn **CT** positiv, dann **Uniklinik** und OP. Wenn CT negativ, dann Reha.
4. **Freitag Urlaub.** Daher vor Freitag abklären und bei der **Krankenkasse** beantragen. **Spondylodiszitis, neurologische Degeneration** ist Grund für Reha.
5. Sozialdienst validiert.

Reflektierende Interpretation

Wie schon in der ersten Beobachtungssequenz, verweben sich auch hier fachliche und administrative Rationale ineinander. Auf der einen Seite steht die Notwendigkeit, die Situation in eine Handlungsoption zu überführen, da ein Abwarten weder administrativ noch medizinisch vertretbar scheint. Zudem steht der Urlaub unmittelbar bevor. So wird auf der einen Seite die Urologie als Adresse gesucht, die unter Umständen etwas an der Situation ändern könnte. Auch die Ergebnisse einer Computertomografie (CT) stehen noch aus, die sich ebenfalls grundlegend auf das weitere Vorgehen auswirken könnte. Dr. Reif enaktiert hier also eine Reihe anderer Akteure, die ihr Eigenleben zu entfalten beginnen. Was hierbei herauskommt, liegt jedoch weder in der Kontrolle noch in der Sphäre der von uns beobachteten Protagonistin. Die konkrete Bestimmung der hiermit einhergehenden Entscheidungsräume ist anderen Positionen vorbehalten, etwa der Radiologie und der Urologie. So wird gleichzeitig über die Verlegung in die Rehaklinik ein Zwischenweg gesucht. Der Patient wäre dann medizinisch weiter versorgt, ohne allerdings weiterhin die hohe akutmedizinische Aufmerksamkeit zu bekommen. Die Reha bietet damit sozusagen die Möglichkeit, den Patienten weiter zu behandeln und ihn nicht weiter zu behandeln. Sie bietet die Möglichkeit zur Entlassung bei gleichzeitiger Nichtentlassung – mehr jedoch auch nicht. Die nötigen Rahmenbedingungen scheinen aus administrativer Sicht (hier die Anforderungen der Krankenkassen) gegeben. Nachdem Letzteres mit dem zuständigen Sozialdienst geklärt ist, beginnt das weitere Procedere dieser Trajektorie zu folgen.

In der Chefarztvisite wird dieses Vorgehen noch einmal von einer höheren Position innerhalb der ärztlichen Hierarchie beleuchtet:

> Dr. Reif: Herr Spondel. Jetzt sind wir erst mal mit Herrn Neudorf [Oberarzt] übereingekommen, die Bilder [in das Universitätsklinikum X] zu geben und noch das nächste CT abzuwarten.
> Chefarzt: Ich wäre dafür, das erst einmal konservativ zu behandeln, jetzt mit der Infektion ... da reinzuoperieren und dann ein Tumorpatient, da kann es da eng sein, gut, dass man sich da die Stellungnahme holt, ist okay, aber den nicht so schnell weggeben, die Chirurgen sind da sehr schnell.
> Dr. Reif: Dann ist da noch die Sache mit dem Restharn ... ist dann das Problem mit der Sepsis, ob wir das nicht ableiten ... wollte das dann morgen mit Herrn Müller ...
> Chefarzt: Gut, mit der Infektion ist hier immer die Sache ... aber kann auch an der Prostata liegen, ob man da nicht doch eine Operation macht ... aber ob das jetzt dann wirklich was bringt ... das kann jetzt auch vom Spinalkanal kommen ... wenn wir das jetzt als ursächliche Therapie machen, dann kann das sein, dass das nicht funktioniert, wenn es eben nicht daran liegt.
> Dr. Reif: Der würde ja dann auch nach Hause geschickt ... deshalb habe ich das auch schon angeleiert mit der Früh-Reha.
> Chefarzt: Ja, das ist auch gut so, wir müssen ihn jetzt so entlassen ...

5.2 Prozessorientierte Rekonstruktionen

Formulierende Interpretation

Die Stationsärztin berichtet, sie und der Oberarzt hätten besprochen, das CT sowie die Meinung des Universitätsklinikums abzuwarten.

Das sei in Ordnung, solange man nur die Meinung einhole, erwidert der Chefarzt. Wie diese auch ausfalle – er sei gegen einen operativen Eingriff, da dieser zu riskant sei.

Dr. Reif weist auf das Problem mit der drohenden Sepsis aufgrund des nicht richtig ablaufenden Restharns hin sowie auf das noch ausstehende Konsil mit dem Urologen.

Der Chefarzt sieht eine Ableitung des Restharns nicht ohne Weiteres als sinnvolle Intervention an. Es sei unklar, worin der genaue Grund für die Sepsis bestehe, die Erfolgsaussicht eines diesbezüglichen operativen Eingriffs sei entsprechend fraglich.

Dr. Reif bringt hier die Reha ins Spiel. Dieser Perspektive stimmt der Chefarzt vorbehaltslos zu: Man müsse entlassen.

Logische Kondensation

1. Dr. Reif: **Wir [OA Neuendorf und ich]**: Es gibt CT sowie die Meinung des **Universitätsklinikums** und es gibt sie nicht.
2. Chefarzt: **Meiner** Meinung nach sollte *nicht operiert* werden, da zu riskant. Das **Konsil der Chirurgen** zu holen *ist gut*. Den *Patienten zu den Chirurgen zu schicken* ist nicht angeraten. Chirurgen *operieren schnell*.
3. Dr. Reif: Aufgrund des **Problems mit der Sepsis** *leiten wir* **Restharn** ab oder leiten nicht ab. **Das Konsil des Urologen** bestimmt.
4. Chefarzt: Problem mit der Sepsis ist gegeben. Restharn *führt* zur Sepsis. Oder **Prostata** *führt* zur Sepsis. Oder **Spinalkanal** *führt* zur Sepsis. Wenn es nicht am Restharn liegt, *löst* der **suprapubische Katheter** das Problem nicht.
5. Dr. Reif: Er wird und wird nicht *nach Hause geschickt*. Ich *bereite* die **Verlegung in die Reha** vor.
6. Chefarzt: Reha ist gut. **Wir** entlassen oder entlassen nicht.

Reflektierende Interpretation

Zu Beginn der Passage versucht auch Dr. Reif, ein „Wir" herzustellen, das eine starke sachliche Position hat, indem sie den Oberarzt und sich selbst als Fürsprecher des Auslotens therapeutischer Optionen präsentiert. Der Chefarzt stellt diesem „Wir" ein „Ich" entgegen: Die therapeutischen Optionen werden abgelehnt. Dabei wird dem Einholen der Konsile stattgegeben: Die gute ärztliche Praxis muss bejaht werden – auch wenn sie keine Konsequenzen hat. Man muss also offenlassen, ob der chirurgische Eingriff eine Option ist oder nicht und gleichzeitig ausschließen, dass er eine ist. Die Entscheidung zur Entlassung ist also eigentlich bereits getroffen, darf es zugleich jedoch nicht sein, weil die Expertise noch nicht abgeschöpft ist. Gleichzeitig darf der Patient nicht entlassen werden, weshalb die Reha hier bejaht wird, die eine Entlassung ohne Entlassung bedeutet.

Die Stationsärztin bringt die Stimmen ein, welche die Fortsetzung der Behandlung intonieren. Der Chefarzt mobilisiert dagegen immer wieder die Perspektive der Nichtintervention und der möglichen Entlassung – ohne diese jedoch durchzusetzen. Das Vorgehen bleibt damit im besten Sinne unentschieden. Weder werden therapeutische Maßnahmen ergriffen noch wird die Möglichkeit eingeräumt, aus den Konsilen Konsequenzen in Richtung einer weitergehenden therapeutischen Intervention zu ziehen. Doch es kommt auch nicht zu einer Entscheidung für eine Entlassung und den hiermit einhergehenden Abbruch der Therapie. Es bleibt beim Appell zur Entlassung, wie ebenso die Therapie Fiktion bleibt. Das Einrasten in die beiden „Nichtoptionen" geschieht im Konsens, es kommt nicht zum offenen Konflikt der Stimmen, sondern zu einem Arrangement, das beide Seiten im Imaginären belässt.

Auch hier wird die Suche nach dem funktionalen Zusammenhang von Problem und Bearbeitung auf mehrere Bezugsprobleme stoßen, die gleichzeitig „mitbearbeitet" werden. Angesichts einer unentscheidbaren Situation geht es vordergründig zunächst einmal darum, Zeit zu gewinnen. Dies verweist auf die typisch ärztliche Situation, auch dort Hilfe und Behandlung anbieten zu müssen, wo nicht mehr so recht etwas getan werden kann (eine Lösung für dieses Problem besteht dann einfach darin, den problematischen Patienten loszuwerden, ohne dass er medizinisch unversorgt bleibt).

Wie bereits angedeutet, lautet ein weiteres für die ärztliche Arbeit typisches Problem „Entscheiden unter Unsicherheit" (Fox 1957). Man könnte jetzt mit Blick auf die anstehende Diagnostik vermuten, dass die Ärzte eben nicht wissen, was Sache ist und deshalb so und nicht anders verfahren, also weitere Untersuchungen fahren, um dann zu einer qualifizierten therapeutischen Entscheidung zu gelangen. Allerdings deutet sich hier an, dass der erfahrene Chefarzt seinerseits davon ausgeht, dass das Einholen weiterer Expertisen an der Grundeinschätzung (heroische chirurgische Interventionen sind nicht angezeigt) nichts ändert. Für sich weiß er also bereits, was der Fall ist und agiert entsprechend nicht aus einer therapeutischen Unsicherheit heraus. Egal, was bei der Diagnostik herauskommt: Geschnitten wird nicht.

Hiermit ergibt sich ein weiteres Bezugsproblem, das allerdings erst im Fallvergleich sichtbar wird (Vogd 2004b): Im Akutkrankenhaus muss aufgrund seiner rechtlichen und ökonomischen Verfasstheit Diagnose und Therapie geschehen, ansonsten wird der Patientenaufenthalt nicht weiter finanziert. Man muss also auch hier etwas tun.

Um komplexe Lagerungen, wie sie etwa im modernen Krankenhaus auftreten, angemessen verstehen zu können, ist die Verschränkung unterschiedlicher Bezugsprobleme in den Blick zu nehmen. In diesem Fall ließe sich folgendes Arrangement vermuten: behandeln müssen, auch wenn keine Behandlung mehr möglich/indiziert/sinnvoll/lohnend ist. Dabei müssen auch die administrativ-ökonomischen Konditionen des Akutkrankenhauses in den Blick genommen werden, die zum Zweck der Diagnostik eine Verlängerung des Patientenaufenthalts erlauben – auch wenn dies eigentlich zur Entscheidungsfindung nicht mehr beiträgt. Diagnostik ermöglicht also administrativ wie auch professionell, die Möglichkeit zu behandeln, obwohl man nicht behandelt.

Als weiteres Bezugsproblem scheint hier die Hierarchie auf. Die Spitze – hier der Chefarzt – ist qua Position aufgefordert, kritische Entscheidungen zu treffen. Damit ist jedoch nicht die Komplexität aufgehoben, welche das vorliegende Problem unentscheidbar macht. Es verwundert deshalb kaum, dass Chefärzte der Zumutung, eindeutige Entscheidungen treffen zu müssen, ausweichen (was sich wiederum in der komparativen Analyse zeigt, vgl. Vogd 2004, S. 300 ff.). Denn die Hierarchie müsste hier scharfstellen, was sie nicht scharfstellen kann, nämlich, dass man eigentlich nichts tun kann/will.[10]

Im weiteren Verlauf treibt die Stationsärztin die Konsile und das Ausloten therapeutischer Möglichkeiten weiter voran. So bespricht sie eine mögliche Verlegung mit einem Kollegen aus der Neurologie:

> Dr. Reif: Soll ich ihn auf die Neurologie verlegen?
> Neurologe: Na, wäre auch nicht so ... na, ja, behandeln wir ja sonst auch eher konservativ ... wenn der jetzt antibiotikaresistent ist ... dann wäre es in seinem Alter vielleicht angemessener, heroisch heranzugehen ... dann im Universitätsklinikum X oder im Klinikum Y, bei Prof. X zum Beispiel.
> Dr. Reif: Dann aber auch mit der Kostenübernahme, ob das bei euch in der Neurologie nicht besser läuft?
> Neurologe: Das ist doch das Gleiche, auch bei uns wird die Kostenübernahme erst einmal abgelehnt und dann geht es in die Revision ...

---

[10] Der ein oder andere Arzt mag hier einwenden, dass man selbstverständlich etwas tun könne, dass die Kollegen nur nicht wüssten, was zu tun sei. Das mag im konkreten Fall stimmen, ändert jedoch nichts an dem Grundproblem, dass die Grenzen ärztlichen Handelns durch die Unsicherheit des Nichtwissens bzw. des Nichts-mehr-Machen-Könnens gegeben sind.

Dr. Reif: Jetzt auch mit den Angehörigen, ich kann den doch jetzt nicht so nach Hause schicken ...
Neurologe: Die Neurochirurgen, ob die ihn dann nehmen oder ob die den dann nicht erst [in die Rehaklinik X] ..., da würde ich ihn übrigens dann auch wiedersehen, bin dort auch konsiliarisch tätig ...
Dr. Reif: Jetzt aber die ganze Problematik, der hatte ein Sigmakarzinom ... und ob der entzündliche Prozess überhaupt von da rüber ... ob man da nicht erst mal eine Rektoskopie ... aber wenn ich dann erst mal weg (im Urlaub) bin, dann hat von den Kollegen für den keiner Verständnis. ...
Neurologe: Du, wenn wir den nach Hause schicken, ist der tot, das sehe ich jetzt genauso, also sollte man den dann doch erst mal zu den Neurochirurgen ... die haben auch MRT ... so was haben wir doch auf unserer Abteilung noch nicht einmal gesehen ...
Dr. Reif: Und wenn wir ihn dann doch erst mal zu Ihnen ...

Formulierende Interpretation
Ob man den Patienten nicht auf die Neurologie verlegen könne – dieser Frage weicht der Neurologe aus und weist darauf hin, dass in Anbetracht des Alters eine Operation vielleicht angemessener wäre. Das sei zwar riskant (heroisch) – aber so ließe sich das Problem umgehen, dass der Patient möglicherweise antibiotikaresistent ist. Hier, so Dr. Reif, sei jedoch die Kostenübernahme fraglich, die womöglich mit einer internen Verlegung auf die Neurologie leichter zu erreichen sei. Das sieht der Neurologe jedoch anders. Kostenübernahmen würden erst einmal abgelehnt. Doch nach Hause schicken könne man den Patienten nicht – da sind sich beide Ärzte einig. Also bliebe nur die Neurochirurgie oder die Reha. Der Neurologe weist darauf hin, dass er ihn in letzterer wiedersehen würde, da er in der betreffenden Klinik konsiliarisch tätig sei. Doch für Dr. Reif ist auch die Reha nicht unproblematisch, da man noch einiges bezüglich des Karzinoms abklären muss. Wenn sie jedoch im Urlaub sei, würde das niemand verstehen. Eine Entlassung ist auch für den Neurologen keine Option, da diese für den Patienten praktisch den Tod bedeute. So plädiert der Neurologe für eine Verlegung auf die Neurochirurgie – diese habe zudem ein MRT-Gerät; Dr. Reif wirft hingegen noch einmal die Möglichkeit der Verlegung auf die Neurologie auf.

Logische Kondensation
1. Dr. Reif: In die **Neurologie** *verlegen* oder nicht verlegen.
2. Neurologe: Verlegen und nicht verlegen. Die Neurologie ist auch „*konservativ*". Aufgrund des Alters „*heroisch*" handeln und nicht *heroisch* handeln. Heroische Handlung setzt Universitätsklinikum oder andere Klinik voraus.
3. Dr. Reif: **Kostenübernahme** *leichter und nicht leichter* in der Neurologie.

4. Neurologe: Kostenübernahme wird *abgelehnt* und dann abgelehnt oder nicht abgelehnt.
5. Dr. Reif: **Angehörige**. Ich schicke ihn nach Hause und schicke ihn nicht nach Hause.
6. Neurologe: **Neurochirurgie** nimmt ihn oder nimmt ihn nicht. In die **Reha** oder nicht in die Reha. In der Reha bin **ich (Neurologe)** Konsiliararzt und sehe ihn, wenn er dort ist.
7. Dr. Reif: **Sigmakarzinom**. **Entzündung** rüber oder nicht rüber. **Rektoskopie** oder nicht Rektoskopie. Wenn **ich (Reif)** im Urlaub bin, ist niemand da, der *Verständnis hat.*
8. Neurologe: Wenn **wir (Neurologe & Reif)** ihn *nach Hause schicken,* ist er *tot*. Ich *habe dieselbe* **Meinung** wie Sie. Wir schicken ihn auf die Neurochirurgie und schicken ihn nicht auf die Neurochirurgie. Die Neurochirurgen haben ein MRT, wir nicht.
9. Dr. Reif: Wir *verlegen* oder verlegen nicht zu Ihnen.

Reflektierende Interpretation
In der obigen Passage werden 2 Dimensionen deutlich, die bislang eher implizit mitgeschwungen sind. Zum einen ist es die Frage der Kostenübernahme: Der Patient ist auch ein ökonomisches Problem. Wenn man ihn jedoch nicht behandeln kann (was auf der Inneren der Fall ist), kann man auch nichts abrechnen. Doch auch dies führt nicht im Sinne einer eindeutigen Kausalität zu einer Entscheidung. Vielmehr erscheint das Ökonomische seinerseits als ein weiterer Kontingenzfaktor: Es öffnet Möglichkeitsräume, indem es Optionen als realisierbar erscheinen lässt und schränkt sie ein, führt aber nicht zu einer zwingenden Notwendigkeit. Im Fall Spondel erscheint das Ökonomische damit als weiterer Faktor, der auf Ambivalenz und nicht auf Eindeutigkeit einzahlt.

Daneben wird hier zum ersten Mal die Möglichkeit des Todes des Patienten thematisiert. Diese blieb bislang unausgesprochen. Unter dem Vorzeichen des Abwartens und der Nichtintervention hätte man auch die Hoffnung auf Besserung verstehen können.

Zusammengenommen läuft auch dieses Gespräch auf Nichtentscheidungen hinaus. Als einzige Option, in die sich eindeutig einrasten lässt, bleibt die stationäre Rehaeinrichtung im Raum stehen. Gerade die Bemerkung des Neurologen, dass er dort auch Konsiliararzt sei, macht dabei noch einmal deutlich, was es mit dieser Option auf sich hat: Sie ist eben die Option, die therapeutisch und diagnostisch keine ist. Das Konsil wird hier zur metaphorischen Verdichtung einer ärztlichen Tätigkeit, die angesichts der Hilflosigkeit des Nicht-Machen-Könnens trotzdem die Kontinuität des Medizinischen aufrechterhalten möchte.

Die Bemerkung des Neurologen läuft so betrachtet auf das Versprechen hinaus, das gleichzeitige Nichtmachen und Machen, welches gewissermaßen die gesamte Tätigkeit der Ärzte in diesem Fall auszeichnet, auch nach der Entlassung fortzusetzen. Hier zeigt sich auch, wie eigentlich unzureichend die Entlassung in die Reha aus Perspektive einer professionellen ärztlichen Rationalität ist. Denn letztlich bedeutet sie das Eingeständnis, dass man nichts mehr machen kann. Die ökonomische Rationalität eines Akutkrankenhauses schließt selbst die Option aus, den Patienten auf Station sterben zu lassen. Man gibt die Verantwortung ab.

Doch gerade diese will auch der Neurologe nicht übernehmen – aber sich eben auch nicht aus der Affäre ziehen, wie am Ende deutlich wird. Er bescheidet sich damit, Dr. Reif in ihrer ablehnenden Haltung gegenüber einer möglichen Entlassung zu bestärken und auf diese Weise ein „Wir" zu proklamieren, indem die Ärzte gemeinsam gegen den Tod des Patienten arbeiten. Dieses „Wir" wird praktisch nicht enaktiert (was im Hinblick auf die Organisationsstruktur auch gar nicht geht, da der Patient entweder auf der Inneren oder der Neurologie liegen muss). Somit bleiben Dr. Reif und der Neurologe gleichzeitig „Ich" & „Sie" wie auch „Wir". Dr. Reif muss mit ihrer Betriebsamkeit fortfahren, während der Neurologe ihr versichert, dass dies genau das Richtige sei, ohne das Dilemma jedoch auflösen zu können. Das Problem bleibt auf verschiedene Positionen im Team verteilt, was erlaubt, es affirmativ im „Wir" zu bearbeiten und in der konkreten Verantwortlichkeit („Ich" & „Sie") – da unlösbar – zurückzuweisen.

Alles läuft so wieder auf die Reha hinaus – wäre da nicht die Option der MRT-Untersuchung, die der Neurologe ins Spiel gebracht hatte. Doch ob sich diese realisieren lässt, hängt an den Neurochirurgen, ist also wieder nicht aus der Situation heraus kontrollier- und entscheidbar.

Letztlich bleibt Frau Dr. Reif nichts anderes übrig, als an Dr. Schmidt, ihre Urlaubsvertretung, zu übergeben:

Dr. Reif: Herr Spondel, eine große Diskussion ... der Chef sagt entlassen, das kann man zu Hause machen ... ich denke an eine gerontologische Station ... gestern habe ich dann die Bilder nach [Universitätsklinikum X] gegeben ... neurologische ... oder gerontologische oder die Frührehabilitation ... das kann ich aber jetzt noch nicht entscheiden. Wenn die dann im [Universitätsklinikum X] sagen „der ist operationswürdig" ... der Assistent gestern sagte „nein, das werden wir sicher nicht machen" ... und jetzt warte ich darauf, was die sagen ... wenn die in [Universitätsklinikum X] ja sagen und der Chef sagt ja, dann sind wir unsere Sorgen los ... wenn die Neurochirurgen sagen: „wir nehmen den nicht", dann würde ich den in die Mauritius-Klinik geben ... dann ist noch Herr Dr. L. (der Neurologe) ... da gewesen ... könnte dann auch durch den Darm infiltriert ... ob das jetzt nur Narben sind ... oder eine Fistel, das weiß man nicht ... die Neurochirurgen sagen dann „eine Zwei-Höhlen-Operation, das können wir bei dem alten Mann nicht machen", doch ob das wirk-

5.2 Prozessorientierte Rekonstruktionen

lich von da kommt, weiß man auch nicht so genau ... sagen die Neurochirurgen „da müsste man ein MRT, um das mit dem Filtrat abzuklären", da habe ich gesagt „Sie haben doch eins, dann nehmen Sie ihn doch."
Stationsarzt Schmidt: Da haben Sie ja wirklich alles versucht.
Dr. Reif: Der Chef sagt, man solle ihn nach Hause, aber ich würde ihn jetzt doch gerne versorgt haben.
[... einige andere Patienten werden besprochen]
Dr. Reif (zu Herrn Schmidt): Der Schwarz [Oberarzt der Station, zurzeit in Urlaub] ignoriert das mit dem Restharn bei Herrn Spondel. Herr Heimbach [der stellvertretende Oberarzt] meinte dann schon, dass man da was tun müsste ...

Formulierende Interpretation

Es habe eine große Diskussion um Herrn Spondel gegeben, so Dr. Reif. Während der Chefarzt ihn nach Hause entlassen wollte, sei sie für eine Überweisung auf eine gerontologische oder neurologische Station oder für eine Reha gewesen. Ausstehend sei noch das Urteil der Neurochirurgie des Uniklinikums. Der Assistent sagte, dass man das nicht machen werde. Wenn die Verantwortlichen des Uniklinikums aber sagten, sie würden es machen und der Chefarzt auch einverstanden sei, hätte man den Fall Spondel gelöst. Die Urologie optierte hingegen für Alpha-Blocker und einen suprapubischen Katheter. Dr. Reif würde jedoch die Operation bevorzugen, um Herrn Spondel dann wieder zurückzunehmen, da er danach 4 Wochen betreut werden müsse. Sollte die Uniklinik hingegen Herrn Spondel ablehnen, dann wäre eine Entlassung in die Reha die nächste Option. Der Neurologe habe keine klare Diagnose stellen können. Es könne eine Fistel sein oder Narben. Vielleicht sei auch der Darm beteiligt. Eine „Zwei-Höhlen-OP" käme für die Neurochirurgen nicht infrage. Diese forderten daher eine diagnostische Abklärung mit einem MRT, bevor sie ihn nähmen. Doch das MRT gibt es nur bei den Neurochirurgen.[11]

Dr. Schmidt: „Da haben Sie ja wirklich alles versucht."

Dr. Reif wolle ihn nicht entlassen, sondern die Behandlung fortsetzten. Der zurzeit im Urlaub weilende Oberarzt ignoriere das Problem, ähnlich wie der Chef. Der Stellvertreter teile jedoch ihre Meinung.

---

[11] Der Fall wurde im Jahr 2002 erhoben, wo die Magnetresonanztomografie (MRT) noch nicht weit verbreitet und ein kostspieliges diagnostisches Verfahren darstellte, das üblicherweise den Universitätskliniken vorbehalten war.

Logische Kondensation
1. Dr. Reif: Spondel. **Große Diskussion.**
2. Dr. Reif: **Chef** *spricht sich für* die **Entlassung** aus, **ich** *mich für die* **Behandlung. Neurologie, Gerontologie** oder **Rehabilitation.**
3. Die **Neurochirurgen** *beurteilen* die **Bilder. Assistent** sagt, *wir nehmen ihn nicht.* Sie nehmen ihn oder nehmen ihn nicht. Wenn sie ihn nehmen und der Chef einverstanden ist, ist die Diskussion beendet. Wenn sie ihn nicht nehmen, *schicken* wir Spondel in die **Reha** (Mauritius-Klinik).
4. **Neurologe.** Eine **Diagnose** und keine Diagnose. **Fistel** oder **Narbe. Darmbeteiligung** und keine **Darmbeteiligung.** Wenn wir ein **MRT** machen, haben wir eine klare Diagnose. Die Uniklinik fordert ein MRT. Wir haben keinen MRT. Die Uniklinik hat einen MRT. Wenn das MRT eine Darmbeteiligung zeigt, nimmt die Uniklinik ihn nicht.
5. Die *nehmen ihn* und nehmen ihn nicht.
6. Dr. Schmidt: Sie haben **alles** *getan* und nicht getan.
7. Dr. Reif: Der Chef ist der Meinung, man soll entlassen. Ich bin der Meinung, dass wir behandeln.
8. Oberarzt Schwarz ignoriert den **Restharn. Oberarzt Heimbach** ist *der Meinung,* dass **Handlungsbedarf** besteht.

Methodische Bemerkung

An der Kondensation von „Da haben Sie ja wirklich alles versucht" zu „Sie haben alles getan und nicht getan" wird exemplarisch deutlich, dass die logische Kondensation ein Zwischenschritt zwischen immanenter und reflektierender Interpretation ist. Es scheint nahezuliegen, „versuchen" auch als „versuchen" in die logische Kondensation zu übernehmen. Dies würde aber die Reflexionsleistung unterschlagen, die das Verb mit sich führt. Versuchen meint immer die Faktizität des Scheiterns, impliziert mithin das Nichtgelingen. Die Welt wird also verdoppelt in eine faktische und eine kontrafaktische. Diese Verdoppelung gilt es, in der logischen Kondensation mitzuführen. ◄

Reflektierende Interpretation
Der Bericht von Dr. Reif zeigt noch einmal wie verfahren die Situation ist. Da niemand eine aussichtsreiche Möglichkeit sieht, ist die Verlegung schwierig. Keine andere Abteilung oder Klinik (bis auf die Reha) möchte den Patienten übernehmen. Weiterhin bleibt die Situation unbestimmt. Sie bleibt jene „große

Diskussion", die Dr. Reif benennt. Diese läuft unter dem Vorzeichen ärztlicher Professionalität: Man validiert sich wechselseitig darin, dass es gilt, „alles zu versuchen." Was alles ist, bleibt jedoch völlig unbestimmt. Unterschiedliche organisationale und fachliche Einschränkungen arbeiten sich aneinander ab. Der Chef hat zwar seine Präferenzen. Eine klare Weisung gibt er allerdings nicht. Dr. Reif hat ihre Vorstellungen, die sie jedoch nicht voll gegen den Chef durchsetzen kann. So werden weiterhin Möglichkeiten eröffnet, von denen unklar ist, ob sie therapeutisch opportun sind oder überhaupt realisiert werden können. Die ärztliche Praxis stellt sich hier als ein Abarbeiten einzelner Trajektorien heraus, an deren Regeln man gebunden ist. Man muss eben abwarten, was die Uniklinik sagt. Der Chef kann ein ärztlich gebotenes Konsil schlecht verbieten, und sollte die Uniklinik dann doch wider Erwarten einer OP zustimmen, kann diese auch nicht so recht gegen den Willen der behandelnden Ärztin (und unter Umständen gegen den Willen der Angehörigen) unterbunden werden. Außerdem könnte man den Patienten dann verlegen und wäre ihn los.

Jede Trajektorie lässt hier also unterschiedliche Möglichkeiten zu („heroische" oder „konservative" Behandlung, MRT oder kein MRT, Konsil oder kein Konsil). Wird sie jedoch mit anderen Positionen in anderen Räumen verschränkt, so kann eine Option schnell konkret und handlungsinstruierend werden. Die Bestimmung findet aber damit immer erst in einem solchen Prozess der Verschränkung statt, also wenn therapeutische Optionen mit konsiliarischen Meinungen oder Hierarchien verbunden werden oder die Frage nach einem diagnostischen Verfahren unter Einbezug der Patienten und Angehörigen in einen nun irreversibel bestimmten Pfad einrastet.

Methodische Bemerkung

Man könnte an dieser Stelle auf die Idee kommen, organisationale Positionen mit bestimmten Stimmen in Verbindung zu setzen – etwa, dass Stationsärzte eher die Weiterbehandlung präferieren, leitende Ärzte mehr für die Entlassung sind und konsiliarische Ärzte eine indifferente Position einnehmen. Dies hat eine gewisse Plausibilität und mag in vielen Fällen auch zutreffen, darf aber nicht dazu verleiten, das formale Rollengefüge absolut zu setzen. Komparative Analysen könnten ggf. zeigen, dass in Fällen, in denen etwa der Stationsarzt oder Chefarzt sich vermeintlich „rollenwidrig" verhält (beispielsweise, wenn von diesen nur noch ökonomische Rationalitäten explizit vertreten werden), die anderen Stimmen nicht einfach verschwinden, sondern dann an anderer Position artikuliert werden. Die Inkommensurabilitäten und Widersprüche – also die Polyphonie – einer Organisation wie dem Krankenhaus hören nicht dadurch auf zu existieren, dass sie nicht an den Stellen, wo man es zunächst erwartet, artikuliert werden.[12] ◄

Genau letzteres geschieht, als Dr. Reif in einer gemeinsamen Visite mit Dr. Schmidt die Option des MRT in Gegenwart des Patienten anspricht. Die bisher noch nicht beschlossene Durchführung der teuren bildgebenden Diagnostik durch ein MRT bekommt in der Visite nun den Status einer medizinischen Notwendigkeit verliehen. Dies geschieht hier als performativer Akt: Indem der diagnostische Bedarf vor Herrn Spondel persönlich konstatiert wird, wird der Patient – hierdurch gleichsam als Zeuge ermächtigt – in die Lage versetzt, jederzeit die von der Stationsärztin offensichtlich für notwendig erachtete Maßnahme einfordern zu können.

Im Anschluss ergibt sich auf dem Flur noch ein Gespräch mit den Angehörigen, die Herrn Spondel häufig besuchen.

> Stationsarzt Schmidt (berichtet): ... [Universitätsklinikum X] ... Neurochirurgie ... oder dann wie Frau Dr. Reif vorschlägt, eine Rehaklinik wie das Mauritius ... dann das Problem mit der Blase ... könnte man mit einem Medikament die Prostata oder dann den Katheter ... ist das Problem, bei Körpertemperatur entwickeln sich die Keime [in der Blase].
> Mann: Ich habe das Gefühl, dass er abgeschoben wird.
> Stationsarzt Schmidt: Nein, das ist nicht so, auch in so einem Haus wie in dem Mauritius wird regelmäßig Blut abgenommen und kontrolliert ... nur hier ist dann bloß ein Akutkrankenhaus, die Schwestern haben hier gar nicht die Zeit, intensiv was mit ihm zu machen ...

Formulierende Interpretation
Die Neurochirurgie sei eine Möglichkeit oder aber auch eine Rehaklinik. Noch immer bestünde die Gefahr der Sepsis, so Herr Schmidt. Er habe das „Gefühl", dass Herr Spondel „abgeschoben" würde, erwidert der Angehörige. Das aber verneint der Arzt. In der Reha würde er sogar besser betreut werden können als

---

[12] Dies wird dann beispielsweise dann auch in der Studie *Entscheidungsfindung im Krankenhausmanagement* (Vogd et al. 2017) deutlich. Gemeinnützige, kirchliche, von öffentlicher Trägerschaft oder privat geführte Krankenhäuser haben dann doch recht ähnliche Probleme, da sich die Entscheidungen des Managements nicht eindimensional an nur einem Werthorizont orientieren können, also nolens volens Polykontexturalität reflektieren und mit abarbeiten müssen.

hier, da dies ein Akutkrankenhaus sei, in dem die Schwestern nicht die nötigen Ressourcen hätten.

Logische Kondensation
1. Stationsarzt Schmidt: **Neurochirurgie** oder **Rehaklinikum**. Die **Blase** ist *problematisch,* da sich bei **Körpertemperatur Keime** *entwickeln.* **Katheter** oder **Medikation** sind eine **Option**.
2. Angehöriger: „**Ich** habe das **Gefühl**, dass er *abgeschoben* wird."
3. Stationsarzt Schmidt: Er wird nicht abgeschoben. In einem **Akutkrankenhaus** haben die Schwestern keine **Zeit,** den Patienten *zu betreuen.* In einer Rehaklinik wird regelmäßig kontrolliert und Blut abgenommen.

Reflektierende Interpretation
Die weiteren Möglichkeiten der Behandlung werden dem Angehörigen mitgeteilt und die Option der Rehaklinik von letzterem klar als das erkannt, was sie ist: Die Simulation einer Behandlung. Doch selbst hier bleibt das Rollengefüge gewahrt. Der Angehörige äußert ein „Gefühl", also eine Instanz, die von ihm selbst unterschieden ist. Er sagt nicht „Herr Spondel wird abgeschoben." Oder: „Sie schieben Herrn Spondel ab." So ist es dem Angehörigen auf der einen Seite möglich, seine Sorgen zu äußern und seiner Verpflichtung als Verwandtem nachzukommen. Auf der anderen Seite kann sich gemeinsam darauf einigen, dass das Gefühl als Gefühl zwar seine Berechtigung hat. Auf Ebene der Tatsachen wird die Proposition also negiert. Dennoch räumt der Stationsarzt implizit ein, dass die Reha das Ende der Behandlung bedeutet. Was nicht sein darf, kann nicht sein. Nämlich, dass der Patient von den Ärzten entlassen wird, da sie nichts mehr tun können. Dennoch ist es der Fall und die beste Möglichkeit. Die obige Passage verschränkt entsprechend Ablehnung und Annahme, Bejahung und Verneinung der Unmöglichkeit weiterer Behandlung sowie des „Abschiebens" in die Reha.

Methodische Bemerkung

Eine andere Untersuchung könnte sich an dieser Stelle auch mit dem polykontexturalen Gewebe der Angehörigenposition beschäftigen. Damit würde deutlich werden, dass letztere nicht unabhängig von äußeren Einflüssen besteht, sondern ebenfalls das Ergebnis einer konditionierten Koproduktion anderer Positionen und der mit ihnen verbundenen Operationen darstellt. In diesem Fall liegt etwa der Verdacht nahe, dass der Angehörige zwar prinzipiell gegen das „Abschieben" ist (oder sein muss), die Option eines Kampfes gegen die Klinik jedoch scheut. Die Gründe können hierfür vielschichtig sein.

In diesem Fall ist es die von Dr. Reif aufgebrachte Alternative des CT, die Ambivalenzen einführt. Andere Ärzte mögen hier geglättete, der Ambivalenz bereinigte Versionen der Fallproblematik vorlegen, um keine Angriffsfläche zu bieten. Warum dieser Stationsarzt anders handelt, könnte wiederum ein interessanter Forschungsgegenstand sein. Denkbar wäre etwa, dass er sich in besonderer Weise verpflichtet fühlt, ehrlich zu kommunizieren (was immer das auch sein mag), da dies als „wesenhaft" ärztliche Aufgabe an ihn herangetragen worden ist und er keine andere Form gefunden hat, medizinethische, rechtliche und partizipative Ansprüche in Einklang zu bringen. Von diesem Punkt entfaltet sich – gleichsam in die Fläche des polykontexturalen Gewebes – ein ganzes Universum sozialer (und gesellschaftlicher) Bezüge, das dann wieder durch den Beobachter mir einer spezifischen Fragestellung eingeschränkt werden muss. ◄

Einen kurzzeitigen Ausweg aus dieser Situation des Nichts-Machen-Könnens bietet die Chance, ein MRT in einer externen radiologischen Praxis machen zu lassen und auf diese Weise noch einmal in die Diagnostik einzusteigen:

> Dr. Reif (zum Beobachter): Wir hatten ja gedacht, das mit dem Wirbelkörper, wenn sich das jetzt so schnell in 2 Monaten entwickelt hat, dann muss das jetzt was Entzündliches sein, die meinen aber jetzt, dass das eher was Tumoröses sein kann. Die Geschwindigkeit spricht dann eher dafür. Allerdings dachten wir, bei einem Tumor müsste der Verlauf ja jetzt weitergehen und nicht stoppen wie jetzt ... da meinten die [Neurologen] „na ja". Jetzt sollte dann ein MRT gemacht werden, Dienstag, in einer Praxis in der Nähe vom [Straße K]. Jetzt meint der aber, es dürfte kein Metall im Körper sein und Herr Spondel meinte dann, dass da noch Granatsplitter seien ... jetzt müssen wir noch röntgen, um die Granatsplitter aufzuspüren. ... Im [Klinikum X] meinten die dann noch: Wenn das MRT nichts aussagt, dann müssen wir doch die „offene Punktion" machen, auch wenn wir jetzt dann auch nicht operativ drangehen würden, aber jetzt zur diagnostischen Abklärung ... man vielleicht noch bestrahlen. Wir hatten dann ja eine CT-gestützte Punktion durchgeführt, aber da hatten wir dann weder Bakterien noch was Tumoröses gesehen ... die Neurochirurgen meinten aber hierzu, dass man den Tumor bei einer CT-gestützten Punktion oft nicht sieht, dann müsse man doch die offene durchführen. ... das ist dann wirklich ein spannender Fall ... die Sache mit der Blase ist ja immer noch nicht abgeklärt, ist das jetzt eine Polyneuropathie aufgrund des Zuckers, wegen dem engen Spinalkanal, oder kommt die Restharnbildung jetzt von der Prostata?

Formulierende Interpretation
Zunächst habe man aufgrund des schnellen Verlaufs angenommen, dass das Problem mit dem Wirbelkörper ein entzündlicher Prozess sein müsse. Doch jetzt gingen die Neurologen davon aus, dass es ebenfalls ein Tumor sein könne. Doch da der Verlauf gerade stocke, sei die Situation unklar und müsse mittels MRT geklärt werden. Allerdings habe Herr Spondel noch Granatsplitter im Körper, die man zunächst mittels Röntgen finden müsse. Wenn dann auch das MRT kein Resultat bringe, müsse man „offen punktieren". Sei es ein Tumor, könne man bestrahlen. Die CT-gestützte Punktion habe keine Resultate erbracht. Doch nach Meinung der Neurologen sähe man den Tumor im CT häufig nicht und müsse dann offen punktieren. Das sei nun wirklich „ein spannender Fall". Es gelte herauszufinden, ob die Blasenprobleme vom Zucker, dem Spinalkanal oder der Prostata kommen.

Logische Kondensation
1. **Wir** haben und *haben nicht* die **Meinung,** dass es ein **Entzündungsprozess** ist. Ein **schneller Verlauf** bedeutet Entzündung.
2. **Neurologen** sagen: Es ist ein **Tumor** oder kein Tumor. **Wir** *denken* und denken nicht, dass bei einem Tumor der **Verlauf** weitergehen muss. Die sagen, bei einem Tumor kann der Verlauf auch anhalten.
3. Daher **MRT.**
4. MRT nur, wenn kein **Metall im Körper.** Wenn Metall, dann röntgen.
5. Wenn das MRT keine Bestimmung zulässt, dann nicht operieren, aber eine **offene Punktion** zwecks **Diagnostik.**
6. Wenn Tumor, dann *bestrahlen* und nicht bestrahlen.
7. **CT-gestützte Punktion.** CT-gestützte Punktion zeigt kein Tumorgewebe und keine Bakterien. Und die Neurochirurgen sagen, dass man den Tumor im CT in vielen Fällen nicht sieht.
8. **Spannender Fall: Zucker** oder **Prostata** oder **Spinalkanal** *Grund* für **Restharnbildung.**

Reflektierende Interpretation
Die Konklusion stellt in dieser Passage den Schlüssel dar: Herr Spondel ist ein „spannender Fall". Aus einem therapeutischen und administrativen Problem wird hier ein wissenschaftliches, eine Frage der Diagnostik. Es gilt herauszufinden, ob Herr Spondel eine Entzündung oder einen Tumor hat. Die Ärzte können etwas machen. Die therapeutischen Optionen freilich werden durch die Möglichkeit „Tumor" nicht unbedingt größer, da ein chirurgischer Eingriff ausgeschlossen ist und die Möglichkeit der Bestrahlung vage bleibt. Dr. Reifs Enthusiasmus gilt

hier nicht der Möglichkeit, Herrn Spondel vielleicht doch noch erfolgreich zu behandeln, sondern eben dem „spannenden Fall."

Das Ergebnis der 5 Tage später erfolgten MRT-Untersuchung[13] spricht für eine bakterielle Entzündung und gegen ein tumoröses Geschehen. Damit tritt zwar wieder die vorherige Ambivalenz ein – man möchte etwas tun, doch man kann nichts tun. Mit der abgeschlossenen Diagnostik hat sich jedoch die Konditionierung des Arrangements geändert. Im Akutkrankenhaus hat Diagnose und Therapie zu geschehen, ansonsten ist keine Finanzierung durch die Krankenkasse zu erwarten. Nach mehr als 6 Wochen ist eine weitere Verlängerung des Aufenthalts nicht mehr gerechtfertigt.

Man entschließt sich schließlich für die „konservative" Therapie und gegen die „heroische" Option. Der Patient bekommt Alpha-Blocker zur Verkleinerung der Prostata sowie Antibiotika gegen die Entzündung. Der Restharn soll weiterhin kontrolliert werden. Die Entlassung auf die Reha wird beschlossen. Dazu muss der Patient jedoch wieder ein wenig mobilisiert werden. Ansonsten droht die Hospitalisierung. Der Oberarzt entscheidet sich für ein Stützkorsett.

So bewegt sich denn alles auf eine Entlassung in eine Rehaklinik zu, die am folgenden Tag zwischen den Kollegen auf dem Gang diskutiert wird:

Stationsarzt Schmidt: Das andere ist jetzt mit dem Alpha-Blocker ... wenn das jetzt nicht anschlägt ...
Oberarzt: ... dann den suprapubischen Katheter.

---

[13] Bemerkenswert an dieser Stelle ist die Tatsache, dass die MRT-Untersuchung nun seitens der behandelnden Klinik selbst veranlasst wurde, wenngleich dies zuvor dem Universitätsklinikum vorbehalten schien, das über ein solches Gerät verfüge. Es wäre voreilig zu sagen, dass man das ambulante MRT ja vorher hätte veranlassen können, wenn man nur gewollt hätte. Vielmehr verweist die nun mögliche diagnostische Initiative auf ein verändertes Arrangement. Die externe Untersuchung ist für das Krankenhaus teuer und auch organisations- und verwaltungsmäßig ein zusätzlicher Aufwand, der normalerweise nur gerechtfertigt ist, wenn es aus diagnostischer oder therapeutischer Perspektive unbedingt notwendig erscheint. Während ein Haus, das über diese Technologie verfügt, es mal nebenher machen kann – weil man es eben kann –, ist hier buchstäblich der Hiatus zwischen 2 Organisationen zu überwinden. Für einen chronischen Patienten, dem eigentlich nicht mehr zu helfen ist, tut man das eigentlich nicht. Angesichts des sozialen Drucks, der mit dem Vorwurf formuliert wurde, den Patienten aufgegeben zu haben, ist dies jedoch wiederum möglich. Die soziale Erwartung lässt dann entgegen der medizinischen und ökonomischen Rationalität eine Diagnostik über die Organisationsgrenzen hinaus betreiben. Dass und wie dies geschieht, lässt sich wiederum nur über die Verschränkung unterschiedlicher Positionen bzw. der hiermit einhergehenden Perspektiven verstehen.

Stationsarzt Schmidt: Dann würde ich den dann auch gerne bald entlassen.
Stationsarzt Martin: Dann bloß wohin?
Oberarzt: Vielleicht sogar die Klinik Sonne.
Stationsarzt Boller: Aber da machen die internistisch doch gar nichts mehr.
Oberarzt: Die sind eher orthopädisch, aber das macht jetzt nichts oder ist sogar besser, denn das Krankheitsbild ist ja jetzt wirklich abgeklärt.
Stationsarzt Boller: Aber die sind doch die Teuersten. Dafür gibt es doch keine Genehmigung.
Oberarzt: Versuchen wir es dann und dann vielleicht ...
Stationsarzt Schmidt: Gut, erste Priorität ist dann Klinik Sonne, dann als zweite das Mauritius, werde ich mich drum kümmern.

Formulierende Interpretation
Man behandle nun mit dem Alpha-Blocker, so Stationsarzt Schmidt. Sollte dies nicht erfolgreich sein, so müsse man den suprapubischen Katheter legen, ergänzt der Oberarzt. Schmidt wiederum macht deutlich, dass er den Patienten bald entlassen wolle. In der weiteren Diskussion wird die Klinik Sonne als Möglichkeit aufgeworfen. Diese, so der Stationsarzt Boller, sei jedoch nicht internistisch orientiert. Darauf antwortet der Oberarzt, die orthopädische Ausrichtung sei nicht weiter schlimm, da die Diagnose abschließend geklärt sei. Boller wirft ein, dass das hohe Preisniveau vermutlich nicht von der Krankenkasse akzeptiert werde. Man müsse es probieren, entgegnet der Oberarzt. Alternative sei die Klinik Mauritius, so Schmidt.

Logische Kondensation
1. **Schmidt & Oberarzt:** Wenn der **Alpha-Blocker** nicht *wirkt*, dann **suprapubischer Katheter.**
2. **Schmidt: Ich** möchte ihn **entlassen.**
3. **Martin: Eine Klinik**
4. **Oberarzt: Klinik Sonne.**
5. **Stationsarzt Boller:** Sonne ist *nicht internistisch* und *am teuersten.*
6. **Oberarzt:** Die **orthopädische Ausrichtung** ist kein Problem, da die **Diagnose** *gestellt ist*. Orthopädie ist besser als internistisch.
7. **Oberarzt:** Die **Kosten** sind *genehmigt* oder nicht genehmigt.
8. **Stationsarzt Schmidt:** Wenn die Kosten nicht genehmigt sind, dann **Klinik Mauritius.**

Reflektierende Interpretation
Das Scheitern der gewählten Therapie wird von den Ärzten antizipiert und die Anlage des suprapubischen Katheters als letzte therapeutische Option avisiert. Als Kompensation für diese Situation erscheint das Bemühen um die Entlassung in die beste Klinik. Man zeigt, dass man eben doch „alles versucht" hat. Wenn es nicht klappt, dann liegt es an der Krankenkasse; die professionelle Ehre wird gerettet. Der Hinweis auf die fehlende internistische Ausrichtung der angedachten Klinik läuft insofern ins Leere, als dass allen Beteiligten klar ist, dass internistisch ohnehin nichts mehr gemacht werden kann. Entscheidend ist also auch hier weniger, dass der Patient geheilt wird, sondern dass man den Fall sowohl medizinisch wie auch administrativ korrekt abarbeiten und selbst im Fall des Scheiterns zeigen kann, dass man eben alles versucht hat. Die unterschiedlichen internen Positionen kollabieren, können hier also wieder im „Wir" der behandelnden Ärzte zusammenfinden – diesmal auch in einer geteilten organisatorischen Perspektive: Herr Spondel kann endlich entlassen werden.

Entlassung des Patienten
Der Fall Spondel nimmt entsprechend dieser Trajektorie seinen Verlauf. Dabei wird die „Entscheidung leichter", wie sich Dr. Schmidt ausdrückt, weil Herr Spondel die Option des suprapubischen Katheters ablehnt. Der Arztbrief wird geschrieben, mit einer expliziten Aufforderung zur Beobachtung des Restharns und zur Abklärung der Ursache. Damit wird Herr Spondel in die Rehaklinik entlassen.

Als Kommentar zum Arztbrief bemerkt die Stationsärztin dem Beobachter gegenüber, dass der Patient im Falle einer erneuten Urosepsis sterben würde und dass die Anlage eines suprapubischen Katheters schließlich doch nicht so ein großer Eingriff sei. Herr Spondels prekäre medizinische Lage besteht zum Zeitpunkt der Entlassung weiterhin fort.

In einer ersten oberflächlichen Analyse könnte man den Fall Spondel als ein Beispiel für die gerne zitierte Ökonomisierung der Krankenbehandlung halten (siehe etwa Schimank und Volkmann 2017) und den Kampf der Stationsärztin Reif als ein Aufbäumen gegen den administrativen Wunsch nach einer schnellen Entlassung. Tatsächlich zeigt sich in den Positionen der Stationsärztin Reif auf der einen und der Oberärzte wie auch insbesondere des Chefarztes auf der anderen Seite offenbar eine Gegenüberstellung einer eher administrativ geprägten Logik und einer ärztlichen Handlungsorientierung, deren Akzent auf den medizinischen Notwendigkeiten liegt. Eine solche Einschätzung wäre jedoch zu kurz gegriffen. Denn weder setzt sich die Klinikleitung gegen die Betriebsamkeit der Stationsärzte durch, noch kann davon ausgegangen werden, dass der

5.2 Prozessorientierte Rekonstruktionen

Fall Spondel besonders kostengünstig abgearbeitet wurde. Vielmehr wird viel Arbeits- und Liegezeit in einen Fall investiert, der von vornherein als weitgehend aussichtslos erscheint. Das bestätigt sich auch immer wieder in den zahllosen Konsilen und Debatten über therapeutische Optionen, die bestenfalls als lebensverlängernde Maßnahmen gelten können.

Auffällig ist dabei allerdings, dass der Patient selbst nur selten vorkommt. Zum einen fordert er ein MRT ein, nachdem der Stationsarzt ihn darauf aufmerksam gemacht hat. Hier wird deutlich, dass seine Position erst durch eine gezielte Anrede zustande kommt. Gleiches gilt für die Angehörigen. Erst indem sie durch die Ärzte in das Behandlungsdilemma involviert werden, kommen sie in die Position, die Abschiebung des Patienten zu beklagen (und ihr implizit zuzustimmen).

Aus der Perspektive der Organisation scheint Herr Spondel hierbei eher ein typischer Fall, in dem sich unterschiedliche Rationalitäten aneinander abarbeiten. Eine eigene Patientenposition, die zu den von den Ärzten benannten Optionen etwas Neues hinzufügt, tritt erst auf, als der Patient die letzte Behandlungsoption – die operative Anlage eines Blasenkatheters – verweigert. Die Behandlung von Herrn Spondel geschieht also im Wesentlichen ohne Konsultation von Herrn Spondel; nur der Ausstieg aus dem Behandlungsregime ist seiner Eigenaktivität zuzurechnen.

Darin wird schließlich deutlich, dass die Behandlung Herrn Spondels der Versuch ist, eine Lösung für ein primär ärztliches Problem zu finden, nämlich auch dort behandeln zu müssen, wo eigentlich nicht mehr behandelt werden kann; wie man am Beispiel des Angehörigen sieht, wird genau dies erwartet. Das Nicht-Behandeln-Können wirft die Ärzte auf eine Position zurück, die genau besehen keine ärztliche mehr ist. Denn auch wenn es die Möglichkeit der Überweisung auf die Palliativstation de facto gibt, ist die Aufgabe der Behandlung letztlich eine Entscheidung, die der Arzt nicht *als Arzt* treffen kann (auch wenn er sie als Thema aufbringen kann). Das Palliativkonsil und die „Änderung des Therapieziels" bedeuten eben immer auch ein ärztliches Scheitern. Eine solche Entscheidung würde folglich erfordern, dass Dr. Reif, der Oberarzt oder der Chefarzt für einen Moment den Modus der Behandlung, des Therapierens und Diagnostizierens – also des Machens – verlassen. Zudem muss man sich auch hier – gerade hier – sicher sein, dass sich eben nichts mehr machen lässt. Die sozialwissenschaftliche Beobachtung kann nur auf diesen Zusammenhang hinweisen. Ein Urteil über den Einzelfall kann nicht getroffen werden.

Entgegen dem ersten Eindruck wird hier also *trotz* der ökonomischen Restriktionen – (weder mit der Vielzahl an Konsilen noch mit der Erwägung chirurgischer Optionen oder dem MRT an der Uniklinik lässt sich Geld verdienen) – ohne Aussicht auf Erfolg weiter am Fall gearbeitet, also „futile medicine" (Schneiderman und Jecker 2011) betrieben. Auch die vermeintlich distanzierteren leitenden Ärzte kommen nicht umhin, weitere Untersuchungen durchführen zu lassen und sich immer wieder der Diskussion zu stellen, aus eigener Erfahrung wohl wissend, dass auch diese Bemühungen die medizinische Problematik kaum zum Besseren wenden werden. Auch sie sind an die Trajektorien gebunden, die sich aus ihrer eigenen Professionalität und dem administrativen Rahmen der Klinik ergeben.

Die Prozessrekonstruktion lässt damit die Besonderheiten des polykontexturalen Gewebes sichtbar werden, in dem die ärztliche Praxis eines Akutkrankenhauses sich abspielt. Der behandelnde Arzt bzw. die Ärztin steht im Knotenpunkt eines Bezugsproblems, das sich nicht lösen, sondern immer nur weiter verschieben lässt: nämlich gegen Krankheit, Leiden und Sterben angehen zu müssen. Die Bedingung der Möglichkeit ärztlicher Praxis besteht in den hiermit einhergehenden Ausdrucksformen menschlichen Leidens, die in organisierter, das heißt in rationalisierter wie auch finanzierter und rechtlich eingebetteter Form abgearbeitet werden. Die organisierte Krankenbehandlung selbst – und gerade nicht mangelnde Finanzierung – schafft damit die Bezugsprobleme, an denen sie sich (selbst wenn sie scheitert) abarbeiten muss, ohne dabei zu einem Ende zu gelangen. Letztlich hat die Ärztin nie genug für den Patienten getan, wird ihm immer etwas schuldig bleiben – und dann, insofern die ärztliche Position (die medizinische Kontextur) nicht verlassen wird, immer nur auf andere Stellen im Geflecht verweisen können, warum das, was eigentlich dann doch hätte getan werden müssen, nicht geleistet werden konnte.

So ist es denn in dem hier dokumentierten Fall letztlich der Patient selbst, der die Entscheidung des Behandlungsabbruchs trifft – zur großen Erleichterung der Ärzte. Man hat alles getan, was man als Arzt hat tun können. Die Frage, ob damit auch das zugrunde liegende Problem angemessen bearbeitet wurde, lässt sich wiederum nicht von einem Gottesaugenstandpunkt aus beantworten, sondern wird je nach Position im polykontexturalen Geflecht anders aussehen. Die Krankenkassen werden vielleicht Bauchschmerzen angesichts der sinnlos ausgegebenen Mittel bekommen, die Angehörigen umgekehrt beklagen, dass das Krankenhaus sich nicht weiter um den Patienten kümmert. Organisationssoziologen würden möglicherweise an der Rationalität des Prozesses zweifeln und der Patient ist vielleicht einfach nur froh, endlich dieses Krankenhaus zu verlassen. Das Rechnungswesen der Klinik wird nicht erfreut sein. Der Ethiker mag wiederum beklagen, dass der Patient nicht besser eingebunden worden ist oder dass man denn doch nicht alles getan habe (was freilich nicht nur die Frage aufwirft, was alles getan werden kann, sondern sich auch irgendwann mit dem Umstand konfrontieren lassen muss, dass alles nicht unbedingt besser ist).

Die Rekonstruktion der mit diesem Fall einhergehenden Verflechtungen lässt jedoch deutlich werden, dass sich dem Bezugsproblem kaum entkommen lässt. Das Dilemma, einen chronischen Patienten behandeln zu müssen, letztlich jedoch nicht behandeln zu können, bleibt bestehen und kann entsprechend nur von einem Arrangement zu einem anderen, strukturell ähnlichen Arrangement verschoben werden.[14] Auf diese Weise wird es zwar nicht gelöst, verschwindet aber wenigstens aus dem Blickfeld.

5.2.2 Prozesse als Entfaltung polykontexturaler Arrangements

Die Prozessanalyse lenkt das Augenmerk auf die Zeitlichkeit polykontexturaler Arrangements, indem sie die Dynamik aus sich aufbauenden Problemkonstellationen und deren Bearbeitung sichtbar werden lässt. Polykontexturale Arrangements werden also unter dem Aspekt ihrer Genese und Entfaltung beobachtet, sodass nachvollzogen werden kann, wie sich Problemkonstellationen aufbauen und wie sie bearbeitet werden. Hierdurch kommt in besonderer Weise in den Blick, wie sich Problemkonstellationen aufbauen, was dann weitere Bewegungen initiiert, die zunächst als Lösungen erscheinen, dann jedoch die Konstellation perpetuieren. Die Behandlung eines schwer erkrankten chronischen Patienten steht hierfür par excellence.

Auch wird in der Prozessanalyse deutlich, dass die funktionale Analyse mit der Mehrdimensionalität ihres Gegenstandes zu rechnen hat, wenn sie sich diesem in einer Weise nähern will, die seiner Komplexität gerecht wird. Es gibt nicht den einen Problemlösungszusammenhang. Vielmehr treten im zeitlichen Verlauf verschiedene Bezugsprobleme auf, die sich dann in unterschiedlicher Gewichtung miteinander verschränken und so die weitere Evolution des Falls zu einem sich selbst konditionierenden Arrangement bestimmen.

Hiermit ist nicht gesagt, dass polykontexturale Arrangements in jedem Fall in solch einem sich selbst reproduzierenden Eigenwert einrasten. Ebenso ist es denkbar, dass sie sich auflösen oder zu einem strukturell anders zu

---

[14] Bemerkenswerterweise wurde Herr Spondel zu einem späteren Zeitpunkt, an dem der Feldforscher wieder einmal auf der internistischen Station hospitierte, erneut in diese Klinik eingewiesen. Strukturell zeigt sich eine ähnliche Dynamik (Vogd 2007b).

beschreibenden Arrangement mutieren. Die polykontexturale Perspektive hat weder eine Präferenz für die Reproduktion noch für die Veränderung, weder für die Entstehung noch für den Erhalt oder die Auflösung von Mustern. Nichtsdestotrotz eignet sie sich in besonderem Maße, um zu verstehen, wie Strukturen, die – nicht zuletzt aus einer kritischen soziologischen Perspektive – doch offensichtlich problematisch erscheinen, so stabil sein können. Permanently Failing Organizations (Meyer und Zucker 1989), wiederkehrende Konfliktdynamiken und andere reformresistente soziale Gebilde (z. B. patriarchale Familienstrukturen) stellen deshalb gerade auch aus inhaltlichen Gründen dankbare Gegenstände einer Prozessanalyse dar, die mit besonderer Rücksicht auf die Mehrdimensionalität und Polyphonie unterschiedlicher Perspektiven, Interessen und Handlungslogiken untersucht, wie Relationen Relationen relationieren können, sodass stabile soziale Strukturen entstehen, die für die Betroffenen als unhintergehbare Existenziale erscheinen.

Der Begriff Existenzial ist hier jedoch nicht seinslogisch, sondern eher von der lateinischen Wortherkunft *existere* als „heraustreten", „herausbringen", „hervorkommen", „ins Leben treten" zu verstehen. Es ist die komplexe Situation, welche dann in unserem Beispiel die Ärztin und den Arzt im jeweiligen Knotenpunkt der durch die polykontexturalen Arrangements aufgeworfenen Dilemma stehend hervorbringt. Auf diese Weise nimmt die Situation für die einzelnen Personen die Form von Existenzialen an. Der Arzt ist in die Situation geworfen, behandeln zu müssen, unabhängig davon, ob dies entsprechend objektivierbarer Kriterien medizinisch, organisational oder finanziell möglich ist.[15]

Professionsethisch ist dies mit der Unabdingbarkeit des Klientelbezugs formuliert (siehe etwa Oevermann 2000). Mit Blick auf die Kontexturanalyse ist hier allerdings darauf hinzuweisen, dass das Gelingen der Praxis nicht positivsprachlich – etwa in einem Set von abzuarbeitenden Kriterien – vorab definiert werden, sondern sich nur als jeweils eigenständige schöpferische Lösung der Verbindung inkommensurabler Kontexturen *zeigen kann*. Der ethische Gewinn

---

[15] Im Sinne der bewährten Einsicht der Ethnomedizin heißt all dies zunächst nur, dass „Heilen die Ausgrenzung von Chaos darstellt" und hiermit „der ungeregelte krankheitsbedingte ‚Natur'zustand in einen ‚Kultur'zustand überführt und damit handhabbar gemacht" wird (Sich et al. 1995, S. 108). Kultur heißt dann auf sozialer Ebene einfach, dass man der Kontingenz des Krankheitsgeschehens, welches als kommunikatives Ereignis die sozialen Verhältnisse verstört, in einer vertrauten, sich selbst bestätigenden und plausibilisierenden Weise begegnen kann. Nicht mehr und nicht weniger.

ärztlicher Praxis liegt damit – entgegen technokratischer und administrativer Subsumsionslogiken – darin, kreative, gelungene, das heißt auch ästhetisch überzeugende Lösungen zu finden (Wittgenstein 1989, S. 10). Dies zeigt sich darin, wie situativ überzeugend die Transzendentalstruktur von Gegensätzen, von inkommensurablen Kontexturen, in das nächste Arrangement überschritten werden kann.[16]

Für das Selbst- und Weltverhältnis der Ärzte könnte dies aus einer ethnomedizinischen Perspektive bedeuten, dass – selbst wenn eine Krankheit im biomedizinischen Sinne nicht (mehr) therapiert werden kann – ein „Wissen darüber" erzeugt wird, „wie ein Krankheitsgefühl klassifiziert und benannt, wie das Leiden auch emotional ausgedrückt und wie ein bleibendes Leiden aufgrund kultureller Erfahrung gedeutet und integriert werden kann. Mag dies auch der einzige Moment bleiben, entfaltet es dennoch eine große Kraft, indem es das Leiden in eine sinnvolle Ordnung eingliedert und somit den Betroffenen verfügbar macht" (Sich et al. 1995, S. 108).

▶ **Trailer**
Prozessorientierte Rekonstruktionen bieten sich immer dann an, wenn die zeitliche Entwicklung eines Gegenstandes in den Blick genommen werden soll. Dabei ist im Sinne der polykontexturalen Perspektive davon auszugehen, dass der Gegenstand weder zu einem bestimmten Zeitpunkt noch über den Verlauf hinweg als mit sich selbst identisch betrachtet werden kann. Er ist mehrdeutig (was hier in der Frage zum Ausdruck kommt, ob und wie der Patient zu behandeln ist) und zeitigt unterschiedliche, teils auch widersprüchliche Operationen (etwa hier: Versuche, den Patienten zu behalten und loszuwerden). Die als Struktur erscheinenden Muster verdanken sich konkreten Operationen und erscheinen ihrerseits als Operatoren, die Prozesse in einer solchen Weise beeinflussen, dass veränderte oder ähnliche Strukturen entstehen.

---

[16] Da wir es bei Bezugsproblemen mit Arrangements zu tun haben, die niemals abschließend bearbeitet werden können, liegt es in der Natur der Sache, dass die jeweils gefundene Lösung nur temporär trägt und „ethische" Lösungen stets aufs Neue gefunden werden müssen.

Die Prozessanalyse zeigt auf, welche Probleme bestimmte Strukturen aufwerfen (etwa die medizinischen Behandlungsprimate eines Akutkrankenhauses) und wie diese bearbeitet werden. Oftmals wird dabei sichtbar, dass die Bearbeitung eines Bezugsproblems neue Probleme aufwirft, die dann ihrerseits bearbeitet werden müssen. Dabei können sich typische Formen der Organisation zeigen. Zugleich kann die wiederkehrende Typik auf die „Transzendentalstruktur" bzw. „Existenziale" einer bestimmten Berufspraxis verweisen (hier der Arztberuf), wodurch dann auch die Ge- und Misslingensbedingungen guter Praxis sichtbar werden.

5.3 Soziale Konstellationen

Während prozessorientierte Forschungszugänge sich für die Abfolge von Problemen und Lösungsversuchen sowie die hiermit einhergehenden Arrangements interessieren, lässt Polykontexturalität sich auch gleichsam „flächig" untersuchen und zugänglich machen. Das Erkenntnisinteresse liegt dann eher bei der weitgehend zeitstabilen Verschränkung von Beobachterpositionen. Methodisch bietet sich hier das Einzelinterview an, das zunächst analog zu unserem ersten Beispiel (dem Fall „Marion") ausgewertet, dann aber systematisch zu anderen Positionen in Beziehung gesetzt wird. Dabei ist weniger das Selbst- und Weltverhältnis der jeweils einzelnen Person von Interesse, als das Arrangement, das Muster, das sich zwischen den unterschiedlichen Positionen und Verhältnissen erkennen lässt.

Im Folgenden stellen wir ein Beispiel aus einer Studie über die Arbeit eines mitbestimmten Aufsichtsrats vor (Jansen 2013, 2015a). Im Vordergrund stand die Frage nach der Praxis der Zusammenarbeit zwischen Arbeitnehmer- und Anteilseignervertretern, also die Frage, wie die im Aktienrecht verankerte Mitbestimmung des Aufsichtsgremiums in der Entscheidungsfindung umgesetzt wird. Dabei wurden Aufsichtsräte von Unternehmen verglichen, die entweder im DAX30 oder im MDAX gelistet waren und deren Mitbestimmung entweder paritätisch oder gemäß dem Drittelbeteiligungsgesetz umgesetzt wird. Die Unternehmen stammten aus unterschiedlichen Branchen und entsprechend waren Vertreter sehr unterschiedlicher Gewerkschaften in den Aufsichtsräten anzutreffen. Auch auf der Seite der Anteilseigner zeigten sich recht unterschiedliche Strukturen, die von klassischem Streubesitz bis hin zur starken Präsenz einer Gründerfamilie oder einzelner Investoren reichten.

5.3 Soziale Konstellationen

Bei der im Folgenden vorgestellten Dortmunder Petrol handelt es sich um ein Unternehmen, das in der chemischen Industrie, der Pharmaindustrie wie auch im Rohstoffhandel tätig ist. Die Aufsichtspraxis, die wir in diesem Unternehmen beobachten konnten, ist insofern besonders – wenn vielleicht auch nicht einzigartig –, als die Entscheidungsfindung des Gremiums die in Aufsichtsräten üblicherweise handlungsleitende Differenz von Arbeit und Kapital unterläuft. Der Aufsichtsrat wird nicht anhand der Unterscheidung „Arbeitnehmervertreter" und „Anteilseignervertreter" geführt, sondern anhand der Differenz „Interne" und „Externe", was über eine straffe implizite Hierarchie abgesichert wird: Einige ehemalige Vorstände geben gemeinsam mit langgedienten Betriebsräten und Gewerkschaftsvertretern die Linie vor. Die anderen Mitglieder, also Arbeitnehmer- wie Anteilseignervertreter mit nachgeordneten Positionen, folgen.

Dieses Arrangement ist aus methodischen Gründen in zweierlei Hinsicht interessant. Zum einen zeigt es, wie ein gängiges Unterscheidungsschema, mit dem man sich einem Gegenstand üblicherweise nähert, von diesem durchbrochen werden kann. Nur weil man vorab annimmt (etwa nach Studium der einschlägigen Literatur zur Mitbestimmung), dass sich eine Praxis auf der Grundlage einer bestimmten Differenz entfaltet (in diesem Fall jene zwischen Arbeitnehmer- und Kapitalseite), heißt das noch lange nicht, dass dem auch so ist. Zum anderen lässt sich an dem vorliegenden Beispiel zeigen, dass eine geteilte Praxis keineswegs mit identischen Selbst- und Weltverhältnissen oder einer geteilten Situationseinschätzung einhergehen muss. Im Fall der Dortmunder Petrol verzahnen sich vielmehr unterschiedlichste Orientierungen und Positionierungen in einer raffinierten Weise miteinander.

Hieraus ergibt sich eine Praxis, die einige der externen Aufsichtsratsmitglieder nicht so recht verstehen, die sie aber dennoch mittragen, weil man eben macht, was der Vorsitzende sagt. Die Beweggründe mögen unterschiedlich sein – vielleicht hat der Vorsitzende das Mandat besorgt, vielleicht hängt der Platz auf der Gewerkschaftsliste von ihm ab, vielleicht macht man aber auch nur deshalb mit, weil das schon immer gut funktioniert hat und es längst zu einer Gewohnheit geworden ist oder weil man die fachliche Kompetenz der „Führung" hochschätzt.

Verglichen mit der in vielen Aufsichtsräten vorherrschenden Konfliktstellung zwischen Arbeitnehmer- und Anteilseignervertretung präsentiert sich der im Folgenden vorgestellte Fall als ein unwahrscheinliches und unerwartetes Arrangement, das stabil ist, sich aber gleichsam in „dünner Luft" befindet. Um es vorwegzunehmen: Es funktioniert, weil es von allen geteilt wird (insofern niemand opponiert) und nicht geteilt wird (insofern die Entscheidungspraxis bzw. die dieser zugrunde liegende Motivlage von vielen Beteiligten nicht so recht nachvollzogen wird).

Die Dortmunder Petrol ist auch insofern ein gutes Beispiel, als an ihr demonstriert werden kann, wie sich eine Analyse immer weiter in die „Fläche" treiben lässt. Ein Interview verweist auf das andere. Eine Position zieht weitere heran – und ehe man sich versieht, befindet man sich in einem komplexen Geflecht, in dem man sich leicht verlieren kann. Man muss also an einer bestimmten Stelle einen Schnitt setzen, und auf diese Weise weitere Positionen ausblenden, welche ihrerseits die Verhältnisse (mit-)konditionieren. Dieser Schnitt wurde hier durch die Forschungsfrage, die auf die Entscheidungsfindung im Aufsichtsrat abzielt, an den Grenzen des Aufsichtsrats gesetzt. Man hätte ihn selbstverständlich auch an anderer Stelle setzen und Aktionäre, Gewerkschaften, den Vorstand oder andere Positionen integrieren können.

Da die Interpretation recht umfangreich ist, wurde die folgende Analyse in 3 Teile untergliedert. Der erste Teil beschäftigt sich mit den Anteilseignervertretern, der zweite Teil mit den Arbeitnehmervertretern, der dritte Teil schließlich mit der Verzahnung der beiden Seiten.

5.3.1 Die Atmenden und die Anderen – Entscheidungsfindung im Aufsichtsrat der Dortmunder Petrol

In den meisten Aufsichtsräten funktioniert Mitbestimmung so, dass jede der beiden Seiten, oder „Bänke", in Bezug auf einen bestimmten Sachverhalt – zumeist eine Vorlage des Unternehmensvorstands – eine eigene Position formuliert. Diese Positionen werden dann zwischen den Spitzen der beiden Seiten verhandelt. Man kommt überein und tritt nach außen mit einer geteilten Meinung auf. Differenzen können dann noch symbolisch inszeniert werden (siehe etwa Jansen 2011, 2012), wobei offene Konflikte jedoch nur in eher seltenen Ausnahmefällen ausgetragen werden. Zwar ist institutionell durch die strukturelle Mehrheit der Anteilseignerseite abgesichert, dass die Arbeitnehmervertreter in einer Pattsituation stets überstimmt werden können, doch dies kommt in der Praxis kaum vor. Da ein offener Bruch zwischen Arbeitnehmern und Unternehmensführung nichts Gutes verheißt, wird letztere in der Regel bemüht sein, einen Gesichtsverlust der Arbeitnehmerseite zu vermeiden. Zumeist zieht man es daher vor, in informellen Gesprächen vorab eine Lösung zu finden, die für beide Seiten mehr oder weniger akzeptabel ist.

Dabei bleibt die Differenz zwischen Arbeit und Kapital allerdings sowohl sachlich als auch sozial erhalten. Die Kommunikation zwischen beiden Seiten findet praktisch nur über die Spitzen der beiden Gruppen statt, das heißt zwischen

5.3 Soziale Konstellationen

dem Aufsichtsratsvorsitzenden und dem Repräsentanten der Arbeitnehmerseite (der in der Praxis die Position des stellvertretenden Aufsichtsratsvorsitzenden innehat). Und auch die Zuständigkeiten bleiben oft zu einem gewissen Grad separat: So besteht häufig ein impliziter Konsens darüber, dass die Anteilseignervertreter für die wirtschaftliche Führung des Unternehmens zuständig sind. Die Arbeitnehmervertreter mischen sich in vielen Gremien nur dann ein, wenn sie ihre Interessen gefährdet sehen. Ist dies nicht der Fall, bleiben sie häufig indifferent und richten sich nach der Position der Vorstände und Anteilseignervertreter.

Diese klare Grundstruktur kann durch unterschiedliche Faktoren moduliert werden, etwa wenn Unternehmen strukturell und praktisch keine Tradition der Arbeitnehmervertretung ausgebildet haben (wie beispielsweise junge Finanzdienstleister, Start-ups, gründergeführte Gesellschaften oder einige Familienunternehmen). Hier stellen die gesetzlich vorgesehenen Arbeitnehmervertreter in manchen Fällen wenig mehr als freundliche Beisitzer oder Unterstützer der Unternehmensführung dar.

Im Fall der Dortmunder Petrol liegt die Sache jedoch anders. Das Unternehmen entstammt der Chemiebranche, die traditionell einen hohen gewerkschaftlichen Organisationsgrad aufweist. Eine einflussreiche Eigentümerfamilie gibt es nicht. Es handelt sich vielmehr um einen Konzern, der weitgehend in Streubesitz ist und somit auch keinen starken Einzelinvestor aufweist, was eigentlich die oben skizzierte erwähnte Praxis erwarten ließe. Die Rekonstruktion des Aufsichtsrats der Dortmunder Petrol zeigt jedoch ein ganz eigenes Bild.

Denn im Fall der Dortmunder Petrol ist es nicht so sehr der Unterschied zwischen Anteilseignervertretern und Arbeitnehmervertretern, welcher die Arbeit dieses Gremiums bestimmt. Vielmehr hat sich eine Differenz zwischen „internen" und „externen" Aufsichtsratsmitgliedern herausgebildet. Die „internen" Aufsichtsratsmitglieder (sowohl Arbeitnehmer- wie auch Anteilseignervertreter) sind schon lange mit dem Unternehmen vertraut. Sie haben den größten Teil ihrer Karriere als Manager in dem betreffenden Unternehmen (oder zumindest in der Branche) verbracht, verfügen als Betriebsräte über jahrzehntelange Betriebserfahrung oder sind als Gewerkschaftsvertreter seit ebenso langer Zeit mit dem Unternehmen in engem Kontakt. Sie kennen die Branche und die maßgeblichen Akteure. All dies mag zwar auch in vielen anderen Unternehmen der Fall sein. Bei der Dortmunder Petrol hat sich aus dieser Konstellation jedoch ein spezifischer eigener Raum gebildet, den man im Anschluss an Mannheim als „konjunktiven Erfahrungsraum" bezeichnen kann. Man kennt sich, man spricht dieselbe Sprache.

Dennoch verschwindet die Differenz zwischen Arbeitnehmer- und Anteilseignervertretern nicht. Zu prägend sind die kulturellen und materiellen Differenzen. Arbeitnehmer- und Anteilseignerseite, Arbeit und Kapital – diese Unterschiede können durch keine lokale Unternehmenskultur mit einer langen gewerkschaftlichen Tradition weggewischt werden. Sie müssen vielmehr unterlaufen werden. Es gilt, sie aufzunehmen und auf raffinierte Art und Weise neu zu interpretieren.

Aus diesem Grund orientieren wir uns in der folgenden Darstellung auch an den klassischen Unterschieden. Wir präsentieren zunächst die Anteilseignervertreter, dann die Arbeitnehmervertreter und rekonstruieren so, wie der Raum der „Internen" sich quasi als Parasit (Serres 1980) entwickelt und die klassische Differenz untertunnelt.

5.3.1.1 Die Anteilseignervertreter

Die Anteilseignervertreter zerfallen im Vergleich zu anderen Aufsichtsräten entlang einer eher unüblichen Grenze. Den „Internen" stehen die „Externen" gegenüber. Hier handelt es sich um branchenfremde Manager, um Vertreter von Banken oder vom Anlagenbau, um Logistiker und Kenner wichtiger Märkte. Alle kommen aus unterschiedlichen Branchen, haben im Hinblick auf die Dortmunder Petrol jedoch gemein, dass sie das Unternehmen nicht von innen kennen und mit der Branche nur am Rande vertraut sind. Man kommt 4-mal im Jahr zusammen, sitzt in einem Besprechungsraum, lässt sich die Bilanz vorstellen. Man telefoniert noch ein wenig. Doch das ist es auch schon gewesen.

Zu den „Externen" gehören darüber hinaus noch Arbeitnehmervertreter, die mit dem Unternehmen noch nicht so gut vertraut sind – oder zumindest nicht mit den Gepflogenheiten im Aufsichtsrat. Sie mögen ihr Mandat erst vor Kurzem angetreten haben, aus einem zugekauften Betrieb stammen oder als Gewerkschafter noch keine lange Geschichte mit dem Unternehmen haben. In jedem Fall gelten sie nicht als „Interne" – und haben damit nicht wirklich etwas zu sagen. Die „Externen" haben wenig Kontakt miteinander – besonders zwischen Anteilseigner- und Arbeitnehmervertretern besteht praktisch keiner.

Schauen wir auf die hiermit einhergehenden Konstellationen. Eine erste Perspektive finden wir im Interview mit dem Aufsichtsratsvorsitzenden:

Aufsichtsratsvorsitzender: Die Dortmunder Petrol hat ja eine lange Tradition. Wie sie derartige Posten [Aufsichtsratsvorsitze] besetzt. Und das fängt nicht mit dem Aufsichtsrat an, sondern das fängt schon ja viel früher an mit der Entwicklung von Führungskräften, die dann erstmal dahin gebracht werden, dass sie in den Vorstand kommen. Und äh aus dieser Vorstandsposition heraus ergibt sich dann

5.3 Soziale Konstellationen

logischerweise für ein oder zwei jeweils über die Generation äh die Verpflichtung, Aufgabe, Notwendigkeit, im Aufsichtsrat weiter tätig zu sein. (Räuspert sich) Warum? Weil ein Aufsichtsrat eines Unternehmens dieser Größe und Komplexität immer, ich würd' sagen, zwei Mitglieder aus dem Vorstand braucht, um mit Wissen funktionieren zu können. So und dann hängt es eben äh davon ab zu welchem Zeitpunkt scheidet von den bisherigen Teilnehmern jemand aus. Und das war in diesem Fall vorgeplant der [ehemalige Aufsichtsratsvorsitzende]. Und dann guckt man wer ist gerade aus dem Vorstand ausgeschieden, [Name, anonymisiert] Und dann ergab sich die logische Konsequenz, dass ich weitermache. So einfach ohne irgendwelche äh Geheimnisse äh und ... das ergibt sich dann aus der Funktion, die man hatte. Und aus der Notwendigkeit, eine Aufsichtsratsposition neu zu besetzen.

Formulierende Interpretation

Die Besetzung des Aufsichtsratsvorsitzes, so der Aufsichtsratsvorsitzende, müsse als Teil der Führungskräfteentwicklung begriffen werden, wie die Dortmunder Petrol sie seit Langem betreibe. Zunächst müsse man Vorstand werden; dann erst wechsele man in den Aufsichtsrat. Dieser Wechsel wiederum sei als Pflicht, als „Aufgabe, Notwendigkeit" zu verstehen, da das Unternehmen nur angemessen geführt werden könne, wenn mindestens 2 ehemalige Vorstände im Aufsichtsrat seien. Sonst fehle das Wissen, um der Komplexität eines solchen Unternehmens gerecht zu werden. Als er aus dem Vorstand ausgeschieden sei, sei eine Stelle im Aufsichtsrat vakant geworden. Es sei entsprechend die „logische Konsequenz", dass er „weitermacht", ohne dass es dabei „irgendwelche Geheimnisse" gebe.

Logische Kondensation
1. Die **Dortmunder Petrol** hat eine **Tradition** bei der Vergabe von Aufsichtsratsmandaten. Die Mandate werden als Schritt der **Führungskräfteentwicklung** gesehen. Nach dem **Vorstand** kommt der Aufsichtsrat.
2. Aus der Tradition folgt für einen Teil einer **Generation** von Vorstandsmitgliedern die Pflicht/Notwendigkeit/Aufgabe, Aufsichtsrat zu werden.
3. Aus der **Komplexität des Unternehmens** folgt, dass mindestens 2 Vorstände im Aufsichtsrat sein müssen. Nur Vorstände haben das erforderliche **Wissen,** mit der Komplexität umzugehen.
4. **Ich;** Weil ein Aufsichtsratsmandat frei wurde, als ich aus dem Vorstand ausschied, wurde ich Aufsichtsrat.
5. Das ist eine logische Konsequenz der Situation und meiner Funktion.
6. **Geheimnisse** gibt es nicht.

> **Methodische Bemerkung**
>
> Gerade in Passagen wie der obigen gilt es, die Einklammerung des Geltungscharakters zu betonen. Die Frage ist nicht so sehr, ob die „preußische" Pflichterfüllung, die der Aufsichtsratsvorsitzende hier für sich in Anspruch nimmt, nun tatsächlich seine Handlungen bestimmt oder die Motivation nicht eher in den mit dem Amt verbundenen Kapitalien liegt (wobei sich beides nicht ausschließt). Auch müssen wir hier keine Aussage darüber treffen, ob man tatsächlich ehemalige Vorstände im Aufsichtsrat braucht, um das Unternehmen verstehen zu können. Es geht nicht darum, ob sachlich zutrifft, was hier gesagt wird. Es geht vielmehr darum, wie die hier angelegten Unterscheidungen Ordnung in sinnhaften Zusammenhängen schaffen. ◄

Reflektierende Interpretation
Wie speziell das Arrangement des vorliegenden Falls ist, wird im Vergleich mit Aufsichtsräten anderer Unternehmen deutlich. Zwar spielt das Kriterium der unternehmerischen Erfahrung in jedem Aufsichtsrat eine wichtige Rolle, allerdings muss diese sich nicht notwendigerweise auf das zu beaufsichtigende Unternehmen selbst beziehen. „Unternehmerische Erfahrung" kann gerade auch bedeuten, das Unternehmen nicht zu kennen, weil man eben etwas anderes kennt, das allerdings hochgradig relevant ist – etwa den Finanzmarkt, Zulieferbetriebe oder Ähnliches. Es kann argumentiert werden, dass man ein Unternehmen dann besonders gut beaufsichtigen kann, wenn man einen unbefangenen Blick von außen mitbringt.

Diese Logik, die unterschiedliche Perspektiven und Kompetenzen zum Zweck der Kompetenzsteigerung bündelt und auf externe Blicke setzt, spielt bei der Dortmunder Petrol eine nachgeordnete Rolle. Die legitime Sprecherposition im Aufsichtsrat speist sich vorrangig aus der Vertrautheit des Vorsitzenden mit dem Unternehmen. Im Umkehrschluss heißt dies zum einen, dass Personen ohne die entsprechende Vertrautheit eine geringe Legitimität und Expertise haben. Zum anderen impliziert es, dass gut eingearbeitete Arbeitnehmervertreter eine wesentlich höhere Autorität haben können als externe Anteilseignervertreter, insofern davon auszugehen ist, dass sie das Unternehmen besser kennen.

Auffällig sind auch der Verweis auf die Tradition sowie die Betonung von Pflicht und Notwendigkeit. Der Aufsichtsratsvorsitzende präsentiert sich nicht als Einzelperson, der aufgrund bestimmter individueller Qualitäten ein Amt angetragen wurde, das sie dann aus einem persönlichen Interesse heraus angenommen hat. Er zeigt sich vielmehr als Exemplar einer Gruppe bzw.

Generation. Er betont das Nichtindividuelle und Kollektive, das dem Individuellen und Selbstgewählten gegenübersteht.

Zu dieser Betonung des Kollektiven gegenüber dem Individuellen passt auch die Aussage, dass die Besetzung der Aufsichtsratsposten „ohne irgendwelche Geheimnisse" geschehe. Der Hintergrund besteht mit hoher Wahrscheinlichkeit in den Diskussionen um eine Karenzzeit für Vorstände, die in den Aufsichtsrat wechseln, die zum Zeitpunkt der Erhebung gesetzlich verankert wurde. Begründet wurde diese Novelle durch den Verdacht, dass ehemalige Vorstände in der neuen Funktion als Überwacher ihre eigenen Fehlleistungen vertuschen könnten. Individuelle Eigeninteressen und Eitelkeiten sollen nicht die Kontrollfunktion des Aufsichtsrats korrumpieren.

Die Perspektive, die in den Ausführungen des Aufsichtsratsvorsitzenden zum Ausdruck kommt, steht in maximalem Kontrast zu jeglicher Unterstellung eigennutzenmaximierenden Verhaltens, das der Organisation schaden könnte. Vielmehr stellt er sich als ergebener Diener seines Kollektivs, als ein wohl sicherlich besonders gelungenes Produkt der Führungskräfteentwicklung seiner Firma dar und geht in seiner demonstrativen Identifikation mit dieser sogar so weit, die Differenz zwischen sich und der Firma auch auf der leiblichen Ebene aufzuheben:

> Interviewer: Genau. Aber welche persönlichen Gründe hatten Sie eigentlich, dieses Aufsichtsratsmandat dann auch zu übernehmen?
> Aufsichtsratsvorsitzender: Och Gott wissen Sie, wenn Sie [Anzahl] Jahre für ein Unternehmen arbeiten, (.) äh dann leben Sie das Unternehmen. [anonymisiert] Ähm man muss ja schon mal sagen, wenn man [Anzahl] Jahre dann spürt man ja eine Verantwortung für das Unternehmen. Und wenn man hier dann auch noch in der Region wohnt, was wir weiterhin tun, dann atmet man das ein.

Formulierende Interpretation
Auf die Frage nach seinen Gründen, das Mandat anzunehmen, antwortet der Aufsichtsratsvorsitzende, dass er lange Jahre für das Unternehmen gearbeitet habe und sich daher verantwortlich fühle. Wenn man zudem noch in der Gegend lebe, dann „atmet man das ein".

Logische Kondensation
1. Interviewer: **Persönliche Gründe**
2. Aufsichtsratsvorsitzender: Wenn man lange für ein Unternehmen arbeitet, dann *fühlt man sich verantwortlich*. Und wenn man in der **Gegend** wohnt, dann *„atmet man das ein"*.

Reflektierende Interpretation
Die Proposition des Interviewers wird nicht aufgenommen. Persönliche Gründe im Sinne eines vom Unternehmen unabhängigen Eigeninteresses erscheinen nicht als anschlussfähige Kategorie. Stattdessen wird hier eine Art organische Verbindung hergestellt. Das Unternehmen wird eingeatmet. Der eigene Körper verbindet sich mit dem Unternehmen. Die Verbindung ist damit eine gewachsene, keine gewählte. Das Unternehmen – und alles, was mit ihm zusammenhängt – ist sozusagen Familie. Fleisch von meinem Fleische. Zugespitzt formuliert, beschwört dieses Motiv eine *Unio mystica,* eine organische Einheit von Management und Unternehmen herauf, die jede weitere Begründung oder Legitimierung des eigenen Handelns überflüssig macht. Management als rationale, kritisch-reflexive Unternehmenssteuerung löst sich hier in einer a-rationalen, geheimnisvollen Einheit aus Person und Firma auf.

In der Konsequenz gestaltet sich die Arbeit als Aufsichtsratsvorsitzender als Diskurs unter Eingeweihten:

> Interviewer: Aber was mich da interessieren würde: Ich mein, Sie waren ja vorher als Vorstand sicherlich schon involviert, als eigentlich die [Übernahme eines Konkurrenten] so angelaufen ist. Also ähm aber jetzt sind Sie ja Aufsichtsratsvorsitzender. Inwiefern sind Sie da noch in den Prozess involviert? Wie begleiten Sie den? Jetzt geht es ja vor allem noch um die Integration des Unternehmens. Welche Aufgabe kommt Ihnen da jetzt als Aufsichtsratsvorsitzender zu?
> Aufsichtsratsvorsitzender: Ach wissen Sie, der Aufsichtsratsvorsitzende hat ja zwischen den Sitzungen Dialog mit dem Vorstandsvorsitzenden. Und darauf konzentriert man sich ja auch. Denn äh der Aufsichtsratsvorsitzende kann nicht, je nach Gutdünken im Unternehmen herumfuhrwerken, parallel zum Vorstandsvorsitzenden. Das, das schafft ja Verwirrung, totale. Äh das heißt, äh um diese ganzen Prozesse begleiten zu können äh gibt es dann eben in lockerer Frequenz, ich meine wir sitzen hier auf Rufweite. Wenn ich 'ne Frage habe, oder der 'ne Frage hat, oder 'ne Sache hat, dann setzt man sich zusammen und redet drüber. Und gibt dann im Dialog ergibt sich dann Rat und Tat.

Formulierende Interpretation
Noch als Vorstand habe der Aufsichtsratsvorsitzende die Übernahme eines Konkurrenten betrieben, so der Interviewer. Wie er denn nun als Aufsichtsratsvorsitzender die Integration des Konzerns begleite? Er konzentriere sich auf den Dialog mit dem Vorstandsvorsitzen, antwortet der Aufsichtsratsvorsitzende. Denn er könne nicht „nach Gutdünken im Unternehmen herumfuhrwerken", da dies zu Verwirrung führe. Vielmehr bespreche man Fragen oder Anliegen miteinander

5.3 Soziale Konstellationen

und finde so zu gemeinsamen Lösungen. Dieser ungezwungene Meinungsaustausch sei aufgrund der räumlichen Nähe zum Vorstandsvorsitzenden möglich.

Logische Kondensation
1. Interviewer: Als **Vorstand** haben Sie das Unternehmen *gekauft*. Als **Aufsichtsratsvorsitzender** *integrieren* sie das Unternehmen.
2. Aufsichtsratsvorsitzender: Es gibt einen **Dialog** zwischen Vorstand und Aufsichtsrat.
3. Der Aufsichtsratsvorsitzende „*fuhrwerkt*" nicht im Unternehmen herum. Wenn der Aufsichtsratsvorsitzende „herumfuhrwerkt", entsteht **Verwirrung**. Der Vorstandsvorsitzende arbeitet im Unternehmen.
4. Der Aufsichtsratsvorsitzende *begleitet*. **Wir** sitzen in **Rufweite**. Wenn ich eine Frage habe, spreche ich mit dem **Vorstandsvorsitzenden**. Wenn der Vorstandsvorsitzende eine Frage hat, spricht er mit mir.
5. **Rat und Tat** entstehen im Dialog.

Reflektierende Interpretation
Der Interviewer verweist auf die Übernahme eines Konkurrenten, die der Aufsichtsratsvorsitzende in seiner Zeit als Vorstand betrieben habe und fragt, wie sich sein diesbezügliches Engagement in seiner neuen Rolle gestaltet. Hierauf antwortet der Befragte, dass er sich auf den Dialog mit dem aktuellen Vorstandsvorsitzenden konzentriere. Würde der Aufsichtsratsvorsitzende sich ins operative Geschäft einmischen, so führte dies nur zu Problemen. Der Aufsichtsratsvorsitzende skizziert hier einen Raum der egalitären Zusammenarbeit, in der es praktisch keinen hierarchischen Unterschied zwischen beiden Positionen gibt. Wenn Fragen entstehen, spricht man mit dem jeweils anderen Rollenträger. Es ist demzufolge nicht einer von beiden, der „auf eigene Faust" handelt, sondern das „Wir" im Dialog, das „Rat und Tat" hervorbringt. Wie der Aufsichtsratsvorsitzende das Unternehmen „einatmet" und damit von diesem nicht mehr substanziell getrennt ist, wird hier auch im Hinblick auf die Beziehung zwischen Vorstand und Aufsichtsratsvorsitzendem eine geteilte körperliche Verortung beschworen: Beide sitzen in Rufweite, befinden sich also – um in der akustischen Metaphorik zu bleiben – im selben Konzert. Gleichzeitig bleibt die Differenz erhalten, die jedoch im Dialog immer wieder überbrückt wird.

Diese Praxis ist insofern erstaunlich, als dass die Trennung zwischen Vorstand und Aufsichtsrat sicherstellen soll, dass Rat und Kontrolle aus der Distanz entstehen können – etwa im Unterschied zum amerikanischen Board-System oder dem Verwaltungsrat, in denen haupt- und nebenamtliche Mitglieder gemeinsam arbeiten. Gerade Distanz zwischen Aufsichtsrat und Vorstand wird hier aber aufgehoben. Sie löst sich im geteilten Erfahrungsraum derjenigen auf, die das Unternehmen „eingeatmet" haben.

Legt man die Frage, wie sich die Intransparenz eines Großunternehmens handhaben lässt, als Bezugsproblem eines Aufsichtsrats zugrunde, so könnte man die Ausführungen des Aufsichtsratsvorsitzenden als Beschreibung seiner spezifischen Weise der Bearbeitung des Bezugsproblems deuten. Das Problem der Steuerung und Kontrolle, die in der Selbstbeschreibung des Managements eine Angelegenheit rationaler Kalkulation und individueller Verantwortung von Managern sein sollen, wird hier auf Basis geteilter impliziter Wissensbestände beantwortet. Letztere werden über die Fiktion einer mystischen Verbindung des Führungspersonals mit dem Unternehmen durch „Einatmen" quasi sakralisiert und damit für Außenstehende in den Bereich des Nichtversteh- und Unerreichbaren entrückt. Man führt das Unternehmen dann nicht mehr, sondern man *ist* das Unternehmen.[17]

Das funktioniert nur, weil die Beteiligten sich im Zweifelsfall wieder auf das jeweilige „Ich" mit den dazugehörigen, geteilten Wertsystemen zurückziehen können: Man „fuhrwerkt" nicht im Bereich des jeweils anderen herum, damit keine Divergenzen entstehen, die zur „Verwirrung" führen könnten. Das „Wir" bedarf also einer minutiösen Abstimmung von Differenzen. Man muss es gegenüber Außenstehenden, etwa den eigenen Mitarbeitern, aber auch den Arbeitnehmervertretern oder den „externen" Kollegen inszenieren und Differenzen dort abarbeiten, wo sie niemand sieht – etwa zwischen Tür und Angel.

Theoretische Bemerkungen

Wie bereits in den vorangehenden Ausführungen anklang, darf die Position der Einheit von Firma und Vorsitzendem nicht zu wörtlich genommen werden, etwa in dem Sinne, dass der besagte Akteur wirklich fühlt und weiß, was für das Unternehmen das Richtige zu tun ist. Das ändert jedoch nichts daran, dass der Aufsichtsrat so funktioniert, als ob diese Einheit wirklich der Fall wäre. Folglich kann diese nicht nur zur Beschreibung des Selbst- und Weltverhältnisses des Aufsichtsratsvorsitzenden herangezogen werden, sondern stellt zugleich die funktionale Fiktion des Gremiums dar.

---

[17] Das heißt natürlich nicht, dass es zwischen den „Internen" keine strittigen Themen mehr gäbe. Der Streit ist dann jedoch keine Sache des Aufsichtsrats mehr, sondern ein Problem, das Vorstandsvorsitzender und Aufsichtsratsvorsitzender unter sich regeln.

Das heißt jedoch nicht, dass sich dieses Arrangement nicht auch verschieben könnte – etwa im Falle einer krisenhaften Firmenentwicklung – und die mystische Einheit in der Folge plötzlich als Täuschung, Hybris, Personenkult oder Innovationsbremse erscheint.

Zwar soll hier nicht abgestritten werden, dass langjährige Firmenzugehörigkeit mit einer besonders zuverlässigen Intuition in Hinblick auf die relevanten Abläufe einhergehen kann. Doch ist Intuition aus polykontexturaler Sicht eben keine feststehende und von anderen Faktoren unabhängige Eigenschaft einer Person, sondern eher ein anderer Name für das relationale Gefüge eines bestimmten Arrangements, das sich ändern kann, womit dann auch die Intuition nicht mehr zutrifft. ◄

Der Aufsichtsrat als Gesamtgremium wird vor diesem Hintergrund zu einem Annex, der in der Praxis weitgehend seine Bedeutung verliert, weil externen Mitglieder nichts anderes übrigbleibt, als gleichsam den „Atem der Eingeweihten" zu empfangen:

> Interviewer: Ähm wie läuft denn, sag ich mal, in wichtigen, in wichtigen Punkten die Rückbindung ähm in den gesamten, in das gesamte Gremium Aufsichtsrat durch den Aufsichtsratsvorsitzenden?
> Aufsichtsratsvorsitzender: Och Gott, ich meine, wenn-wenn ich den Eindruck bekomme, dass es wichtig ist, den Aufsichtsrat von Vorgängen zu informieren, zwischen den Sitzungen, dann tue ich das. Äh um die auch informiert zu halten. Besonders natürlich bei größeren Sachen. Äh und da ist es ja auch wichtig, dass die ein bisschen mitatmen, nicht. Äh und das ist auch etabliert und funktioniert fast automatisch.

Formulierende Interpretation
Wie denn der Rest des Aufsichtsrats eingebunden sei, will der Interviewer wissen. Wenn er das Gefühl habe, dass der Einbezug des Aufsichtsrats erforderlich sei, so täte er dies auch zwischen den Sitzungen, antwortet der Aufsichtsratsvorsitzende. Von besonderer Bedeutung sei das bei „größeren Sachen", um das Gremium im Bilde zu halten. Zudem sei es wichtig, dass die Mitglieder ein wenig „mitatmen". Dieses Vorgehen sei inzwischen Routine.

Logische Kondensation
1. Interviewer: Die **Einbindung des Aufsichtsrats.**
2. Aufsichtsratsvorsitzender: Wenn **ich** einen *Eindruck habe, dass es wichtig ist, informiere* ich den Aufsichtsrat auch zwischen den Sitzungen.

3. Informieren ist wichtig, damit der Aufsichtsrat informiert ist.
4. Das *geschieht,* wenn **Sachen** *größer sind.* Es geschieht und geschieht nicht, wenn Sachen nicht größer sind.
5. Es ist wichtig, dass die ein bisschen *„mitatmen".*
6. Informieren ist *etabliert.* Informieren *funktioniert automatisch* und funktioniert nicht automatisch.

Reflektierende Interpretation
Gefragt nach der Einbindung der anderen Mitglieder des Aufsichtsrats, verweist der Vorsitzende hier auf seine Subjektivität: Sein persönlicher Eindruck ist entscheidend. Das ist weniger anmaßend als es mit Blick auf die Frage, die auf die diskursive Einbindung der anderen zielt, scheint. Der Verweis auf das eigene Erleben spiegelt vielmehr die zuvor angesprochene Einheit von Aufsichtsratsvorsitzendem und Unternehmen wider. Da die strikte Trennung zwischen dem Unternehmen und seinem eigenen Selbst aufgehoben ist, spricht, fühlt und handelt er nicht als eigenständige Entität, sondern als ausführendes Organ des Unternehmens. Sein Eindruck ist in diesem Sinne gar nicht „sein" persönlicher Eindruck. Es ist vielmehr das Unternehmen, das im besten hegelianischen Sinne im Aufsichtsratsvorsitzenden als Absolutes zu sich selbst kommt und spricht. Da das Unternehmen sich selbst aber am besten kennt, bedarf es des Aufsichtsrats als Gremium eigentlich gar nicht. Dieses muss informiert werden, weil das Gesetz fordert, dass es informiert wird. Er jedoch braucht als bereits vollkommene Verkörperung des Unternehmens nicht mehr von den anderen Mitgliedern informiert oder beraten zu werden, um mit „Rat und Tat" zur Seite stehen zu können.

Entsprechend wird die Information auf „größere Sachen" beschränkt – zustimmungs- und informationspflichtige Geschäfte im rechtlichen Sinne. Alle Sachverhalte, die nicht in diese Kategorie fallen, werden abhängig von der jeweiligen Situation weitergegeben. Der Aufsichtsrat ist somit nicht etwa ein Gremium, dem der Aufsichtsratsvorsitzende vorsitzt, damit es beratend und kontrollierend seine Aufsichtsfunktion erfüllen kann. Es sind vielmehr „Die", die „Externen", die das Unternehmen nicht eingeatmet haben, die ab und zu ins Bild gesetzt werden müssen, um sie ein wenig „mitatmen" zu lassen.

Gerade in dieser Hinsicht kann denn auch die Weitergabe nicht notwendiger Informationen ihre Funktion haben: Es gilt, eine Art Basiskonjunktion zu schaffen, die, wie wir später sehen, dazu dient, „Die" als nachgeordneten Teil des „Wir" reibungslos in den Ablauf zu integrieren.

So entstehen 3 Räume. Es gibt die „Internen", die das Unternehmen eingeatmet haben. Dann gibt es die „Externen", die es nicht eingeatmet haben. Dazwischen gibt es da noch die „internen Externen", jene, die ein wenig „mit-

5.3 Soziale Konstellationen

atmen", weil sie schon länger mit dabei sind. Es entsteht quasi ein Stufensystem der Initiierten.

Ein Beispiel für einen Vertreter der zweiten Ebene gibt folgender Interviewauszug:

> Anteilseignervertreter 1: Also, die beiden [Vorstandsvorsitzender und Aufsichtsratsvorsitzender] schalten sich/argumentativ sehr stark ein, ja. Ähm, das ist so ein bisschen eine Sondersituation bei Dortmunder Petrol, dass eigentlich kaum Unterschied besteht zwischen dem Vorstand und den Aufsichtsräten, die ehemalige Vorstände sind, nech. Das heißt, da gibt es so eine Identifikation, ähm mit dem Unternehmen von beiden Seiten, nech, dass die ähm, also das, was der [Vorstandsvorsitzende] sagen würde, würde der [ehemalige Aufsichtsratsvorsitzende] genau so sagen und der [jetzige Aufsichtsratsvorsitzende] würde das genauso sagen, wie der [ehemalige Aufsichtsratsvorsitzende]. Da passt einfach kein Blatt zwischen die. Oft gibt's dann 'ne Frage, ist das jetzt der richtige/Zeitpunkt ähm und so weiter, nech, die sind sich aber in der Richtung total einig. Und ähm da ist es für einen Außenstehenden ähm eigentlich beruhigend zu sehen, dass das so ist. Und auf der anderen Seite haben Sie aber auch relativ wenig Chance, da jetzt/in so einer Plenumssitzung irgendwas zu drehen, ne. Das müssten Sie dann wirklich vorher machen.

Formulierende Interpretation
Der Anteilseignervertreter bringt zum Ausdruck, dass der Aufsichtsratsvorsitzende und der Vorstandsvorsitzende argumentativ sehr präsent sind und eine hohe Identifikation mit dem Unternehmen aufweisen. Es sei für die Dortmunder Petrol spezifisch, dass es kaum einen Unterschied zwischen Aufsichtsrat und Vorstand gibt. Was der eine sagt, würde auch der andere so sagen. Wenn Fragen zwischen beiden entstünden, ginge es nur etwa darum, ob es der richtige Zeitpunkt sei oder Ähnliches. Hinsichtlich der grundlegenden Ausrichtung seien sie sich einig. Für jemanden, der nicht dazu gehört, sei das sehr beruhigend zu sehen. Dies bedeute aber auch, dass es nur wenig Chancen gibt, in der Aufsichtsratssitzung noch Einfluss zu nehmen. Das gelte es vorher zu tun.

Logische Kondensation
1. Der **Aufsichtsratsvorsitzende** und der **Vorstandsvorsitzende** *schalten sich argumentativ* stark ein. Es gibt einen **Unterschied** und es gibt keinen Unterschied **zwischen beiden.**
2. **Dortmunder Petrol** *unterscheidet sich* in dieser Hinsicht von **anderen Unternehmen.**
3. Der Aufsichtsratsvorsitzende und der Vorstandsvorsitzende *identifizieren* sich stark mit dem Unternehmen.

4. Was der eine sagt, sagt der andere und sagt es nicht. Es *passt kein* **Blatt** zwischen die beiden.
5. Es gibt viele Situationen mit **Fragen.** Diese betreffen etwa den **Zeitpunkt.** Beide haben **dieselbe Richtung.**
6. **Außenstehende** beruhigt und beruhigt das nicht.
7. Außenstehende haben eine Chance und keine Chance, in der Plenumssitzung etwas *„zu drehen".*
8. Das geschieht und geschieht nicht vorher.

Reflektierende Interpretation
Der vorangehend beschriebene Raum der „Internen" wird auch von jenen beobachtet, die ihm nicht angehören. Dass der Befragte sich zum Kreis der „Außenstehenden" zählt, wird bereits dadurch deutlich, dass er die Dortmunder Petrol mit anderen Unternehmen vergleicht. Allerdings scheint er die von ihm eingenommene Position als ambivalent zu empfinden. Zum einen entlastet es ihn, dass ein hoher Grad an Sicherheit in der Unternehmensführung besteht („eigentlich beruhigend zu sehen, dass das so ist"). Insofern atmet der Befragte mit; er gibt sich dem Geteilten hin, lässt sich von ihm faszinieren. Zum anderen scheint dieses Arrangement für ihn jedoch auch nicht unproblematisch zu sein. Die Möglichkeit, hier eine Entscheidung zu beeinflussen („zu drehen") wird weitgehend hypothetisch („relativ wenig"), kann aber auch nicht vollständig ausgeschlossen werden, da dies dem Eingeständnis gleichkäme, dass man selbst nur Staffage ist. Das Positive der engen Kooperation würde sich dann ins Negative verkehren.

So wird die Möglichkeit der Einflussnahme in jene Situationen verlegt, die dem Aufsichtsratsvorsitzenden zufolge ausschließlich der „Information" dienen, das heißt in die Zeiträume zwischen den Sitzungen („Das müssten Sie dann wirklich vorher machen"). Hier entsteht ein Widerspruch zwischen der Perspektive des Aufsichtsratsvorsitzenden und des Anteilseignervertreters 1, der an dieser Stelle nicht aufgelöst werden kann. Es besteht einerseits die Möglichkeit, dass es sich hier nur um eine gesichtswahrende Aussage handelt, die die peinliche Tatsache verdecken soll, dass man in einem Aufsichtsrat sitzt, der eigentlich nichts beaufsichtigt. Ebenso wäre denkbar, dass jene Situationen des „Dialogs", die der Aufsichtsratsvorsitzende beschreibt, situativ durchaus im Gespräch mit anderen Aufsichtsratsmitgliedern entstehen können, dass die Resultate aber von den „Externen" als Eigenleistung der „Internen" verbucht werden. Ein mög-

5.3 Soziale Konstellationen

licher Grund hierfür könnte etwa sein, dass Außenstehende die Komplexität des Unternehmens so wenig verstehen, dass nicht einmal die Effekte ihrer eigenen Initiativen für sie sichtbar sind. Wie auch immer – ob mit oder ohne Beteiligung der anderen Aufsichtsratsmitglieder – der Aufsichtsrat zeigt sich auch hier als einer jener intransparenten Räume, in denen etwas entsteht, das man nicht kontrollieren kann, von dem aber die Erbringung der zentralen Leistung, nämlich der richtigen Entscheidung, erwartet wird.

Als Mitglied eines Aufsichtsrats hat man für die Kontrolle der Unternehmensführung zu sorgen und entsprechend einen entscheidenden Unterschied zu machen, wenn man es will und wenn die Sachlage es nötig macht. Vor diesem Hintergrund ermöglicht die besondere Konstellation im Aufsichtsrat der Dortmunder Petrol dem externen Mitglied dreierlei:

1. Den Glauben an das tiefe Verständnis des Unternehmens, das diejenigen erreicht haben, die das Unternehmen lange genug „eingeatmet" haben.
2. Die Auffassung, selbst genug wahrgenommen zu haben, um beurteilen zu können, dass das, was geschieht, seine Richtigkeit hat;
3. Und nicht zuletzt den Glauben an das eigene Vermögen, tatsächlich einen Unterschied zu machen.

Mit Blick auf das externe Mitglied wird deutlich, dass das oben beschriebene Arrangement 2 Fragen beantwortet, nämlich die nach der richtigen Entscheidung sowie die nach der eigenen Geltung.

Damit zeigt sich zugleich die zweite Seite des Bezugsproblems, mit dem die Aufsichtsratsmitglieder zu kämpfen haben: Man muss nicht nur ein Unternehmen in einer nicht kontrollierbaren Umwelt kontrollieren. Vielmehr muss man dies auch noch mit begrenzten Fähigkeiten und Ressourcen tun (niemand hat genug Expertise und der Aufsichtsrat schon gar nicht genug Zeit). Der Begriff der „bounded rationality" (Simon 1959) muss hier angesichts des Ausmaßes des nicht durch rationale Kalküle kontrollierbaren Nichtwissens als Euphemismus gelten. Offensichtlich hat man es hier mit einer strukturellen Unsicherheit zu tun, die selbst theoretisch nicht aufgelöst werden könnte (Esposito 2011, S. 11 ff.).

Entsprechend ist es auch nicht ein (immerhin noch „begrenzt") rationales Subjekt, das diese Aufgabe bewältigt, sondern buchstäblich ein transpersonales Arrangement unterschiedlicher Personen in unterschiedlichen Positionen. Die Antworten, die das Management insbesondere an der Spitze findet, sind stets eine eigentümliche Mischung aus Kollektivismus und individuellem Heroismus, etwa einer ausgesprochenen Orientierung an den eigenen *Peers* bei gleichzeitiger Betonung des eigenen Vermögens oder gar der eigenen Genialität.[18] Das kann sich bei den „Internen", wie in diesem Fall, als *Unio mystica* mit dem Unternehmen gestalten: Was auch immer man tut, ist das Richtige, weil man selbst das Unternehmen ist. Die hierin implizierte Hybris wird dann durch die Figur des Dialogs, in dem „Rat und Tat" entstehen, kompensiert. Letztlich müssen also auch die „Internen" – wie alle anderen Manager – auf den Austausch mit anderen setzen, um dann davon auszugehen, dass eine geteilte Meinung ein Indikator für Rationalität ist.

Umgekehrt glaubt das externe Mitglied, aus dessen Interview die obige Passage stammt, an das Vermögen der „Internen" und kompensiert die daraus folgende eigene Bedeutungslosigkeit mit der Idee der informellen Einflussnahme zwischen den Sitzungen. Deren Bedeutung bleibt freilich sowohl im Positiven (wenn man doch mal eine Idee hatte) wie auch im Negativen (wenn man keine Ahnung hatte) unbestimmt. Das mag manchmal unbefriedigend sein, was jedoch durch die Vorstellung ausgeglichen wird, an etwas Großem teilzuhaben und darüber hinaus noch seinen Teil dazu beitragen zu können.

Für ein Aufsichtsratsmitglied, das nicht einmal diese Option hat, das also nicht „mitatmet", wird die eigene Position vollends zu der eines Statisten, wie im Interview mit einem anderen Anteilseignervertreter zum Ausdruck kommt:

Anteilseignervertreter 2: Ich würde (.), äh ich-ich bin bereit da-dazu, ich will mich äh auch keineswegs äh präsentieren als-als äh äh-äh da, we-wenn es nicht, wenn das nicht nützlich ist, ja.
Interviewer: (lacht).
Anteilseignervertreter 2: Aber, sag-sag man so, wenn man mich äh gefragt hätte, ob ich bereit wäre, so was zu tun, ein bisschen ja ein Abendessen mit ne- mit diesem oder jenem äh-äh Vorstandmitglied zu haben oder so was, wäre ich bereit äh-äh, be-bestimmt bereit zu sein äh...
Interviewer: Ja.
Anteilseignervertreter 2: ... so-so zu tun und das ist so kommt es mir vor, nicht von uns erwartet.

---

[18] Das „Angestelltensubjekt" (Reckwitz 2006, S. 280 ff.) ist also keineswegs an die klassische Moderne gebunden, sondern eher das Korrelat sozialer Positionen in großen Organisationen.

5.3 Soziale Konstellationen

Formulierende Interpretation

Er wolle sich keineswegs in den Vordergrund drängen, so der Anteilseignervertreter. Doch sollte es zum Wohle des Unternehmens von ihm erwartet werden, würde er sich selbstverständlich mit dem ein oder anderen Vorstand zum Abendessen treffen. Doch das, so käme es ihm vor, würde nicht erwartet.

Methodische Bemerkungen

Gerade in dieser Passage wird eine der Eigenarten der logischen Kondensation deutlich. Klassisch würde man höchstwahrscheinlich auf die hohe Unsicherheit des Befragten zu Beginn der Passage eingehen. In der logischen Kondensation verschwindet diese hingegen vollständig. Es liegt also der Verdacht nahe, dass man mit der Methode Daten tilgt und so die Interpretation verfälscht. Das ist hier jedoch nicht der Fall – zumindest nicht, wenn man die Unsicherheit als Ausdruck einer spezifischen Ambivalenz versteht. Auf der einen Seite ist der Befragte offenbar gekränkt in seinem Geltungsbedürfnis. Auf der anderen sieht er sich jedoch einer Norm der Sachlichkeit verpflichtet, in der die persönliche Geltung zurückzustehen hat. Die Artikulation des Gefühls der Kränkung ist also selbst wieder kränkend. Denn man weiß, dass man damit nicht sozial erwünscht handelt, seine Schwäche eingesteht und das Eingeständnis der Schwäche auch wieder eine Schwäche ist – eine Schwäche, die zuzugeben im Kontext eines Interviews allerdings schon wieder gewünscht ist. Die für unsere Interpretation relevante Ambivalenz zeigt sich jedoch im Fortgang der Passage auch in der logischen Kondensation. Die Methode kürzt hier also tatsächlich Daten, findet das, was sich in den gekürzten Daten dokumentiert, jedoch an anderer Stelle mit ihren eigenen Mitteln wieder. ◀

Logische Kondensation
1. **Ich** bin bereit. Ich *will mich nicht präsentieren*, wenn es nicht *nützlich ist*.
2. Wenn **man** mich *fragt*, ob ich bereit bin, mit einem Vorstand zu essen, bin ich bereit. Man fragt mich nicht.
3. Man *erwartet* es von mir und man erwartet es nicht von mir.

Reflektierende Interpretation

In der obigen Passage drückt sich die Hilflosigkeit einer Position aus, die aus einer Diskrepanz zweier Erwartungen und der hiermit einhergehenden Erwartungserwartungen resultiert. Zum einen sieht sich der Befragte hier als Teil der Anteilseignervertreter, zu deren Rolle es quasi naturwüchsig gehört, sich mit den Vorständen über deren Geschäft auszutauschen. Es wird von der Idee der Konjunktion einer Peergroup ausgegangen, in der „Rat und Tat" entstehen und eine gewisse Reziprozität praktiziert wird. Jeder hat dort seinen Platz und bekommt die entsprechende Aufmerksamkeit und Anerkennung. Die Externen bleiben Zaungast.

Das führt zur ambivalenten Position des Interviewten. Seine Position hängt von der Anerkennung durch das „Man" ab, von der Integration in die geteilte Praxis. Diese muss aber quasi selbstläufig durch die Peers erfolgen. Man kann sie nicht fordern. Denn fordert man sie, spielt man sich in den Vordergrund und verlässt den geteilten Raum, in dem die Illusio der sachlichen Arbeit besteht. Anders ausgedrückt: Man kann das „Man" nicht fragen, weil es keine Adresse hat. Fragt man dennoch nach dem eigenen Platz, verlässt man den Raum des „Man", weil man „Ich" sagt – doch um das „Ich" geht es nicht, sondern um das, „was nützlich ist". So kann der Befragte nichts anderes tun, als gute Miene zum bösen Spiel zu machen.

Es bleibt die Ambivalenz, die Relativierung seiner Kritik als gebrochener persönlicher Eindruck („ich will mich äh auch keineswegs äh (.) präsentieren als-als äh"). Selbst wenn er faktisch aus dem Entscheidungsprozess des Gremiums ausgeschlossen ist, erscheint auch dieser Befragte damit in gewisser Weise noch als ein „interner Externer", als einer, der irgendwie auch mit dabei ist. Er rechnet sich in seinem Selbstverhältnis denjenigen zu, die *inter pares* das Unternehmen führen, stellt dann aber fest, dass er sich doch nur im äußeren Zirkel bewegt.

Beides bleibt unvermittelt und gerade hierin besteht für ihn dann auch die Lösung, da auf diese Weise beide Seiten als Tatsache nebeneinander bestehen können, ohne in einen Konflikt zu geraten. Er ist weiterhin ein zumindest potenziell einflussreiches Mitglied eines Spitzengremiums und er ist zugleich ohne Einfluss, da er faktisch nichts zu diesem beitragen kann. Nur weil diese beiden Umstände nicht zusammenfinden, kann die hiermit einhergehende prekäre Identität aufrechterhalten werden.

Damit rückt die Sozialdimension organisationaler Entscheidungsfindung in besonderer Weise in den Fokus. War das Problem von Kontrolle, individueller Verantwortung und Transparenz in der vorherigen Passage noch primär ein sachliches (die Frage, wie man die richtige Entscheidung trifft), wird es in dieser Passage ein soziales – also eine Frage der durch Kommunikation geleisteten Verschränkung individueller Psychen mit etwas, das wir in Anlehnung an Luhmann (1984) als soziales System beschreiben können. Der „Diskurs" dient eben nicht nur dazu, eine Entscheidung zu finden, die konsensfähig ist – was nichts anderes heißt, als dass sich alle in ihrer Meinung berücksichtigt fühlen.[19] Das Bezugs-

---

[19] Was nichts daran ändert, „daß Konsens empirisch unmöglich ist" (Luhmann 1986, S. 88).

5.3 Soziale Konstellationen

problem hat hier also einen Doppelcharakter: Zum einen muss ein produktiver Umgang mit der sachlichen Unsicherheit in der Entscheidungssituation gefunden werden. Zum anderen muss die entsprechende Praxis sicherstellen, dass sich alle Mitglieder hinreichend eingebunden fühlen. Beide Positionen sind dabei verschränkt, da sachlich richtige Entscheidungsfindung letztlich an Konsens gebunden ist (alle sagen ihre Meinung und sind danach mehr oder weniger einer Meinung).

Diese Einheit gelingt im vorliegenden Fall für die „Externen" nur teilweise bis gar nicht. Denn während die „Internen" sich gleichsam als Inkarnation des Unternehmens fühlen, bleibt das externe Mitglied marginalisiert. Die für letztere hierdurch leicht entstehende persönliche Kränkung erscheint nicht nur als ein psychologisches Problem, sondern auch als ein soziales, etwa wenn der Gekränkte sein Problem nach außen trägt, in offenen Widerspruch tritt oder gar subversiv wird (etwa indem Informationen an die Presse weitergeleitet werden). Solange das Problem jedoch nicht geäußert wird, kann der Aufsichtsrat weiterarbeiten wie gewohnt.

Methodologische Bemerkungen

Wenn wir hier von „persönlichen Kränkungen", „psychologischen Problemen" oder „sozialen Systemen" sprechen, könnte das Missverständnis entstehen, dass wir hier von Entitäten ausgehen, die beobachterunabhängig bestehen, so als ob es eine Persönlichkeit gebe, die gekränkt sein könnte. Auf einer metatheoretischen Ebene gilt jedoch weiterhin im Sinne der Kontexturanalyse, dass es keine Persönlichkeiten oder Subjekte, aber auch keine psychischen oder sozialen Systeme „an sich" gibt, sondern diese nur situativ als „fungierende Ontologien" (Fuchs 2004, S. 11) ausflaggen.

In dem hier untersuchten Fall finden wir etwa „gekränkte Personen" vor oder eine Verkettung von Artikulationen innerhalb eines Gremiums, die sich als soziales System beschreiben lässt. In einer Prozessanalyse, deren Augenmerk dagegen auf der Entwicklungsperspektive liegt, könnte sich aber dann womöglich zeigen lassen, dass eitle Personen, die immer etwas sagen müssen, erst durch die Berufung in Strukturen entstehen, die autonome Persönlichkeiten und Entscheider voraussetzen. Die verletzliche Subjektivität „gekränkter" Personen verdankt sich also ihrerseits der Evolution eines komplexen Gewebes sich wechselseitig konditionierender Positionen. Doch auch diesem wohnt keine eigenständige Existenz inne, vielmehr setzt es schon immer Psychen, Körper und die hiermit einhergehenden Erwartungserwartungen voraus, um auf diesen aufzubauen. In der flächigen Analyse einer spezifischen *sozialen Konstellation,* der ja nur die Mittel der Alltagssprache zur Verfügung stehen und die nur begrenzt polykontexturale Komplexität einfangen kann, ist es nicht nur unvermeidbar, positivsprachliche Reduktionen einzuführen, vielmehr ist es auch notwendig, um bestimmte strukturelle Aspekte polykontexturaler Arrangements in den Blick zu bekommen – in diesem Fall ist es das Spannungsfeld gekränkter Eitelkeiten (Person) gegenüber einem funktionalen Arrangement (Organisation des Aufsichtsrats), das eben das Engagement dieser Personen auf sachlicher Ebene ausblendet. ◄

Um vor diesem Hintergrund ein Weiterarbeiten ohne Konflikte zu gewährleisten, muss fachliche Anerkennung zumindest im Modus des Als-ob simuliert werden, wie dann auch der Aufsichtsratsvorsitzende im Interview feststellt:

> Aufsichtsratsvorsitzender: Der Aufsichtsratsvorsitzende, der sich in den Aufsichtsrat setzt und denen sagt, also das war nun mal 'ne Entscheidung von mir, deswegen wird daran überhaupt nichts geändert, hat seine Autorität im Aufsichtsrat auch innerhalb einer Woche verloren. Weil da ja nicht, weil da ja nicht Leute sitzen, die Befehlsempfänger eines Aufsichtsratsvorsitzenden sind, sondern die mit ihrer Kompetenz dazu beitragen wollen, dass das Unternehmen funktioniert.

Formulierende Interpretation
Als Aufsichtsratsvorsitzender könne man den anderen Aufsichtsratsmitgliedern nicht einfach Entscheidungen vorsetzen. So verliere man seine Autorität. Vielmehr müsse man auf das Bedürfnis der Kollegen eingehen, die „mit ihrer Kompetenz" einen Beitrag zur Unternehmensführung leisten wollten.

Logische Kondensation
1. Wenn der **Aufsichtsratsvorsitzende** den **Aufsichtsratsmitgliedern** eine **Entscheidung** *vorsetzt* und sagt, es wird nichts geändert, hat und hat er nicht seine **Autorität**.
2. Aufsichtsratsmitglieder sind nicht **Befehlsempfänger**.
3. Aufsichtsratsmitglieder *tragen* und tragen nicht mit ihrer **Kompetenz** zum **Funktionieren des Unternehmens** *bei*.

Reflektierende Interpretation
Im letzten Satz wird die in dieser Passage vielleicht interessanteste Aussage getroffen, da der Aufsichtsratsvorsitzende sich hier auf den Willen („beitragen wollen"), nicht aber auf das Können der Aufsichtsratsmitglieder bezieht. Es geht ihm nicht darum, tatsächlich ihre Kompetenz zu nutzen, sondern einen Willen zu

5.3 Soziale Konstellationen

befriedigen. Die von ihm benannte Herausforderung besteht auch nicht darin, das Unternehmen durch eine argumentative Auseinandersetzung, in der die besseren Argumente gewinnen, nach vorne zu bringen, sondern darin, die eigene Autorität nicht zu verlieren. Entsprechend wird das hier vorliegende Problem hinreichend dadurch gelöst, dass man den Aufsichtsratsmitgliedern ihren Wunsch erfüllt.

Das läuft nicht notwendig auf Simulation hinaus – schon allein deshalb, weil es kein Kriterium gibt, nach dem man zuverlässig feststellen könnte, wann eine Debatte bloße Simulation ist und wann „echt". Vermutlich ist davon auszugehen, dass immer beide Anteile präsent sind. Deutlich wird hier jedoch die geteilte Orientierung der Aufsichtsratsmitglieder. Über die Maximalkontraste des Aufsichtsratsvorsitzenden und der externen Mitglieder hinweg zeigt sich eine geteilte Orientierung im Mannheimschen Sinne: Man erwartet, dass der andere erwarten kann, auch einmal gefragt zu werden und dann etwas sagen zu dürfen. Die im Dialog zur Geltung kommende, unterstellte Kompetenz der Gremiumsmitglieder und die wechselseitige Anrufung und Bestätigung derselben ist also als gemeinsame Praxis unhintergehbar.[20]

Die Geltung des Anerkennungs- oder Diskursprinzips ist also im vorliegenden Fall universal. Divergenz entsteht jedoch dadurch, dass ein Teil der Gremienmitglieder die *Unio mystica* mit dem Unternehmen in Anspruch nehmen kann, ein anderer Teil jedoch nicht, was wiederum von letzteren zwar anerkannt, aber dennoch als problematisch betrachtet wird. Damit liegen für den Aufsichtsrat 2 funktional äquivalente Modi vor: Der eine besteht darin, sich in einer organischen Einheit mit dem Unternehmen zu glauben. In der Maximalform verkörpert man im Vorsitz diese Einheit sowie die damit verbundene naturwüchsige, sich selbst legitimierende Macht, in der abgeschwächten Variante „atmet" man ein wenig von dieser Aura ein, um auf diese Weise daran teilhaben zu können.

Der andere diskursive Modus besteht darin, dass jeder als Gleicher unter Gleichen am Entscheidungsprozess teilhat, und weil jeder den anderen für kompetent hält, geht man davon aus, dass das Resultat der Diskussion, die auch in informelle Interaktionen (Telefonate, Abendessen etc.) ausgelagert werden kann, gut ist. Die Frage der mangelnden Transparenz verdichtet sich hier ent-

---

[20] Oder um es etwas polemischer zu formulieren: Die Mitglieder eines Gremiums an der Spitze eines Unternehmens müssen sich bestätigen, dass sie spitze sind, um sich zumindest in ihren Eitelkeiten konjungieren zu können. Dies ist der gemeinsame Nenner, der den konjunktiven Erfahrungsraum des Spitzenpersonal bestimmt (nicht jedoch Kompetenz oder faktischer Einfluss). Diese Eitelkeit schafft dann aber auch erst die Annahme, in Angesicht der Unentscheidbarkeit gut entscheiden zu können. Denn wer, wenn nicht wir, könnte das?

sprechend zu einer Entscheidungsfrage, in Anbetracht der vorliegenden Argumente. Doch mit Heinz von Foerster (1989, S. 30) ist auch hier zu sagen, dass wir eben nur jene Fragen entscheiden können, die „prinzipiell unentscheidbar sind." Denn „die ... entscheidbaren Fragen sind ja schon entschieden, und zwar durch die Spielregeln, in denen Fragen und Regeln der Beantwortung bestimmt sind."

In diesem Sinne gilt gerade für den Aufsichtsrat: Man kann noch so viel und klug reden und noch so viel technische, ökonomische, juristische und andere Kompetenz hinzuziehen, es liegen nie genug Fakten auf dem Tisch, um eine Entscheidung auf sachlicher Ebene zwingend oder alternativlos werden zu lassen. Dies gilt nicht nur, aber ganz besonders für komplexe produzierende multinationale Unternehmen sowie für die Märkte, auf denen sie tätig sind. Was richtig ist, weiß das Unternehmen immer erst, „wenn es zu spät ist: wenn der Erfolg unter veränderten Bedingungen schon wieder auf dem Spiel steht und mit dem Mißerfolg sich keiner mehr befassen will" (Baecker 1999, S. 13).

Trotzdem – oder vielleicht gerade deswegen – kann man eben nichts anderes machen, als zu entscheiden. Doch ebendieser Mangel an einer rein sachlichen Bestimmbarkeit von Entscheidungen darf in einem Aufsichtsrat nicht sichtbar werden, denn sein offizieller gesellschaftlicher Auftrag besteht ja in der rationalen Kontrolle und nicht im weiteren Displacement von Willkür. Entsprechend findet das Management seine Legitimation im fachlichen Vermögen, nicht aber in der eigenen Hybris.

Um diesem Dilemma zu entgehen, greift man entweder auf eine externe Quelle höherer Rationalität zurück, die diese gleichsam mystisch an Personen mit entsprechendem Amtscharisma rückbindet, oder aber man verlegt unter Verweis auf die Kompetenz der Beteiligten die Rationalität der Entscheidung in den gemeinsamen Diskurs, wo die auf diese Weise zum Subjekt erhobenen Teilnehmer gleichsam herrschaftsfrei im Sinne Habermas' um die besseren Argumente ringen. Doch auch in letzterem Fall bleibt faktisch (allein schon aufgrund begrenzter Zeit) kaum etwas anderes übrig, als den Moderationen des Vorsitzenden und den hiermit nahegelegten Pfaden zu folgen – oder salopp gesagt: Am Ende tut man sowieso, was der Chef sagt und die Verantwortung in einem Spiel doch recht dünner Luft unter den Peers soweit diffundiert ist, dass alle mit der getroffenen Entscheidung leben können.

Interessanterweise zeigt sich die Figur der Diskursorientierung in Kombination mit der Hierarchie natürlich auch auf der Seite der „Internen", jedoch mit umgekehrtem Vorzeichen. Im „Dialog" ergibt sich „Rat und Tat", doch einer muss dann entscheiden, damit es nicht zu „Verwirrung" in Anbetracht zu vieler offener Kontingenzen kommt. Die Unio mystica funktioniert natürlich nur nach außen, in Abgrenzung zu den „Externen". Sobald „Interne" unter sich sind,

5.3 Soziale Konstellationen

ist klar, dass man auch nur mit Wasser kocht. Das Entscheidungsproblem stellt sich dann unter verändertem Vorzeichen neu.

Das Arrangement einer „Herrschaft der Atmenden" hat seine Vor- und Nachteile für die externen Mitglieder. Auf der einen Seite kann man der Vorstellung frönen, dass da jemand ist, der das Unternehmen wirklich voll durchdringt und auf den man sich verlassen kann. Auf der anderen Seite muss man sich mit einer weitgehend bedeutungslosen Neben- oder gar Statistenrolle zufriedengeben (was aber niemanden dazu motiviert, das Mandat niederzulegen, da die Kapitalien einfach zu hoch sind). Das kann man entweder bedauern und sich gekränkt fühlen. Oder aber man versucht, im Einzelgespräch oder auf anderen informellen Wegen Einfluss zu nehmen – wie realistisch das auch immer sein mag. Entscheidend ist eben, dass Anteilseignervertreter mit ihrer „Kompetenz" etwas „beitragen wollen". Ob sie das wirklich tun, ist zweitrangig, solange man ihnen das Gefühl vermittelt, dass ihr Wollen ernst genommen wird.

Bei Entscheidungen unter großer Unsicherheit (mit nichts anderem hat der Aufsichtsrat in der Regel zu tun) sind immer unterschiedliche Meinungen möglich, von denen aber am Ende eine gewählt werden muss. Das hierzu komplementäre Arrangement lautet allgemein formuliert: Dialog, der durch Hierarchie gebrochen wird.

Man entscheidet gleichzeitig zusammen und folgt der Entscheidung des Chefs. Die Figur der *Unio mystica* stellt dann ein nur in bestimmten Konstellationen vorkommendes Supplement dar, das zumindest in der Differenz zu den „Externen" erlaubt, die Kontingenz des Ganzen zu reduzieren, um auf diese Weise etwa eine höhere Pfadabhängigkeit zu gewährleisten. Freilich geschieht dies dann aber auf Kosten der Position der „Externen".

Hier zeigt sich nochmals besonders, dass das Entscheidungsproblem eben nicht nur ein sachliches, sondern auch ein soziales ist. Wenn man Entscheidungen trifft, dann heißt das eben auch, dass man sie gemeinsam trifft, nicht der Chef oder die „Internen". Diese Dualität ist eine unhintergehbare Strukturbedingung von Entscheidungsgremien. Das Gremium, das durch eine Vielzahl von Perspektiven das Entscheidungsproblem besser lösen soll, als es eine einzelne Person vermag, wirft also neue Probleme auf, die wiederum bearbeitet werden müssen. Wie geht man damit um, dass zu viele mitreden, darunter auch Personen, welche das Unternehmen sowie dessen Problemlagen nicht richtig „eingeatmet" haben? Das Individuum, das gerade aufgrund seiner persönlichen Qualitäten und Kompetenzen – darunter auch Unabhängigkeit – in den Aufsichtsrat gewählt wurde, muss also paradoxerweise wieder vergemeinschaftet werden. Die Diskussion, der „herrschaftsfreie Diskurs" (Habermas) um das bessere Argument reicht nicht hin, um das zu gewährleisten. Es bedarf gleichzeitig der Hierarchie, um zu einer Entscheidung zu kommen. Doch angesichts starker Individuen in disparaten Entscheidungslagen und komplexen Wissenskonfigurationen ist auch dies zu wenig. Die Operation, die das leistet, ist der Dialog. Im Modus des „Dialogs", in dem „Rat und Tat" entstehen, verschwindet die Zurechnung auf einzelne Personen. Es geht dann nicht mehr darum, dass jeder etwas sagt, um auch angemessen zur Geltung zu kommen. Die Differenz von „Ich" und „Du" verschwimmt in einem „Wir", in dem die Geltungsfrage in den Hintergrund rückt. Man kann auch sagen, dass hier die Sozialdimension gegenüber der Sachdimension weitestgehend verschwindet. Die Psychologie würde hier vermutlich von einem Flow-Erleben reden (Csikszentmihalyi 1991). Sozialpsychologisch könnte man wiederum von „shared cognition" (Hutchins 2000) sprechen, die in der regulären Gremienarbeit nicht entsteht.

Hier wird im Vergleich zwischen den Positionen der „Externen" und der „Internen" jedoch ein grundlegender Unterschied deutlich. Erstere können mit der dünnen Luft eines Spitzengremiums umgehen, indem sie ein paar Gespräche führen, und dann irgendwas entscheiden. Die „Internen" werden dann in weiteren Gesprächen freundlich nickend angehört – nur um dann doch das zu machen, was man will. Doch auch hier ist die Frage, ob diese Praxis Resultat besseren Wissens ist – oder letztlich nur Gewohnheit. Weil man selbst wie auch die anderen davon ausgehen, dass man es besser weiß, handeln eben alle so. Die Souveränität der „Internen" baut also auf der unsouveränen Position der „Externen" auf. Ob das nun besser oder schlechter ist, als ein Gremium, das der Fiktion rationaler Entscheidung im Diskurs anhängt (man trifft sich 4-mal im Jahr und glaubt, das ganze Unternehmen und die relevanten Märkte zu verstehen), sei dahingestellt. Es funktioniert so lange gut, bis man einmal an die Wand fährt. Dann ändert man sein Zurechnungsschema und wechselt vielleicht das Muster. Doch auch hier bleibt offen, ob sich grundsätzlich etwas ändert – ganz abhängig, ob man den Fehler kollektiv zurechnet (falsche Kultur) oder individuell (Versagen eines Einzelnen) und welche Schlüsse man zieht (Kulturwechsel oder Personenwechsel).

5.3.1.2 Die Arbeitnehmervertreter

Das Arrangement, das sich im vorliegenden Fall gebildet hat, zeitigt spezifische Konsequenzen für den bislang nicht thematisierten Faktor der Mitbestimmung. In vielen anderen Aufsichtsräten, in denen die Entscheidungsfindung über die Fiktion der „kompetenten Anteilseignervertreter" ermöglicht wird, lassen sich die Arbeitnehmervertreter als ein nachgelagertes Problem begreifen, mit dem man sich zu arrangieren hat. Bei der Dortmunder Petrol liegt der Fall anders. Die Vorstellung einer durch „Einatmen" hergestellten organischen Einheit einzelner

5.3 Soziale Konstellationen

Personen mit dem Unternehmen führt beinahe zwangsläufig zu der Konsequenz, dass altgediente Arbeitnehmervertreter einen anderen Status haben als in anderen Unternehmen. Denn kaum jemand hat das Unternehmen so tief eingeatmet wie diese. Gleichzeitig sind und bleiben Arbeitnehmervertreter jedoch Arbeitnehmervertreter – und damit aus Perspektive des Kapitals potenziell problematisch. Sie wissen relevante Dinge, die die Anteilseignervertreter nicht wissen – vertreten aber andere Interessen. Das führt zu einer merkwürdigen Ambivalenz des Aufsichtsratsvorsitzenden:

> Aufsichtsratsvorsitzender: In den paritätisch besetzten Aufsichtsräten sind ja nun auch die Arbeitnehmer drin. Die Arbeitnehmer kommen aus dem Unternehmen. Die Arbeitnehmer leben jeden Tag das Unternehmen. Die Arbeitnehmer kennen das Unternehmen im Detail besser als die von außen kommenden Anteilseignervertreter. Das heißt, da muss auch einer sein, der diesen Prozess konstruktiv, sag ich bewusst, der Arbeitnehmer steuert.

Formulierende Interpretation
In paritätisch besetzten Aufsichtsräten gebe es nicht nur Anteilseigner-, sondern auch Arbeitnehmervertreter. Diese „leben" jeden Tag das Unternehmen und seien mit diesem besser vertraut als die Anteilseignervertreter, die „von außen" kämen. Daher hätten sie ein besseres Verständnis der Einzelheiten des Unternehmens. Der Aufsichtsratsvorsitzende sei entsprechend dafür zuständig, die Arbeitnehmervertreter, bzw. den Prozess der Abstimmung mit diesen „konstruktiv" zu „steuern."

Logische Kondensation
1. In paritätisch besetzten Aufsichtsräten gibt es **Arbeitnehmervertreter**
2. Arbeitnehmervertreter leben jeden Tag das Unternehmen. Daher kennen sie die Details besser als die **Anteilseignervertreter, die** von außen kommen.
3 **Prozess;** Der **Aufsichtsratsvorsitzende** muss den Prozess der Abstimmung mit den Arbeitnehmervertretern und/oder die Arbeitnehmervertreter steuern.
4. Die Steuerung muss *konstruktiv* sein.
5. Das sage **ich** bewusst.

Reflektierende Interpretation
Die persönliche Verwobenheit mit dem Unternehmen, die der Aufsichtsratsvorsitzende für sich selbst in Anspruch nimmt, gesteht er prinzipiell auch den Arbeitnehmern zu. Entsprechend gilt auch hier: Die Internen verstehen das Unternehmen. Die externen Anteilseignervertreter nicht. Dennoch folgt daraus

nicht, dass zwischen internen Anteilseignervertretern, den Vorständen und den Arbeitnehmervertretern ohne Weiteres „Rat und Tat im Gespräch" entstehen. Die organische Konjunktion fehlt; das „Ich" und das „Du" gehen hier nicht selbstläufig in einem „Wir" auf. Vielmehr wird eine Formulierung gebraucht, die zum einen eine Differenz zu den Arbeitnehmervertretern betont, darüber hinaus jedoch in ihrer Ambivalenz offenlässt, was genau die Konsequenz aus dieser Differenz ist. Die Gefahr ist offensichtlich, und sie soll auch dem Interviewer deutlich gemacht werden: Da ist etwas, das potenziell problematisch ist und gesteuert werden muss. Was dieses Etwas jedoch genau ist, ob nun der Prozess der Abstimmung, die Arbeitnehmervertreter selbst oder ob die Verbindung von beiden kritisch ist, bleibt offen. Klar ist nur, dass die Arbeitnehmervertreter kompetenter als die externen Anteilseignervertreter erscheinen – und genau hier liegt auch ein Problem für das Spitzengremium einer Kapitalgesellschaft.

Der Prüfungsausschussvorsitzende[21] skizziert im Folgenden, was die Arbeitnehmervertreter aus Perspektive der „internen" Anteilseignervertreter in positiver Hinsicht beitragen können:

> Interviewer: Aber noch mal, welchen Input liefern die [Arbeitnehmervertreter] denn dann, wo Sie als-als Vorsitzender auch sagen, das ist, das ist, da ist es mir eben auch sehr wichtig, dass die auch vielleicht in dem Ausschuss sind?
> Prüfungsausschussvorsitzender: Ja, nehmen Sie mal an, so-so äh Sie haben hier eine große Anlage gebaut und die läuft nicht. Und das wissen Sie ja normalerweise nicht. Sie merken es vielleicht mal irgendwo, dass irgendwo ein Umsatz in einem Arbeitsgebiet nicht so kommt, wie er eigentlich kommen müsste oder so. Also es ist sehr indirekt, dass Sie es merken können, als Aufsichtsrat und da ist ein Arbeitnehmervertreter, der dann auf einmal sagt, ja, aber die [Anlage] in [Ort], die läuft da überhaupt nicht. Und ist das, ist die überhaupt werthaltig oder müssen wir da irgendwie Bilanz, hier Vorsorge treffen und so weiter.

Formulierende Interpretation
Auf die Frage nach dem Beitrag der Arbeitnehmervertreter im Prüfungsausschuss antwortet der Ausschussvorsitzende mit dem Beispiel einer defekten Anlage. In seiner Position würde man ein solches Problem nur indirekt, etwa anhand von

---

[21] Der Prüfungsausschuss ist ein ständiger Ausschuss des Aufsichtsrats, der sich mit der Prüfung des Jahresabschlusses und den entsprechenden internen Kontrollsystemen befasst. Für die Mitbestimmung ist er insofern von besonderer Bedeutung, als dass die Zahlenarbeit üblicherweise als die Kernkompetenz der Anteilseignervertreter begriffen wird.

5.3 Soziale Konstellationen

Umsatzeinbußen wahrnehmen können. Die Arbeitnehmervertreter hätten hingegen direkte Informationen, die sie einbringen könnten, etwa den Hinweis, dass die betreffende Anlage nicht in Betrieb ist. Erst auf Basis dieser Informationen könne angemessen entschieden werden, wie weiter zu verfahren sei.

Logische Kondensation
1. Interviewer: Der **Input** der **Arbeitnehmervertreter** im **Prüfungsausschuss** aus **Perspektive des Vorsitzenden.**
2. Prüfungsausschussvorsitzender: Es gibt und es gibt nicht eine **Situation:**
   - 2.1. Eine Anlage läuft nicht.
   - 2.2. Das *weiß* der Prüfungsausschussvorsitzende nicht. Er sieht Hinweise in **Zahlen.** Der **Umsatz** stimmt nicht oder ein anderer **Wert** stimmt nicht.
   - 2.3. Die **Arbeitnehmer** haben **direkte Informationen.** Die bringen sie ein.
   - 2.4. Die Information besagt, dass die Anlage außer Betrieb ist.
   - 2.5. Aufgrund dieser Information kann der Prüfungsausschuss *richtig* arbeiten. Er kann unterscheiden, ob eine Anlage *werthaltig* oder nicht *werthaltig* ist.

Methodische Bemerkung

Die vorliegende Episode besteht zum größten Teil aus einer hypothetischen Erzählung. Entsprechend verläuft die Schilderung im Konjunktiv, der in der logischen Kondensation als ambivalent transkribiert wird. Da der Konjunktiv jedoch *als Vorzeichen vor der gesamten Erzählung* fungiert, wurde die logische Kondensation entsprechend angepasst. ◄

Reflektierende Interpretation

Der Prüfungsausschussvorsitzende arbeitet hier mit einem Beispiel, das aus Perspektive der Anteilseignervertreter die Vorteile demonstriert, die der Prüfungsausschuss aus der Beteiligung der Arbeitnehmervertreter ziehen kann. Konkret geht es um die vom Aufsichtsratsvorsitzenden benannte positive Einbindung im Unterschied zu einer negativen, die bislang noch nicht weiter charakterisiert wurde. Dabei wird auch in der hier genannten Situation deutlich, dass es jenes „Atmen" ist, auf das die „Internen" setzen: das – nicht zuletzt leibliche – Verwobensein mit dem Unternehmen und dessen Abläufen. Eine Datenwelt der digitalisierten Zahlen wird hier der materiellen Realität gegenübergestellt (Nassehi 2019). Der Prüfungsausschuss muss beides verbinden, kann aber nur mit Zahlen arbeiten (siehe hierzu etwa Vollmer 2004). Erst wenn Zahlen Werthaltigkeit anzeigen, ist von einem positiven Ablauf auszugehen. Doch Werthaltigkeit kann nicht durch die Zahlenarbeit selbst gewonnen werden. Gerade die Arbeitnehmervertreter erscheinen damit als die Stimme der Werthaltigkeit der Zahlenwelt (siehe hierzu etwa Cooren 2006; Haug und Cooren 2020). Im Umgang mit den betriebswirtschaftlichen Daten können sie allerdings nicht mit den hierfür qualifizierten Anteilseignern mithalten – zumindest aus Anteilseignersicht:

> Interviewer 1: Äh (.) die Arbeitnehmer haben immer ein bisschen schwierige Position aufgrund der Fachkenntnisse. Wie-wie läuft das bei der [Dortmunder Petrol]?
> Prüfungsausschussvorsitzender: (.) Ach, ich finde eigentlich, unsere Arbeitnehmervertreter schlagen sich da ganz gut. Also wir haben ja den [Gewerkschaftsvertreter] äh und dann natürlich den einen-einen Betriebsrat. Und äh (.) wenn ich es vergleiche mit anderen Prüfungsausschüssen, würde ich sagen, sind unsere Arbeitnehmervertreter relativ gut drin in der Materie. Machen eigentlich auch eine ganz gute Weiterbildung. Äh teilweise über die Gewerkschaft, äh teilweise veranlasse ich aber auch, dass sie, meinetwegen von Wirtschaftsprüfungsgesellschaften, eingeladen werden, Weiterbildung Aufsichtsräte. Ja, da gibt es bei KPMG, bei PWC, bei Ernst und Young gibt es da so große Programme. Und dann sorge ich immer-immer dafür, dass die da auch eingeladen werden, auch hingehen.
> Interviewer 2: Ja.
> Prüfungsausschussvorsitzender: Sodass die eigentlich ganz gut äh (.) äh auch fachlich gut sind und dann kennen sie natürlich die ganzen materiellen Sachverhalte, all die sich an die Bilanzierungsfragen knüpfen und da stellen sie auch gute Fragen. Also insofern würde ich sagen, unser Prüfungsausschuss ist eigentlich gut qualifiziert. Natürlich äh führt das, die, das Wort führt natürlich der Vorsitzende.

Formulierende Interpretation

Die Arbeitnehmervertreter hätten aufgrund mangelnder Fachkenntnisse eine schwierige Position im Prüfungsausschuss, so die einleitende Proposition des Interviewers. Hierauf entgegnet der Ausschussvorsitzende, dass die Arbeitnehmervertreter der Dortmunder Petrol diesbezüglich gut aufgestellt seien. Teilweise würde er Weiterbildungen bei den Wirtschaftsprüfungsgesellschaften arrangieren und dafür sorgen, dass die Arbeitnehmervertreter sowohl eingeladen wie auch teilnehmen würden. So seien die Arbeitnehmer denn auch fachlich recht gut qualifiziert und selbstverständlich mit den Gegebenheiten vor Ort vertraut. Daraus schließt der Vorsitzende, dass sein Ausschuss gut qualifiziert ist – wobei das Wort selbstverständlich beim Vorsitzenden läge.

Logische Kondensation

1. Interviewer: Die **Arbeitnehmervertreter** haben und haben nicht eine schwierige Position aufgrund der **Fachkenntnisse**.
2. Die Arbeitnehmer haben und haben nicht ausreichend Kenntnisse. Im Vergleich mit anderen Aufsichtsräten sind die Arbeitnehmervertreter bei der Dortmunder Petrol gut und nicht gut aufgestellt. **Ich** veranlasse, dass sie von den Prüfungsgesellschaften zu Weiterbildungen eingeladen werden und diese auch besuchen.
3. Fachlich sind sie gut und nicht gut. Sie kennen die **materiellen Sachverhalte**, die mit der Bilanzierung verbunden sind. Hier stellen sie gute Fragen.
4. Ich sage und sage nicht, dass unser Prüfungsausschuss gut und nicht gut qualifiziert ist.
5. Das Wort führt der Vorsitzende.

Reflektierende Interpretation

Mag man auf den ersten Blick annehmen, dass der Prüfungsausschussvorsitzende die Arbeitnehmervertreter als qualifizierte Dialogpartner wahrnimmt, so wird gerade in der logischen Kondensation deutlich, dass dies nicht der Fall ist. Relevant ist der implizit mitlaufende Vergleich. Im Vergleich zu anderen Arbeitnehmervertretern mögen sie gut mit Zahlen umgehen können. Zur Eindeutigkeit eines „gut qualifiziert" finden die Ausführungen auch nie. Die Arbeitnehmervertreter bleiben jene Gruppe, die aufgrund ihrer „Fachkenntnisse" es nicht ganz einfach hat. Sie müssen nach Maßgaben des Vorsitzenden qualifiziert werden. Sie sind also immer in einer einen Schritt hinterher.

Allerdings bleibt auch hier die Kenntnis der „materiellen Sachverhalte" unangefochten: Die Aussagekraft der Zahlen in der Bilanz entsteht im Zweifelsfall durch das Wissen der Arbeitnehmervertreter. Erst hier wird die Kompetenzbeurteilung des Vorsitzenden in der logischen Kondensation eindeutig: Sie kennen die materiellen Sachverhalte.

Doch genau hier liegt auch der Hund begraben, was sich in der Konklusion zeigt: Auch der Prüfungsausschussvorsitzende betont, dass letztlich er es sei, der das Wort führt, was an die Aussage des Aufsichtsratsvorsitzenden erinnert, dass die Arbeitnehmervertreter bzw. der Prozess der Abstimmung mit diesen „gesteuert" werden müssen.

Die Gefahr, die aus Sicht des Kapitals in dieser Konstellation liegt, wird im Interview mit einem Anteilseignervertreter deutlich, der zu den „Internen" gerechnet werden kann:

Anteilseignervertreter: Die Arbeitnehmerseite ist natürlich hervorragend informiert über alle Details, die laufen jeden Tag im Unternehmen rum und kriegen natürlich alles Mögliche mit und haben deswegen einen Riesenwissensvorsprung gegenüber den Aufsichtsrats-äh-vor-mitglieder auf der Anteilseignerseite und äh das kann aufgewogen werden durch ehemalige Vorstandsmitglieder, (.) aber wenn die nicht da sind, dann haben die Arbeitnehmer seitenklaren Vorsprung und der kann natürlich auch ge-missbraucht werden darüber, bestimmte Dinge gar nicht in den Aufsichtsrat kommen zu lassen. Sondern sich vorher mit dem Vorstand zu einigen, indem man sagt, ja also wir wissen da mehr und dann wollen wir das und das erreichen und dann wollen wir lieber nicht den Gesamtaufsichtsrat einschalten.
Interviewer: M-hm.
Befragter: Also ich halte es für bedenklich.

Formulierende Interpretation
Die Arbeitnehmervertreter wüssten sehr gut über die Details und Abläufe des Unternehmens Bescheid. Daher seien sie den Anteilseignervertretern gegenüber im Vorteil, was nur durch ehemalige Vorstandsmitglieder im Aufsichtsrat kompensiert werden könne. Ohne diese jedoch stünde es den Arbeitnehmervertretern frei, ihr Wissen zu missbrauchen. Sie könnten, noch bevor Themen in den Aufsichtsrat kämen, Kompromisse mit dem Vorstand finden und so den Aufsichtsrat umgehen. Er halte dies für bedenklich.

Logische Kondensation
1. **Arbeitnehmervertreter** haben mehr **Wissen** als Anteilseignervertreter.
2. Um den Wissensvorsprung der Arbeitnehmerseite auszugleichen, brauchen die Anteilseignervertreter ehemalige Vorstände im Aufsichtsrat.
3. Wenn es keine ehemaligen Vorstände im Aufsichtsrat gibt, können die Arbeitnehmervertreter ihren Wissensvorsprung *gebrauchen* und *missbrauchen.*
4. Arbeitnehmervertreter gebrauchen und missbrauchen ihr Wissen, wenn sie sich mit dem **Vorstand** einigen und **Themen** so nicht in den Aufsichtsrat kommen.
5. **Ich** halte das für bedenklich.

Reflektierende Interpretation
„Ge-Missbrauchen" – dieser Versprecher des Interviewpartners wird zum Dreh- und Angelpunkt seiner Argumentation. In der Formulierung steckt sowohl der Gebrauch, die angemessene Verwendung, wie auch der Missbrauch, die unangemessene Verwendung. Unangemessen ist die Verwendung von unternehmensspezifischem Wissen aus Sicht der Anteilseigner, wenn sie darauf abzielt, die Interessen der Arbeiter gegen sie durchzusetzen. Angemessen ist sie, wenn dies

nicht der Fall ist. Das Atmen, aus dem das intuitive Wissen um das Unternehmen entstehen soll, erscheint hier als Problem für den Aufsichtsrat: Besser wäre es, wenn die Arbeitnehmervertreter auch nicht so recht wüssten, was eigentlich Sache ist (zumindest wäre diese Situation nicht mehr bedenklich). Da das jedoch nicht möglich ist, müssen die Anteilseignervertreter auf diejenigen unter ihnen setzen, die auch zu den Atmenden gehören. Das bessere Verständnis des Unternehmens durch Einatmen – es wird also in doppeltem Sinne problematisch und man stellt sich die Frage, ob die Arbeit des Aufsichtsrats nicht einfacher wäre, wenn dieser sich auf seine Zahlenarbeit beschränken würde, die kollegiale Kompetenz durch kontrollierte Wortmeldungen zum Tragen käme und dies dann auch schon alles wäre – was dann allerdings wieder die Frage nach der „Werthaltigkeit" aufwerfen würde.

Hier leuchtet das ganze Universum der Probleme der Unternehmenssteuerung auf, welches von der Betriebswirtschaftslehre nur in recht oberflächlicher Form in der Prinzipal-Agent-Problematik thematisiert wird. Aus der Perspektive der Theorie der Polykontexturalität ist die Subjektivität des jeweils anderen per se unzugänglich, ein Unternehmen jedoch unweigerlich von dem Handeln und Erleben anderer abhängig. Kontrolle kann im kybernetischen Sinne dann jedoch nur noch heißen, sich vom Wissen anderer abhängig zu machen und sich also dadurch selbst kontrollierbar und manipulierbar zu machen. Dies muss aber unweigerlich als ein ambivalentes Geschehen erscheinen, da Kontrolle damit zugleich Kontrollverlust bedeutet. Wenn man den Arbeitnehmervertretern eine dialogische Position zugesteht, ihnen also zuhört und sich von ihren Worten beeinflussen lässt, macht man sich von ihrem Wissen abhängig.

Die im Management wohl oftmals gelebte Alternative besteht darin, weiterhin im Nichtwissen zu handeln (wenngleich auch dies die Kontrolle über das Unternehmen nicht erhöht). Doch sobald man sich auf das Wissen eingelassen hat, dass es die anderen besser wissen – man aber nicht weiß, ob hinter dem jeweiligen Besserwissen nicht eine andere Agenda steht, man nicht in die selige Unwissenheit der reinen Zahlen zurück. Man weiß zwar mehr als zuvor (warum die Anlage nicht funktioniert), hat aber die Illusion verloren, dass man in der Ausübung seiner Kontrolle selbstständig und unabhängig ist. Wenn man sich mit Problemen beschäftigt, hat man eben ein Problem – und dies gilt für alle Beteiligten.

„Ge-Missbrauchen" – nun mag man meinen, diese Beschreibung sei eine der Anteilseignervertreter, des Kapitals, der Arbeitgeber, der Unterdrücker, gegen deren Handeln es gilt, eine Gegenmacht aufzubauen. Die Soziologie der Mitbestimmung identifiziert sich hier, zumindest seit den 1970er-Jahren, tendenziell sozialromantisch bis sozialrevolutionär, mit der Arbeitnehmerseite und unterstellt den Arbeitgebern ein falsches Bewusstsein (Eberwein und Tholen 1990). Das

Bild ist dann das eines Spieltisches und die Frage nur die, „ob die Karten schon voll ausgereizt sind" (Bamberg et al. 1987).
Doch so einfach ist die Sache zumindest nicht im Fall der Dortmunder Petrol. Denn auch aufseiten der Arbeitnehmervertreter stellt sich die Frage nach dem Ge- bzw. Missbrauch der eigenen Macht – nur in etwas anderer Form:

> Betrieblicher Arbeitnehmervertreter: Also da haben auch, glaube ich, ein paar meiner Kollegen, die anfangs immer so eifersüchtig waren, auch gesehen, ja [eigener Name] spielt doch seine Rolle, und ich glaube, das ist gerade, was man sehen muss und sehen möchte, m-hm. Also für mich war es schon gut, dass ich die Lernschule jetzt hinter mir habe und dass ich was für [Standort] bedeutet habe und dass auch die Leute gesehen haben, okay, er ist dort kein Aufsichtsratsmitglied, aber, weil er Aufsichtsratsmitglied ist, hat er die Möglichkeit, sich mehr und mehr zu bewegen im Lande selbst, ohne dass mein Arbeitgeber sagt, oh [eigener Name], du kannst jetzt aber nicht rausfahren. (.) Und ja, da habe ich meinen-meine Stärke, ja, nennt man das missbraucht, ich-ich meine gebraucht und d-das ist gut angekommen. Also ich hoffe, Leute haben jetzt ein bisschen mehr Begriff für meine Arbeit im Aufsichtsrat.

Formulierende Interpretation
Einige Kollegen hätten nun auch gesehen, dass der Befragte Einfluss habe – das zumindest glaube er. Das genau sei „was man sehen muss und sehen möchte". Für ihn sei es gut gewesen, die Lehre hinter sich gebracht zu haben und dass die Mitarbeiter am Standort gesehen hätten, dass er durch das Aufsichtsratsmandat Dinge bewegen könne – obwohl er nicht im Aufsichtsrat der Tochterfirma sitzt, die den Standort betreibt. Aufgrund des Mandats könne der Arbeitgeber seine Mobilität nicht einschränken. Und diese Stärke sei gut angekommen. Daher „missbrauche" er sie auch und er hoffe, dies würde von „den Leuten" wertgeschätzt.

Logische Kondensation
1. **Einige Kollegen** sehen und sehen nicht, dass ich *meine Rolle spiele*.
2. Das ist und ist nicht, was man sieht und nicht sieht.
3. Es ist eine Lernschule. Es ist gut, dass ich in der Lernschule bin und nicht bin.
4. Die **Leute** sehen, dass ich Bedeutung für den Standort habe, weil ich **Aufsichtsratsmitglied** bin.
5. Weil ich Aufsichtsratsmitglied bin, kann ich mich *freier bewegen,* weil der **Arbeitgeber** es mir nicht verbieten kann.
6. Das ist **meine Stärke**.
7. Man sagt, dass ich meine **Stärke** *missbraucht* habe.

5.3 Soziale Konstellationen

8. Ich sage, ich habe meine Stärke *gebraucht*.
9. Die Leute haben und haben nicht einen Begriff von meiner Aufsichtsratsarbeit.

Reflektierende Interpretation
Ge-missbraucht – diese Einschätzung des Anteilseignervertreters findet sich auch hier in ähnlicher Form. Sie entsteht als Antwort auf die merkwürdige Unsicherheit und Unbestimmtheit der eigenen Position im Unternehmen. Die Wähler des Befragten erscheinen aus dessen Perspektive schwer einzuschätzen, die Unterstützung des Mandats prekär. Es steht im Raum, ob der Befragte im Kollektiv der organisierten Arbeitnehmerschaft „seine Rolle spielt" und Interessen durchsetzen kann. Das Aufsichtsratsmandat fungiert hier gleichsam als „Joker", der es erlaubt, sich der Aufsicht durch den Arbeitgeber zu entziehen. Das Mandat wird zweckentfremdet, wird missbraucht, da es eigentlich nicht dazu dienen sollte, im Interesse der eigenen Wählerschaft vor Ort zu arbeiten, sondern im Interesse des gesamten Unternehmens. Doch genau diese Nutzung des Aufsichtsratsmandats für Zwecke der lokalen Interessenvertretung wird von der Wählerschaft erwartet. Das Mandat ermöglicht die Vertretung der Arbeitnehmerinteressen und damit – falls diese erfolgreich betrieben wird – eine Absicherung der eigenen Karriere. Unter diesem Vorzeichen ist auch ohne Weiteres denkbar, dass Wissen über die internen Abläufe eben durchaus gegen die Arbeitgeber verwendet wird – jene Möglichkeit, die bei den Anteilseignervertretern immer wieder Unsicherheit hervorruft. Selbst wenn es im obigen Zitat das unbestimmte „Man" ist, das hier den Missbrauch sieht – die Perspektive bleibt als eine Relevante erhalten und wird nicht negiert. „Ge-Missbrauch" der Position ist die Ambivalenz, in der auch die Arbeitnehmervertreter sich bewegen. Die Rekonstruktion der hier aufscheinenden Polykontexturalität lässt deutlich werden, dass dieser Zwiespalt nicht verschwindet, nicht aufgehoben werden kann, er ist vielmehr in die Kopräsenz der unterschiedlichen Positionen und die hiermit einhergehende Divergenz der Stimmen eingewoben.

Die folgende Passage aus einem Interview mit einem erfahrenen Gewerkschaftsvertreter zeigt in diesem Sinne ebenfalls die Ambivalenz auf, die in der Position der Arbeitnehmervertreter liegt:

> Gewerkschaftsvertreter: Und wir haben als wiederkehrendes Thema im Aufsichtsrat natürlich den Punkt äh, Akquisition, Devestition, weil das in so einer dynamischen Firma ein ständiges Thema ist. Und äh Portfolio-Management ist am Schluss äh (.) äh (.) nicht immer schön für Arbeitnehmer, aber es ist bei der Frage, kriege ich ein Unternehmen (.) gut und sicher in die Zukunft, unerlässlich. Ne? Und äh dem müssen wir uns auch stellen und äh (.) äh (.) wir-wir, das müssen wir auch unseren Leuten manchmal sagen, dass wir äh die Zukunft für sie nicht gewinnen, wenn wir

sagen nach dem Motto, ich will so bleiben, wie ich bin. Ist zwar schön, das ist auch so tiefe Sehnsucht der Menschen, dass sich möglichst vi-, wenig verändert, aber wenn man Dinge nicht angeht zum Zeitpunkt, wo sie gestaltbar sind, dann wird man gestaltet. So und äh wir haben uns da für das Gestalten entschieden (.) und das muss man (.) vertrauensvoll tun, rechtzeitig in den Information, wenn-wenn das mal zerstört ist, dann äh (.) haben Sie genau das verloren, was die Mitbestimmung ausmacht, ja, dass man frühzeitig Dinge (.) auch kritischer ansprechen kann, auch mal anderer Meinung sein darf. Äh aber am Schluss zu einer Entscheidung kommen muss, ne?

Formulierende Interpretation
Investitionen und Devestitionen seien in einer Firma wie der ihrigen stets akute Fragen. „Portfolio-Management" ist dabei für die Arbeitnehmer immer auch problematisch. Dennoch sei es für die Sicherung der Zukunftsfähigkeit des Unternehmens unerlässlich. Dem Wunsch der Arbeitnehmer, dass alles bleiben möge, wie es ist, könne insofern nicht Genüge getan werden. Denn entweder gestalte man die notwendigen Entscheidungen selbst mit oder man müsse mit der Konsequenz leben, dass andere die Entscheidungen treffen. Die Arbeitnehmervertreter hätten sich für die erstere Option entschieden. Hier müsse Vertrauen durch Transparenz hergestellt werden, um kritische Themen ansprechen, Meinungsverschiedenheiten aushalten und Entscheidungen treffen zu können. Dies mache Mitbestimmung aus.

Logische Kondensation
1. **Akquisition und Devestition** sind ein Thema im Aufsichtsrat, weil die **Firma** *dynamisch* ist.
2. **Portfolio-Management** ist nicht schön für **Arbeitnehmer,** weil Arbeitnehmer *Sehnsucht haben,* dass sich *nichts ändert.*
3. Portfolio-Management ist unverzichtbar, um die **Zukunft des Unternehmens** zu sichern.
4. Wenn **man** nicht *gestaltet,* wird man gestaltet.
5. **Wir** gestalten.
6. Gestalten findet *vertrauensvoll* oder nicht vertrauensvoll statt.
7. Wenn man rechtzeitig informiert, findet es vertrauensvoll statt.
8. Wenn man es nicht vertrauensvoll tut, hat man das verloren, was die **Mitbestimmung** ausmacht.
9. Mitbestimmung bedeutet, Dinge frühzeitig kritisch anzusprechen, anderer Meinung sein zu dürfen und am Schluss dennoch zu einer Entscheidung zu gelangen.

Reflektierende Interpretation
Die Arbeitnehmervertreter im Aufsichtsrat der Dortmunder Petrol sind in 2 verschiedene Rationalitäten eingespannt. Auf der einen Seite steht das Ziel des wirtschaftlichen Erfolgs des Unternehmens. Hier sind Entscheidungen im Hinblick auf Rentabilität zu treffen; das Unternehmen erscheint als Portfolio, dessen wirtschaftliche Perspektive stets aufs Neue gesichert oder gar verbessert werden muss. In vielversprechende Teile wird investiert, weniger zukunftsträchtige Bereiche werden abgestoßen oder zurückgebaut. Akquisitionen anderer Unternehmen sind möglich.

Auf der anderen Seite gilt es jedoch, dem Interesse der Arbeitnehmer Rechnung zu tragen, welches primär auf eine gesicherte Zukunft im Unternehmen abzielt. Hier steht der Erhalt des Status quo im Vordergrund, vielleicht noch die Möglichkeit weiterer Investitionen. Weniger wird jedoch die Akquisition anderer Unternehmen, und mit Sicherheit nicht der Rückbau oder Verkauf des eigenen Bereichs Ziel ihres Engagements sein. Für die Arbeitnehmervertreter stellt sich die Mitwirkung im Aufsichtsrat somit als eine *seltsame Schleife* (Hofstadter 1999), mit der hierin eingewobenen Paradoxie dar: Im Interesse der Arbeitnehmervertreter ist der wirtschaftliche Erfolg des Unternehmens, den man mitunter auch auf Kosten der Arbeitnehmer erreichen muss, um dann deren Interessen auf Kosten des Kapitals durchzusetzen.

Dieser paradoxen Situation lässt sich nun etwa dadurch beggnen, dass man die Seite des wirtschaftlichen Erfolgs ignoriert und sich auf der Seite des Beharrens gegen die Anteilseignervertreter einrichtet, was viele Arbeitnehmervertreter in anderen Unternehmen tun. Dies geht allerdings nur gut, wenn man Ahnungslosigkeit vortäuscht und hierdurch dem Kapital genug Raum lässt, unternehmerisch agieren zu können (siehe etwa Jansen 2013, S. 73 ff.). Die Arbeitnehmervertreter der Dortmunder Petrol optieren hingegen dafür, die paradoxe Schleife selbst zu verinnerlichen, indem sie sagen „Wir gestalten". Resultat ist dann aber das Aufbrechen einer primordialen Vertrautheit von Arbeitnehmern und Arbeitnehmervertretern (Luhmann 1973, S. 83). Man hat nun nicht mehr die ideologisch vorgefertigten Fronten, die einem vorab sagen, was Sache ist und was von der eigenen und der jeweils anderen Seite zu erwarten ist. Vielmehr kann die Wählerschaft den Eindruck bekommen, dass die eigenen Vertreter nicht mehr im eigenen Interesse handeln.

Das Verhältnis beginnt sich entsprechend anhand der Differenz von Vertrauen und Misstrauen zu gestalten, und zwar im Binnenverhältnis der eigenen Gruppe wie auch in der Beziehung zwischen den beiden beteiligten Seiten. Misstrauen muss in beiden Feldern begegnet und in Vertrauen verwandelt werden. Das geschieht zum einen durch Information, also durch die Vermittlung der seltsamen Schleife. Zum anderen jedoch eben auch, wie im vorigen Fall deutlich wird, durch das „ge-missbrauchen" der eigenen Position: Innerhalb der eigenen Gruppe muss immer wieder gezeigt werden, dass man eigentlich auf der richtigen Seite steht, indem man für die Arbeitnehmer kämpft, was im Zweifelsfall auch bedeuten kann, gegen die „Arbeitgeber" zu arbeiten – selbst wenn man das nicht unbedingt für die richtige Entscheidung hält. Gleichzeitig muss aber im Hinblick auf den Dialog mit der Anteilseignerseite die eigene Glaubwürdigkeit aufrechterhalten werden, sodass die anderen noch zuhören und sich von den Worten beeinflussen lassen, also nicht entsprechend vorgefertigten ideologischen Rastern agieren.

Doch auch hier zeigt sich dann wieder, dass Entscheidungsfähigkeit überhaupt erst in einer Situation entsteht, die nicht schon durch die Regeln des Feldes determiniert ist. Die mit Heinz von Foerster (1989, S. 30) aufgeworfene Maxime, dass wir eben nur jene Fragen entscheiden können, die „prinzipiell unentscheidbar sind", lässt sich an dieser Stelle deshalb auch von einer anderen Seite lesen. Die Ambivalenzen polykontexturaler Verhältnisse aushaltend, eröffnen sich hier neue Unbestimmtheiten, die dann jedoch andere, komplexere und differenziertere, vermutlich dem Gegenstand angemessenere Entscheidungskorridore eröffnen, als es in Arrangements mit hierarchisch abgesicherten Gruppenloyalitäten geschieht. Will sagen: Die Welt ist nicht mehr so einfach wie zuvor. Aber das Gremium ist in der Lage, potenziell einen höheren Grad an Ambivalenzen, Widersprüchen und Komplexität zu prozessieren.

5.3.1.3 Fallbeschreibung

Bereits in dem vorangehenden Fall – der Krankenbehandlung von Herrn Spondel – wurden unterschiedliche Bezugsprobleme sichtbar. Die sozialen Konstellationen des vorliegende Falls legen eine weitere Dimension sozialer Komplexität offen, indem mit Blick auf die Gremienarbeit gezeigt wird, wie sich die jeweils einzelnen Positionen der verschiedenen Anteilseigner- und Arbeitnehmervertreter in den Binnen- und Gruppenbeziehungen miteinander verschränken. Auf der Anteilseignerseite ist dabei zunächst die Frage nach der richtigen Entscheidung zu stellen. Hier ähnelt die Situation der ärztlichen Entscheidungsfindung im aktivistischen Modus: Man weiß nicht, womit man es zu tun hat. Der Ehrlichkeit halber müsste man einräumen, dass man nicht versteht, was in so einem großen Unternehmen wirklich vor sich geht. Dies ändert jedoch nichts daran, dass etwas getan – oder treffender: entschieden – werden muss. Dieser Handlungszwang bei unzureichender Wissensbasis lässt sich nun etwa konsensorientiert bearbeiten, das heißt auf Basis der Vorstellung eines Kollektivs kompetenter Manager, die in einem gleichberechtigten und fairen Austausch von Argumenten um die beste Entscheidung ringen. Auf diese Weise könnte der Versuch unternommen werden, sämtliche relevanten Aspekte in den Diskurs einzubeziehen und hierdurch eine rationale und qualifizierte Entscheidung zu ermöglichen. Zwar weiß man, dass man der Komplexität nicht annährend Herr wird. Doch zumindest kann man sich, analog zu den Ärzten im Fall Spondel, zumindest sagen, dass man alles versucht hat.

Diese Vorstellung kommt jedoch im vorliegenden Fall nicht zum Tragen. Sie muss vielmehr einer zweiten Option weichen, der Figur einer organischen Einheit der „internen" Anteilseignervertreter mit dem Unternehmen. Wie gerade im Vergleich mit der zuvor genannten Option zu sehen ist, wird im Aufsichtsrat hierdurch so etwas wie eine Zweiklassengesellschaft etabliert: Den weitgehend einflusslosen „externen" Mitgliedern stehen jene gegenüber, die das Unternehmen eingeatmet haben und es daher kennen und zu beherrschen vermögen. In der Folge findet Diskurs vor allem zwischen den „Internen" statt, welche „Rat und Tat" im Dialog zwischen ebenbürtigen Partnern entstehen lassen. Dass auf diese Weise dem Aufsichtsrat die Entscheidungskompetenz faktisch entzogen ist, bringt jedoch ein Legitimationsproblem für die „externen" Aufsichtsratsmitglieder mit sich. Auf der einen Seite ist man zwar erleichtert, dass man von schwierigen Entscheidungsfindungsprozessen entlastet wird, da man sich sagen kann, die „Internen" wüssten es besser. Auf der anderen Seite ist man faktisch überflüssig. Um den Schein und das Gesicht des Spitzenpersonals zu wahren, ist der Aufsichtsrat nun im Wesentlichen von Simulation geprägt. Es geht dann primär darum, gemeinsam so zu tun, also ob jeder Anteilseignervertreter etwas Wichtiges zur Entscheidungsfindung beizutragen hätte.

Anders stellt sich die Situation wiederum für die Arbeitnehmervertreter dar. Hier steht man vor dem Problem, auf der einen Seite die Kollegen gegen die Arbeitgeber vertreten zu müssen. Gleichzeitig sitzt man jedoch mit dem Kapital an einem Tisch. Denn selbst der klassenkämpferischste Gewerkschafter kann nicht der Tatsache entgehen, dass der Gewinn, um dessen Verteilung man mit der Kapitalseite ringen könnte, zunächst einmal erwirtschaftet werden muss. Zugespitzt könnte man sagen, dass die Arbeitnehmervertreter auf Kosten ihrer eigenen Klientel dem Kapital zum Erfolg verhelfen müssen, um ihm für die Arbeitnehmer etwas abtrotzen zu können. Das unterminiert die eigene politische Legitimität und schafft sie zugleich.

Die Lösung dieses Problems besteht in einer Doppelform: Zum einen nutzen gerade betrieblich gewählte Arbeitnehmervertreter ihr Mandat immer wieder, um politische Vorteile auszuspielen. Man „ge-missbraucht" die mit dem Mandat einhergehende Stärke. Zum anderen wird im Dialog mit den „Internen" Triage betrieben. Man entscheidet sich fürs „Gestalten" – möchte dafür aber auch etwas sehen. Für die „internen" Anteilseignervertreter heißt das, dass die Arbeitnehmervertreter sowohl Gegner wie auch Partner sind. Sie haben Informationen zu bieten, an die man sonst nicht herankäme. Zugleich kann man aber immer nur bedingt vertrauen, da sie unter dem Verdacht des „Ge-Missbrauchs" ihres Wissensvorsprungs stehen.

Das Vertrauens-/Misstrauensthema kopiert sich aber auch in die Beziehung zwischen den Internen und Externen hinein. Ob man die Vorabentscheidungen für eine kluge Vorarbeit oder für Mauschelei und das Vorenthalten von Informationen für eine sinnvolle Reduktion der Komplexität oder für Unterschlagung wichtiger Sachverhalte hält, bleibt auch hier ambivalent und muss entsprechend auf der Ebene des Sozialen – also dem Versuch, Vertrauen aufzubauen – bewältigt werden.

Aufsichtsratsarbeit wird so zu einem Spiel, in dem jede Seite stets die Grenzen des Machbaren auslotet und bei Bedarf das eigene Interesse auf der einen Seite sabotiert, um dem Interesse auf der anderen Seite gerecht zu werden. Jede Handlung ist damit mehrwertig codiert. Sie ist Machtkalkül, das die „externen" Aufsichtsratsmitglieder bei der Stange hält und die Kooperation der Arbeitnehmervertreter sichert, dabei aber maximalen wirtschaftlichen Nutzen verspricht. Sie ist die Inszenierung des Interessenkonflikts mit der anderen Seite, die man als Gegner, aber eben auch als Partner braucht. Die Arbeit des Aufsichtsrats der „Dortmunder Petrol" erscheint so als ein Abtasten jeder Option auf politische Folgen gegenüber den Arbeitnehmern, den „externen" Anteilseignervertretern sowie „Internen" von der anderen Seite. Um all dies wissen die Beteiligten aller Parteien (selbst die „Externen") – und lassen sich darauf ein, weil dies unter den gegebenen Verhältnissen zumindest nicht als die schlechteste Lösung erscheint.

5.3.2 Konstellationen oder Prozesse verstehen – Differenzen und gleitendes Übergehen zwischen zwei Perspektiven

Die Herangehensweise, die im Fall Spondel verwendet wurde, scheint sich zunächst grundlegend von der zu unterscheiden, die im Fall des Aufsichtsrats der Dortmunder Petrol gewählt wurde. Bei näherer Betrachtung zeigt sich jedoch, dass die Übergänge fließend sind und die Unterschiede in der Erhebung weniger in einen fundamental andersartigen Zugang, als vielmehr in einen anderen Fokus münden. Ergänzend zu der statischen Analyse der von den beteiligten Aufsichtsräten jeweils eingenommenen individuellen Positionen ließe sich etwa ohne

5.3 Soziale Konstellationen

Weiteres deren kommunikative Verschränkung im Diskursverlauf beobachten, was dann die dynamische Entfaltung der einzelnen Positionen zutage bringen würde (Jansen 2012). Ein optimales Forschungsdesign kann hier jedoch nicht vorab festgelegt werden. Welche Herangehensweise man wählt, muss sich vielmehr nach dem Erkenntnisinteresse richten. Gleichzeitig handelt es sich stets um eine Frage der Forschungspragmatik. Nicht immer bekommt man Zugang zu jenen Daten, die man sich wünschen würde, sondern muss auf andere Daten zurückgreifen. In jedem Fall gilt: Die grundlegenden Bruchlinien, die konstitutiven Bezugsprobleme wie auch die Form der Bearbeitung lassen sich auf unterschiedlichen Wegen rekonstruieren.

▷ In vielen sozialwissenschaftlichen Fragestellungen ist es fruchtbar, den Fokus auf soziale Konstellationen zu lenken. Im Vordergrund steht dann das Netzwerk der Relationen, die ein bestimmtes, empirisch zu beobachtendes Arrangement auszeichnen. Der zeitliche, evolutionäre Aspekt tritt hier in den Hintergrund, während mehr auf das sich in der „Fläche" zeigende polyzentrische Arrangement geschaut wird. Auch hier können in der vergleichenden funktionalen Analyse übergreifende Muster sichtbar werden, welche das untersuchte soziale Gebilde auszeichnen (etwa das Problem, dass die als Spitzenpersonal rekrutierten Mitglieder des Aufsichtsrats formal Entscheidungen treffen müssen, wenngleich die Wissensbasis so dünn ist, dass sie es eigentlich gar nicht können).

Wie sich in der vorangehenden Analyse des Falls „Dortmunder Petrol" zeigte, tauchen an manchen Stellen der Rekonstruktion auch Verhältnisse von Personen zu sich selbst auf, etwa Reflexionen auf die eigene Rolle, das eigene Handeln und die hiermit einhergehenden Ambivalenzen – und zwar nicht nur als Nebenfund, sondern durchaus auch konstitutiv für die soziale Konstellation. Das gekränkte Aufsichtsratsmitglied erscheint zunächst als Selbstverhältnis, muss aber dann von dem Vorsitzenden entsprechend sozial adressiert werden, um das Ausbrechen eines offenen Konflikts zu vermeiden. Soziale Systeme reagieren sensibel auf die Frage, wie ihre Mitglieder mit Ambivalenzen umgehen, und versuchen entsprechend, steuernd einzugreifen.

Umgekehrt lässt sich aber auch feststellen, dass Personen in der Regel recht empfindlich auf soziale Ambivalenzen reagieren. Dies wurde etwa an dem Thema „Vertrauen" sichtbar, das ebenfalls sowohl aus Perspektive der Selbst- und Weltverhältnisse als auch von der Seite der sozialen Figuration her rekonstruiert werden kann. In beiden Fällen stößt man auf die konditionierte Koproduktion, also auf den Befund, dass es nicht weiterhilft, Vertrauen nur als psychisches oder nur als soziales Problem zu sehen, es also einer Person oder einem sozialem Verhältnis zuzurechnen, sondern der produktivere Weg darin besteht, zu untersuchen, wie sich ver- oder misstrauenswürdige Personen und Verhältnisse in einer gemeinsamen Evolution wechselseitig hervorbringen, um sich miteinander in bestimmten Eigenwerten und Zurechnungsmustern zu stabilisieren.

Hiermit einhergehend tauchen für den Aufsichtsrat – und hier in besonders intensiver Form für den Vorsitzenden – dann auch professionsethische Fragen auf. Wie bereits im vorherigen Fall mit Blick auf die ärztliche Entscheidungsfindung anklang, ist auch im Aufsichtsrat darauf hinzuweisen, dass das Gelingen der Praxis nicht positivsprachlich – etwa in einem Set von abzuarbeitenden Regeln und Prinzipien – formuliert werden kann, sondern sich auch hier nur als jeweils eigenständige schöpferische Lösung des Arrangements inkommensurabler Kontexturen *zeigt*. Aus einer systemtheoretischen Perspektive ist jede vorfindbare Praxis per se bereits die Lösung eines bestimmten Sets von Problemen und liegt damit in dem Bereich der Beschreibungen, die im Sinne von Wittgenstein keinen ethischen Satz enthalten können.

Es werden sich jedoch auch Lösungen ergeben können, welche aus der Innenperspektive der Akteure und anderer relevantere Stakeholder schöner, eleganter und effektiver, kurz: besser erscheinen. Die Kontexturanalyse legt ihrerseits mit ihren Rekonstruktionen Bilder vor, die sich als ein gelungenes polyphones Arrangement oder als eine Kakofonie von widerstreitenden Stimmen zeigen, der sich niemand auf Dauer ausgesetzt finden möchte. Unweigerlich verweist die Rekonstruktion damit auf den imaginären Raum der impliziten Ethik.

Im hier vorgestellten Beispiel mag dies dann vielleicht auch nur in ein Gefühl des Respekts vor den komplexen Leistungen der dieses Arrangement hervorbringenden Netzwerke von Relationen münden. Der Praktiker im Unternehmen mag hieraus zudem womöglich eine Inspiration für sein eigenes Handeln ziehen, die Sozialwissenschaftlerin vielleicht ahnen, dass der Hiatus zwischen Theorie und Praxis, wissenschaftlicher Rekonstruktion und den untersuchten Lebensverhältnissen zwar logisch unüberbrückbar ist, im Falle einer zugleich überzeugenden wie schönen Arbeit sehr wohl in beiden Welten einen Unterschied machen kann – nämlich indem auf die negativsprachliche Seite konkreter Lebenspraxis verwiesen wird und damit neue Räume sichtbar werden.

Schluss 6

6.1 Resultate: Fälle, Typen und Darstellung

Wir haben 3 Beispiele vorgestellt, Beispiele für empirische Herangehensweisen, Beispiele für unterschiedliche Gegenstände und Studiendesigns. Unser Ziel war dabei, die Bandbreite kontexturanalytischen Vorgehens auf dem Hintergrund derjenigen Gegenstände und Forschungszusammenhänge vorzustellen, in denen die Methode entstanden ist. In unseren Beispielen haben wir uns dabei auf Einzelfälle beschränkt. Warum aber kein Fallvergleich? Ist der Einzelfall das Resultat – und wenn ja, ist das nicht ein wenig dürftig? Warum haben wir das so gemacht?

Diese Frage verdient eine Erörterung. Zum einen sind praktische Gründe anzuführen. Ein systematischer Fallvergleich hätte den Rahmen des Buches gesprengt – zumal der Fallvergleich an anderer Stelle ausführlich dargelegt wurde (Vogd 2004b; Jansen 2013). Auch würde man Gefahr laufen, dann doch die Aufmerksamkeit zu sehr von der Methode weg und zum konkreten Gegenstand der Studien hinzulenken.

Zum anderen jedoch geht es uns mit der Beschränkung auf den Einzelfall um mehr. Denn wenn wir hier auch nicht den Anspruch einer „objektiven Hermeneutik" verfolgen, so ist ein Einzelfall vor dem Hintergrund der hier vorgestellten Methode, insbesondere mit Blick auf die funktionale Analyse, doch immer mehr als nur der Einzelfall. Vielmehr lässt sich an ihm eine funktionale Basisstruktur freilegen. So sind die Problemfelder, die in allen 3 Fällen erarbeitet wurden, durchaus nicht (nur) fallspezifisch: Eine Fastenpraxis, die eine Antwort auf das ständige sich Verlieren an die Welt darstellt, die ärztliche Hilflosigkeit im Angesicht des unbehandelbaren Patienten, aber auch das Entscheidungsproblem im mitbestimmten Aufsichtsrat – all diese Fälle stellen Basisprobleme des jeweiligen Phänomens dar –, und zwar relativ unabhängig von dem betreffenden

© Der/die Autor(en), exklusiv lizenziert durch Springer Fachmedien Wiesbaden GmbH, ein Teil von Springer Nature 2022
T. Jansen und W. Vogd, *Kontexturanalyse*,
https://doi.org/10.1007/978-3-658-35772-6_6

Einzelfall. So wurde uns etwa von Ärzten im Hinblick auf den Fall Spondel versichert, dass die Kollegen durchaus mehr hätten machen können („sie sind einfach zu faul gewesen"). Auch der Aufsichtsrat der Dortmunder Petrol ist sicher ein Sonderfall. Gerade das macht die erarbeiteten Ergebnisse aber umso interessanter: Die Bezugsprobleme der Grenzen der Medizin zeigen sich sogar in solchen Fällen, in denen die Ärzte keine Lust haben oder inkompetent sind, die Probleme eines mitbestimmten Aufsichtsrats sogar dort, wo von regulärer Mitbestimmung kaum die Rede sein kann, weil etwa praktisch keine Arbeitnehmervertretung institutionalisiert, aufgrund der Gesetzgebung aber dennoch Arbeitnehmervertreter im Aufsichtsrat vertreten sind.

In diesem Sinne sind die hier angeführten Einzelfälle mehr als Einzelfall: Sie repräsentieren Grundprobleme von Sozialität unter polykontexturalen Bedingungen. Die Thematik, die Marion bearbeitet – sie zeigt sich in vielen anderen Zusammenhängen, in denen ein Mensch sich von sich selbst und seiner Praxis zu entfremden beginnt. Das Problem der Entscheidungsfindung ist keines, das für Aufsichtsräte spezifisch ist. Es findet sich in jedem kollegialen Gremium. Ebenso die Grundstruktur der Interessenpolitik, die man wohl in ähnlichen Formen in jeder Partei antreffen wird, die immer wieder gezwungen ist, gegen die Interessen der eigenen Klientel handeln zu müssen. Die Frage nach den Grenzen des eigenen Regimes, mit der die Ärzte im Fall Spondel konfrontiert waren, stellt sich für jede Profession unabhängig von der jeweiligen konkreten empirischen Situation. Selbst in unserem eigenen Fall, der Wissenschaft, zeigt sie sich – etwa immer dann, wo wir uns die Frage stellen müssen, ob das, was wir da tun, nicht nur der wissenschaftlichen Wahrheit dient, sondern darüber hinaus auch gut ist. Man denke etwa an Dürrenmatts *Physiker*. Wir lernen im Einzelfall etwas, das über den Einzelfall hinausgeht und deutlich tiefer reicht, und zwar unabhängig davon, ob der betreffende Einzelfall besonders dramatisch, repräsentativ oder außergewöhnlich ist.

Dabei hat jedoch das, was wir aus dem Einzelfall lernen, nicht unbedingt die Eigenschaft, auf andere konkrete Fälle empirisch übertragbar zu sein. Fasten muss nicht immer Fasten im Sinne Marions sein, ärztliche Entscheidungsfindung arbeitet sich nicht immer an derselben Art von Problemen ab, wie sie sich im Fall Spondel zeigen. Auch die Dortmunder Petrol ist als Praxis nur bedingt übertragbar. Empirisch bleibt der Einzelfall der Einzelfall. Die Reichweite der Aussagen zeigt sich erst im Fallvergleich.

Wenn wir von Basisproblemen reden, dann sprechen wir von einer Transzendentalstruktur oder im funktionalen Sinne einer Problemstruktur, meinen jedoch dabei gerade nicht, dass ein empirisch beobachtbares Phänomen im strukturfunktionalistischen Sinne auf das immer gleiche Problem verweist.

Fasten kann eine Vielzahl völlig verschiedener Probleme bearbeiten. In vielen Fällen stößt ärztliche Entscheidungsfindung nicht einmal auf das Problem der Unbehandelbarkeit (selbst wenn sie es nur durch Faulheit und/oder Inkompetenz herstellen sollte) und eine Arbeitnehmervertretung muss nicht in jeder Sitzung damit konfrontiert werden, dass sie vielleicht gut daran täte, den Erfolg des Kapitals zu befördern. Basisprobleme sind also keine empirischen Sachverhalte, sondern für spezifische Praxen transzendentale Probleme, die sich aus den Grenzen und Überschneidungen bestimmter Lagerungen ergeben. Sie offenbaren sich etwa dort, wo der Mensch als Subjekt mit dem Menschen als lebendigem Tier kollidiert, wo medizinische Professionalität auf desolate Körper trifft, wo der Anspruch auf rationale Kontrolle dem Unkontrollierbaren gegenübersteht.

Basisprobleme sind soziale Transzendentalprobleme – was dann aber auch bedeutet, dass ihre Bestimmung keine empirische Erkenntnis im Sinne einer Einsicht in bestimmte Eigenschaften von Seiendem darstellt. Es ist vielmehr die Rekonstruktion jener Bedingungen, unter denen sich Seiendes im Rahmen einer konkreten sozialen Praxis konstituieren kann. Dieses Verhältnis kann sich immer wieder verschieben. Das, was in einer Situation als unhintergehbares Basisproblem erscheint, ist in einem anderen die Praxis, die dieses hervorbringt. An der Geltung in der konkreten Situation ändert das allerdings nichts.

Gegenstandsspezifisch kann eben jener Varianz nachgegangen werden. Das ist jedoch nicht notwendig. Denn die entscheidende Frage, die zu beantworten ist, lautet, was Theoriebildung will und worauf sie sich bezieht. Wenn Theoriebildung aber – wie hier – nicht ontologisch verfährt, geht es ihr darum, das Soziale von seinen Bedingungen her zu denken. Die möglichen empirischen Antworten treten in ihrer Bedeutung damit hinter das Verständnis der jeweiligen Bezugsprobleme zurück. Dies gilt sowohl theoretisch-konzeptuell als auch empirisch, da gerade eine empirische Analyse, die auf Polykontexturalität schaut, sensibel dafür wird, wie komplex jeder Einzelfall ist. Dies wird gerade in Organisationen deutlich, in denen etwa der Wechsel des Vorgesetzten oder eine neue rechtliche Regelung, eine wirtschaftliche Krise oder ein anderer, singulärer Schock, eine völlig neue Situation schaffen kann. Die konkrete Lage ist dann häufig nur als Einzelfall und eben gerade nicht im Sinne einer Typik zu verstehen. Selbst der Fall Marion zeigt sich bei näherer Analyse als eine hochgradig individuelle Lagerung, die zwar mit ähnlichen Lagerungen vergleichbar ist, deren Einzigartigkeit aber gerade im Vergleich besonders deutlich zutage tritt.

Umgekehrt können sich unterschiedliche Typen gleichzeitig gut in einem Fall zeigen. Das kann so weit gehen, dass sich bestimmte Formen der Bearbeitung an einem Fall in hinreichender Auflösung darstellen lassen. So zeigt sich etwa im Fall der Dortmunder Petrol gerade am Scheitern der Erwartungen der „Externen", wie es anderswo läuft. Die beiden Modi der Unsicherheitsabsorption (entweder durch Diskurs und Hierarchie oder durch Vorschaltung einer primordialen Vertrautheit) zeigen sich hier ebenso wie das Problem der Wahrung des Gesichts des Spitzenpersonals und die Notwendigkeit, die Fiktion der unternehmerischen Kompetenz aufrechtzuerhalten. Zwei Formen der Bearbeitung lassen sich hier also an einem Fall rekonstruieren. Auch der Fall Spondel zeigt verschiedene Trajektorien der Bearbeitung (Entlassung oder Betriebsamkeit). Denkt man also vom Ergebnisteil einer Arbeit her, kann es Sinn machen, nur einen einzelnen Fall in den Vordergrund zu rücken und an dessen Komplexität unterschiedliche Modi der Problembearbeitung zu diskutieren.

Das macht den Fallvergleich keinesfalls überflüssig und ändert nichts an der Tatsache, dass erst durch ihn eine gesättigte Theorie sowohl über die unterschiedlichen Bezugsprobleme eines bestimmten Phänomens wie auch über unterschiedliche Formen der Bearbeitung gewonnen werden kann. Wohl aber gibt es dem Fallvergleich eine andere Bedeutung. Denn wenn der Fall nicht mehr als Exemplar eines Typs oder einer Gattung genommen wird, sondern als ein Arrangement, das schon immer vieles in sich trägt, wird es im Fallvergleich darum gehen, die relevanten Bezugsprobleme wie auch die Formen der Bearbeitung herauszuarbeiten, und zwar unabhängig vom Einzelfall. Das heißt dann aber auch, dass der Fallvergleich wirklich nur noch im Hinblick auf die Theoriebildung interessant ist. Es geht dann nicht mehr darum, jeden Fall erschöpfend zu beschreiben oder möglichst sämtliche Fälle zu kategorisieren. Entscheidend ist die theoretisch gesättigte Verzahnung von der Forschungsfrage, einer minutiösen Textarbeit und der hiermit einhergehenden Theoriebildung. Abhängig von der Forschungsfrage wird dann unter Umständen ein Großteil des Datenmaterials keine größere Beachtung mehr finden oder primär der Anreicherung und Validierung dienen. So mag sich etwa eine Studie, die sich mit den Grenzen ärztlicher Praxis beschäftigt, tatsächlich primär auf den Fall Spondel konzentrieren und (wenn man diese Idee gedankenexperimentell weiterspinnt) einen Fall fokussieren, in dem es zu einer „Änderung des Therapieziels" kommt, also zu einer Überweisung an die Palliativmedizin. Unter Umständen lässt sich an beiden Fällen Pars pro Toto die ganze Spannbreite möglicher und empirisch vorfindbarer Praxen darstellen. Das Ziel eines solchen Unterfangens liegt dann jedoch keineswegs darin, diese beiden Fälle zu idealisieren, sondern mit ihrer Hilfe zu einer gelungenen Form der Darstellung zu gelangen, die von den konkreten Fällen abstrahieren lässt. In diesem Sinne geht es eher darum, die konzeptuelle Spannbreite des Möglichen aufzuzeigen denn um eine Kategorisierung des Faktischen.

6.2 Wozu Kontexturanalyse?

Die mit diesem Buch entwickelte Position wirft die Frage auf, ob die Kontexturanalyse als Methode der empirischen Sozialforschung nicht ihr Ziel verfehlt. Denn, so kann mit einigem Recht gefragt werden, geht es empirischer Sozialforschung nicht letztlich darum, ein bestimmtes So-und-nicht-anders-Sein, also bestimmte faktische Aussagen über ihren Gegenstand zu treffen? Oder, positiv gewendet: Es ließe sich die Frage stellen, welche Aussagen die Kontexturanalyse denn treffen möchte, wenn sie keine positiven Aussagen über das So-und-nicht-anders-Sein eines Gegenstandes formulieren möchte.

Tatsächlich können (und wollen) wir uns nicht in vollständiger ontologischer Abstinenz üben. Jede Forschungsfrage ist ontologisch begründet und jedes Ergebnis muss in unseren (schon immer ontologisch verfassten) Alltag zurückfließen. Jede Aussage über eine Bearbeitungspraxis und einen Problembezug ist immer schon positivsprachlich zu verstehen (etwas wird ausgesagt) und damit empirisch relevant. Die Frage ist jedoch, *was* damit gesagt ist oder *was* damit *gesagt werden soll*. Geht es darum, ein bestimmtes Verhalten auf eine bestimmte Lagerung zurückzuführen, eine bestimmte Praxis des Fastens etwa auf ein Milieu oder eine bestimmte Praxis ärztlicher Entscheidungsfindung auf eine Disziplin? Eine klassische soziogenetische Typenbildung ist kontexturanalytisch möglich und sinnvoll.

Die Frage ist jedoch, wie gesagt, ob es um diese Zusammenhänge gehen *soll*. In gewisser Weise stoßen wir damit an die bereits oben angesprochenen Grenzen der Wissenschaft als Wissenschaft. Wie die Frage, mit der die Ärzte im Fall Spondel konfrontiert sind, die Grenzen deren eigenen professionellen Handelns tangiert, ist die Frage nach der Relevanz einer bestimmten wissenschaftlichen Wahrheit keine wissenschaftliche mehr. Sie lässt sich im Kern nur ethisch beantworten. In diesem Sinne ist also nolens volens auch die Wissenschaft in ein Existenzial eingebunden. Es ist ihr Erkenntnisinteresse: Etwas, was sie berühren muss, antreibt und herausfordert, um in einer besonderen reflexiven Form Gegenständen entgegenzutreten zu können. Es ist ihr Handeln, das das von ihr Untersuchte in einer besonderen Weise sprechen lässt, sodass es in der Welt einen weiteren Unterschied macht, also im ursprünglichen Sinne *relevant* wird (lat: relevare: „den Waagebalken, eine Sache wieder bzw. erneut in die Höhe heben").[1]

---

[1] Kochbuchartig mechanisch eine Methode anwenden oder einen an sich lebendigen Gegenstand durch eine zur Ideologie verkommene Theorien zu totem verdinglichten Wissen zu machen, ist nicht nur deshalb schlecht, weil es die Wissenschaftlerin in eine Art Halb-

Wissenschaftler können sich dem nicht entziehen. Selbst Webers (1988) Postulat der Wertfreiheit ist ein ethisches. Es ist das Postulat der Wertfreiheit als Wert – einer, dem er selbst zudem nur bedingt nachkommt. Im „stahlharten Gehäuse", in der Unterscheidung von Verantwortungs- und Gesinnungsethik (Weber 1994), in der Analyse der protestantischen Ethik (Weber 2006) – überall sind ethische Positionen impliziert.

Entsprechend hat auch unsere Skepsis gegenüber ontologischem Denken eine ethische und nicht nur eine erkenntnistheoretische Dimension. Diese kommt gerade auch bei Adorno (etwa 2013, S. 17 ff.) deutlich zum Ausdruck. Denn identifizierendes Denken ist für ihn eben immer auch Machtausübung, immer die Reduktion eines lebendigen, fluiden und mehrdimensionalen Gegenstandes auf eine Kategorie.

Dies heißt aber auch, dass wir uns eben nicht auf eine explizite und aussprechbare Ethik zurückziehen können. Denn diese wird, sobald sie ausgesprochen ist, selbst nur wieder Teil des Geflechts, in dem sie einen Raum bildet, der konsolidiert, verhärtet und irgendwie integriert wird. Von ihr gilt dann, was Nietzsche (1999, S. 880 f.) von der Wahrheit sagt: Sie sei ein „bewegliches Heer von Metaphern, Metonymien, Anthropomorphismen kurz eine Summe von menschlichen Relationen, die, poetisch und rhetorisch gesteigert, übertragen, geschmückt wurden, und die nach langem Gebrauche einem Volke fest, canonisch und verbindlich dünken: die Wahrheiten sind Illusion, von denen man vergessen hat, dass sie welche sind, Metaphern, die abgenutzt und sinnlich kraftlos geworden sind, Münzen, die ihr Bild verloren haben und nun als Metall, nicht mehr als Münzen in Betracht kommen."

Entsprechend geht es uns hier nicht darum, Antworten zu geben – etwa das, was da geschieht im Sinne einer „Theodizee der Gesellschaft" (Nassehi 2009, S. 367) zu begreifen, im Sinne einer kritischen Theorie aufzuzeigen, „wie die Konstitutionsbedingungen des Sozialen zugleich die Bedingungen seiner Selbstzerstörung hervorbringen" (Bröckling 2017, S. 371) oder sozialromantisch Authentizität zur Geltung zu bringen (Silverman 1993, S. 6). Vor allem geht es

---

schlaf versetzt, sondern es ist falsch, weil es auch die Leser ermüdet und damit letztlich nur noch die Irrelevanz des eigenen Fachs bezeugen lässt. In diesen immer dünneren Geweben von Relevanzen entstehen dann immer schwächere Identitäten einer Wissenschaft, die in ihrer Entstehungsgeschichte einmal relevant war, etwa, weil sie Wissen gegen religiösen Glauben, politische Macht oder strategisches ökonomisches Kalkül zur Geltung bringen konnte.

6.2 Wozu Kontexturanalyse?

nicht darum, die Komplexität in Kategorien festzuklopfen. Vielmehr sollen die jeweiligen Spannungsfelder in ihrer Widersprüchlichkeit aufgearbeitet und mit einer Pluralität von Arrangements dargestellt werden, um bewusst offen zu lassen, welche Antworten letztlich gute oder angemessene sind.

Die Kontexturanalyse wirft also Fragen auf. Sie tut dies, indem sie die Mehrdeutigkeit der Welt benennt und konkretisiert. Sie zeigt Probleme auf, indem sie Bedingungen freilegt, die nach Antworten fragen. Was von dieser Antwort dann zu halten ist, kann die Wissenschaft nicht beantworten, insofern wir mit Wittgenstein davon ausgehen, dass die Tatsachen der Welt keinen Wert enthalten und, wenn sie es doch täten, dieser keinen Wert hätte. Der Wert muss unbestimmt bleiben, und gerade hierin offenbart sich der Wert, da nur in der Offenheit des Fragens und In-Beziehung-Gehens Antworten gefunden werden, die nicht vorab ideologisch bestimmt sind, sondern sich aus der Fülle der eingegangenen Bezogenheiten selbst ergeben.

Damit reiht sich die Kontexturanalyse in die Tradition der „soziologischen Aufklärung" (Luhmann 1970c) ein. Sie möchte Klarheit schaffen über die Unmöglichkeit des einzig Richtigen, ein Verständnis geben für die Unausweichlichkeit bestimmter Probleme und Situationen. Schon darin liegt eine therapeutische Funktion.[2] Dennoch zieht sie sich nicht quietistisch auf die Theodizee-Position zurück. Sie weist eben auch auf alternative Möglichkeiten hin, die in Bezug auf das Problem empirisch vielleicht funktional äquivalent sein mögen, es ethisch deswegen jedoch noch lange nicht sind. Indem sie die vielfach widersprüchlichen polykontexturalen Arrangements und ihre Bedingungsstrukturen skizziert und Antworten als Antworten auf bestimmte Probleme versteht, wirft sie die Frage auf, welcher Umgang damit möglich wäre. Sie enthält sich jedoch gleichzeitig definitiver Antworten auf diese Frage.

Qualitative Sozialforschung wird damit auch zu einer Technik der Verunsicherung der eigenen ethischen Position, wodurch die Forscherin als ethisches Subjekt eingesetzt wird. Sie trifft nun auf eine offene Situation und hat damit etwas zu tun, hat zu entscheiden und zu gestalten. Gerade hierin liegt dann die tiefere, bislang kaum beachtete Lesart des Wortes Wertfreiheit. Es ist keine Freiheit *von* Werten, sondern eine Freiheit *für* Werte. Die mit der eigenen forschenden Tätigkeit einhergehende Freiheit eröffnet die Möglichkeit, sich für etwas zu entscheiden, also die eigene Einbindung dafür zu nutzen, Beziehungen, d. h.

---

[2] Die in therapeutischen und beraterischen Settings freilich anders geschaffen wird (siehe etwa Schlippe und Jansen 2020).

Relationen in einer Weise zu gestalten, dass sie dem eigenen Existenzial als Wissenschaftler gerecht wird. Teil-einer-Beziehung-Sein und Aus-der-Welt-Heraustreten und die Dinge betrachten und beschreiben – und damit fungierende Ontologien zu erzeugen (also zu sagen: *so* verhält es sich) – sind damit 2 Seiten einer Medaille. Aber, um es mit Pirktina (2019, S. 472) aus einer philosophischen Perspektive zu formulieren: eine „ontische … Situation zu behaupten, bedeutet eine gewaltige und gefährliche Ontologie zu schaffen. Philosophisch bedeutet eine solche Behauptung den Rückfall in die Metaphysik, aber im Allgemeinen bedeutet sie das Konstruieren einer Ideologie. Wenn man als Wissenschaftler sagt: „Wir befinden uns im Kampf der Kulturen", „in einer Risikogesellschaft", „in einer grundlegend patriarchalen Struktur", „in der nächsten Gesellschaft", „in pathologischen Sozialsystemen", „in Entfremdung" (die Reihe der Beispiele lässt sich beliebig verlängern), dann „behauptet man eine ontische Situation, in der man drin ist und die man mit jedem Wort, jeder Handlung bestätigt. Ist eine ontische Situation definiert, kann man ausgehend von dieser ‚Wahrheit' versuchen, die Handlungen zu manipulieren" (Pirktina 2019, S. 472).[3]

Die Transzendentalstruktur der sozialwissenschaftlichen Praxis – und damit ihre implizite ethische Dimension – liegt genau in diesem Dilemma: Sie hat sich ontologischer Vorannahmen zu enthalten, sonst wird sie ihrem Gegenstand nicht gerecht oder tut ihm gar durch das Einreden und Überstülpen von Kategorien Gewalt an.[4] Zugleich hat die Sozialwissenschaft aber auch Ergebnisse und

---

[3] Pirktina liefert in Auseinandersetzung mit der phänomenologischen Tradition gewissermaßen das philosophische Komplement zu unserer meontischen Sinntheorie. Zentral ist die radikale Problematisierung ontischer Situationsbestimmungen, hier mit Blick auf die Philosophie des Ereignisses: „Es ist in der Tat der Schwachpunkt von Heideggers Ereignisdenken, dass er eine solche ontische Situation definiert – diese Situation ist für ihn die Geschichte der Wahrheitsereignisse [sic] die Gleichzeitig auch die Geschichte der Seinsverlassenheit beziehungsweise -vergessenheit ist und an der die ganze Menschheit teilnimmt. Auch Levinas verfällt der Versuchung, eine ontische Situation zu definieren. Dies geschieht in dem Moment, wenn er die Beziehung zum anderen als eine ursprüngliche Beziehung, die *immer* – egal was man tut – stattfindet. … Das Ereignisdenken, das Denken des radikal Anderen fängt damit an, dass es jede ontologische Spekulation leugnet, aber es kann in eine solche Spekulation zurückfallen. Derjenige, der, indem er das Undenkbare behauptet, eine ontische Situation, zu der man zugehört, definiert, hat schon das Ereignisdenken verlassen" (Pirktina 2019, S. 472).

[4] Genau hierin lag ja auch der forschungsethische Impetus des Forschungsprogramms der Grounded Theory: Den Gegenstand selber sprechen zu lassen und nicht mehr glauben, was die Theoretiker vom grünen Tisch aus verkünden (Glaser und Strauss 1967).

6.2 Wozu Kontexturanalyse?

Befunde zu liefern und damit *etwas* zu sagen.[5] Aus gutem Grund kann und darf sie sich nicht auf Enthaltsamkeit und mystisches Schweigen kaprizieren. Wissenschaft steht dafür, Un-Verborgenes (griechisch: ἀλήθεια) ans Licht zu bringen, und hierfür die angemessenen Begriffe zu finden. Sie entkleidet ihren Gegenstand, indem sie ihn vom Common Sense und den hiermit einhergehenden ideologischen, metaphysischen und moralischen Zumutungen befreit. Sie gibt dem Gegenstand Offenheit.

Zugleich stellt jeder wissenschaftliche Bericht jedoch wieder eine ontologische Schließung dar. Jede eingeführte Wahrheit übt Macht aus.[6] Alles, was ans Licht gebracht wird, stellt anderes anderswo in den Schatten, und zwar schon in der Entscheidung, dieses und nicht jenes reinzuschreiben und an bestimmten Weichenstellungen auf weitere Fragen zu verzichten. Dies ist allein schon deshalb unvermeidlich, um überhaupt etwas Relevantes sagen zu können. Ohne Verdichtung und Kondensation ist keine Kommunikation möglich – und gerade für den Wissenschaftler ist kaum etwas quälender als nichts mehr sagen zu können, weil ihm die Begriffe dafür fehlen.

Die Transzendentalstruktur der sozialwissenschaftlichen Praxis liegt damit in der Herausforderung, den Kurs zwischen der Skylla der Hypostase und der Charybdis einer falschen ontologischen Enthaltsamkeit immer wieder aufs Neue finden zu müssen. Unweigerlich wird sie an den hiermit einhergehenden Herausforderungen immer wieder scheitern – und dennoch in den vermutlich eher seltenen Momenten des situativen Gelingens große Erfüllung und Welthaftigkeit empfinden lassen. Diese Momente erscheinen als Ereignisse (die eine gewisse zeitliche Ausdehnung haben können), jedoch keinesfalls als Endpunkte des Wissens. Was in bestimmten situativen Lagen berechtigterweise als Aufklärung erscheint – etwa in Situationen, wo Kritik nicht im Modus des Besserwissens daherkommt und gerade deshalb in Resonanz mit ihrem Gegenstand kommen kann – mag sich schon wenige Monate später zu totem verdinglichten Wissen verhärten.

Die hiermit einhergehende ethische Disposition wird immer dann aktiviert, wenn sich Forscher und Forscherinnen dieses Dilemmas bewusst werden und damit die Aufmerksamkeit auf das Wechselspiel von Ontologie (also dem

---

[5] Selbst wenn man sagt, dass man zu bestimmten Dingen nichts sagen kann, ist das Problem nicht verschwunden. Denn auch hiermit sagt man etwas, das sich zu einer ideologischen Position verhärten kann. Man denke hier etwa an den logischen Fetischismus, der in Kreisen der analytischen Philosophie verbreitet ist.

[6] Hier mag man wieder an Nietzsche (1999) denken.

Erscheinen einer begrifflich verfestigten Realität) und Epistemologie (wie wir durch das, was wir tun, zu dem werden, der etwas Bestimmtes erkennt und dadurch definiert) lenken. Erst hiermit beginnen wir Verantwortung für unser Tun zu übernehmen und uns als zugehörig zur Situation zu empfinden. Wir beginnen, die Magie unserer Sprache anzuerkennen und zu nutzen, ohne ihr jedoch aufzusitzen. Dabei scheitern wir immer, weswegen es gilt, sich immer wieder in das Grenzland der Bedingungen der Möglichkeit unserer Praxis als Wissenschaftler zu begeben. Die implizite ethische Dimension dieser Praxis besteht genau darin, den unbestimmten eigenen Ort in diesem polykontexturalen Geflecht zu finden, was heißt, die Suche nach unserem Ort nicht aufzugeben. Ob man für all das, die vorliegenden Überlegungen braucht, bleibt freilich dahingestellt. Am Ende gilt auch hier Wittgensteins Metapher mit der Leiter. Braucht man sie nicht mehr, kann man sie getrost wegwerfen.

Literatur

Adorno, Theodor Wiesengrund. 2013. *Negative Dialektik. Jargon der Eigentlichkeit.* Frankfurt am Main: Suhrkamp.
Austin, J. L. 1975. *How to do things with words.* Cambridge, Mass.: Harvard University Press.
Baecker, Dirk. 1999. *Die Form des Unternehmens.* Frankfurt am Main: Suhrkamp.
Baecker, Dirk. 2013. *Beobachter unter sich.* Berlin: Suhrkamp.
Bamberg, Ulrich, Michael Bürger, Birgit Mahnkopf, Helmut Martens, und Jörg Tiemann. 1987. *Aber ob die Karten voll ausgereizt sind ... 10 Jahre Mitbestimmungsgesetz 1976 in der Bilanz.* Frankfurt a. M.: Bund-Verlag Gmbh.
Bateson, Gregory. 1979. *Mind and nature: a necessary unity.* New York: Dutton.
Bateson, Gregory. 1981. *Ökologie des Geistes: Anthropologische, psychologische, biologische und epistemologische Perspektiven.* Frankfurt a. M.: Suhrkamp.
Bennington, Geoffrey. 2001. *Jacques Derrida: ein Portrait.* 1. Aufl. Frankfurt am Main: Suhrkamp.
Berger, Peter L, und Thomas Luckmann. 1980. *Die gesellschaftliche Konstruktion der Wirklichkeit. Eine Theorie der Wissenssoziologie.* Frankfurt a. M.: Fischer.
Bohnsack, Ralf. 1989. *Generation, Milieu und Geschlecht.* Opladen: Leske + Budrich.
Bohnsack, Ralf. 1997. Dokumentarische Methode. In *Sozialwissenschaftliche Hermeneutik. Eine Einführung*, Hrsg. Ronald Hitzler und Anne Honer, 191–212. Opladen: Leske + Budrich.
Bohnsack, Ralf. 2001. Typenbildung, Generalisierung und komparative Analyse: Grundprinzipien der dokumentarischen Methode. In *Die dokumentarische Methode und ihre Forschungspraxis. Grundlagen qualitativer Sozialforschung*, Hrsg. Ralf Bohnsack, Iris Nentwig-Gesemann und Arnd-Michael Nohl, 152–225. Opladen: Leske + Budrich.
Bohnsack, Ralf. 2003. *Rekonstruktive Sozialforschung - Einführung in qualitative Methoden.* Opladen: Leske + Budrich.
Bohnsack, Ralf. 2005. Standards nicht-standardisierter Forschung in den Erziehungswissenschaften. *Zeitschrift für Erziehungswissenschaften* 8: 63–81.
Bohnsack, Ralf. 2009. *Qualitative Bild- und Videointerpretation.* Opladen: Budrich.
Bohnsack, Ralf. 2017. Konjunktiver Erfahrungsraum, Regel und Organisation. In *Dokumentarische Organisationsforschung. Perspektiven der praxeologischen Wissens-*

soziologie, Hrsg. Steffen Amling und Werner Vogd, 233–259. Opladen: Barbara Budrich.
Bohnsack, Ralf, Peter Loos, Burkhard Schäffer, und Bodo Wild. 1995. *Die Suche nach Gemeinsamkeit und die Gewalt der Gruppe. Hooligans, Musikgruppen und andere Jugendcliquen*. Opladen: Leske + Budrich.
Bohr, Niels. 1931. *Atomtheorie und Naturbeschreibung*.
Boltanski, Luc, und Laurent Thévenot. 2014. *Über die Rechtfertigung: eine Soziologie der kritischen Urteilskraft*. Neuaufl. Hamburg: Hamburger Ed.
Breitenbach, Angela. 2008. Nonsense and Mysticism in Wittgenstein's Tractatus. *Warwick Journal of Philosophy* 19: 55–77.
Bröckling, Ulrich. 2017. *Gute Hirten führen sanft: über Menschenregierungskünste*. Berlin: Suhrkamp.
Buber, Martin. 2014. *Das dialogische Prinzip*. Gütersloh: Gütersloher Verl.- Haus.
Bühl, Walter L. 2003. Luhmanns Flucht in die Paradoxie. In *Die Logik der Systeme. Zur Kritik der systemtheoretischen Soziologie Niklas Luhmanns*, Hrsg. Peter-Ulrich Merz-Benz, 225–256. Konstanz: UVK Verl.-Ges.
Butler, Judith. 2014. *Körper von Gewicht: die diskursiven Grenzen des Geschlechts*. 8. Auflage. Frankfurt am Main: Suhrkamp.
Callon, Michel. 1986. Some elements of a sociology of translation: domestication of the scallops and the fishermen of St Brieuc Bay. In *Power, action and belief: a new sociology of knowledge?*, Hrsg. John Law, 196–223. London: Routledge.
Cassirer, Ernst. 1994. *Substanzbegriff und Funktionsbegriff: Untersuchungen über die Grundfragen der Erkenntniskritik*. Darmstadt: Wissenschaftl. Buchges.
Cassirer, Ernst. 2010. *Philosophie der symbolischen Formen*. Hamburg: Meiner.
Clam, Jean. 2002. *Was heisst, sich an Differenz statt an Identität orientieren? zur Deontologisierung in Philosophie und Sozialwissenschaft*. Konstanz: UVK Verlagsgesellschaft.
Clarke, Adele E., Carrie Friese, und Rachel Washburn. 2018. *Situational analysis: grounded theory after the interpretive turn*. Second edition. Los Angeles: SAGE.
Cooren, F. 2006. The organizational world as a plenum of agencies. In *Communication as organizing: empirical and theoretical approaches into the dynamic of text and conversation*, Hrsg. F. Cooren, James R. Taylor und Elizabeth J. Van Every. Mahwah, NJ: Lawrence Erlbaum.
Cooren, F. 2010. *Action and agency in dialogue: Passion, incarnation and ventriloquism*. Amsterdam; Philadelphia: John Benjamins Pub. Co.
Cooren, F. 2015. Studying Agency From a Ventriloqual Perspective. *Management Communication Quarterly* 29: 475–480.
Csikszentmihalyi, Mihaly. 1991. *Flow: the psychology of optimal experience*. New York: HarperPerennial.
Descola, Philippe. 2011. *Jenseits von Natur und Kultur*. Berlin: Suhrkamp.
Eberwein, Wilhelm, und Jochen Tholen. 1990. *Managermentalität. Industrielle Unternehmensleitung als Beruf und Politik*. Frankfurt: Frankfurter Allgemeine Zeitung.
Eisewicht, Paul, und Tilo Grenz. 2018. Die (Un)Möglichkeit allgemeiner Gütekriterien in der Qualitativen Forschung – Replik auf den Diskussionsanstoß zu „Gütekriterien qualitativer Forschung" von Jörg Strübing, Stefan Hirschauer, Ruth Ayaß, Uwe Krähnke und Thomas Scheffer. *Zeitschrift für Soziologie* 47: 364–373.

Esposito, Elena. 1993. Ein zweiwertiger nicht-selbständiger Kalkül. Hrsg. Dirk Baecker, 96–111. Frankfurt a. M: Suhrkamp.
Esposito, Elena. 2011. *The future of futures: the time of money in financing and society.* Cheltenham; Northampton, MA: Edward Elgar.
Farías, Ignacio. 2013. Virtual attractors, actual assemblages: How Luhmann's theory of communication complements actor-network theory. *European Journal of Social Theory* https://doi.org/https://doi.org/10.1177/1368431013484003.
Fichte, Johann Gottlieb. 1997. *Grundlage der gesamten Wissenschaftslehre.* 4. Aufl. Hamburg: Meiner.
Foerster, Heinz von. 1989. Wahrnehmung. In *Philosophien der neuen Technologie*, Hrsg. Jean Baudrillard et al., 27–40. Berlin: Merve.
Foucault, Michel. 1976. *Überwachen und Strafe. Die Geburt des Gefängnisses.* Frankfurt a. M.: Suhrkamp.
Foucault, Michel. 2009. *Wahnsinn und Gesellschaft.* Frankfurt am Main: Suhrkamp.
Foucault, Michel. 2015. *Der Gebrauch der Lüste.* Frankfurt am Main: Suhrkamp.
Fox, Reneé C. 1957. Training for Uncertainty. In *The Student-Physician Introductory Studies in the Sociology of Medical Education*, Hrsg. Patricia L Kendall, Robert K Merton und George G Reader, 207–241. Cambridge, Massachusetts: Harvard University Press.
Fuchs, Peter. 2004. *Der Sinn der Beobachtung: begriffliche Untersuchungen.* Weilerswist: Velbrück Wissenschaft.
Fuchs, Peter. 2010. *Das System SELBST.* 1. Aufl. Weilerswist: Velbrück Wiss.
Fuchs, Peter. 2012. *DAS Sinnsystem.*
Fuchs, Peter, und Andreas Göbel, Hrsg. 1994. *Der Mensch - das Medium der Gesellschaft?* Frankfurt am Main: Suhrkamp.
Galison, Peter. 1994. The Ontology of the Enemy: Norbert Wiener and the Cybernetic Vision. *Critical Inquiry* 21: 228–266.
Garfinkel, Harold. 1967. *Studies in Ethnomethodology.* Los Angeles: Polity Press.
Garfinkel, Harold, und Harvey Sacks. 1986. On Formal Structures of Practical Actions. In *Ethnomethodological studies of work*, Hrsg. Harold Garfinkel, 162–163. London: Routledge & Paul.
Ginzburg, Carlo. 2011. Spurensicherung. In *Spurensicherung: die Wissenschaft auf der Suche nach sich selbst*, 7–57. Berlin: Wagenbach.
Glaser, Barney. 1965. The Constant Comparative Method of Qualitative Analysis. *Social Problems* 12.
Glaser, Barney, und Anselm Strauss. 1967. *The Discovery of Grounded Theory: Strategies for Qualitative Research.* New York: Aldine.
Glaser, Barney. 1992. *Basics of grounded theory analysis: emergence vs forcing.* 2. print. Mill Valley, Calif: Sociology Press.
Glaser, Barney, und Judith Holton. 2004. Remodeling Grounded Theory. *Forum Qualitative Sozialforschung / Forum: Qualitative Social Research* Vol 5: Media and Opinion Research.
Glaser, Barney, und Anselm L. Strauss. 1965. *Awareness of Dying.* Chicago: Aldine.
Glasl, Friedrich. 2014. Eskalationsdynamiken. Zur Logik von Affektsteigerungen. *Konfliktdynamik* 3: 190–199.

Gödel, Kurt. 1931. Über formal unentscheidbare Sätze der Principia Mathematica und verwandter Systeme I. *Monatshefte für Mathematik* 38: 173–198.
Goffman, Erving. 1986. *Frame Analysis: An Essay on the Organization of Experience*. Boston: Northeastern.
Günther, Gotthard. 1963. *Das Bewußtsein der Maschinen*. Baden-Baden; Krefeld: Agis-Verlag.
Günther, Gotthard. 1976a. Cybernetic Ontology and Transjunctional Operations. In *Beiträge zur Grundlegung einer operationsfähigen Dialektik*, Bd. 1, Hrsg. Gotthard Günther, 249–328. Hamburg: Meiner.
Günther, Gotthard. 1976b. Die philosophische Idee einer nicht-aristotelischen Logik. In *Beiträge zur Grundlegung einer operationsfähigen Dialektik*, Bd. 1, Hrsg. Gotthard Günther, 24–30. Hamburg: Meiner.
Günther, Gotthard. 1976c. Metaphysik, Logik und die Theorie der Reflexion. In *Beiträge zu einer operationsfähigen Dialektik 1*, 31–74. Hamburg: Felix Meiner Verlag.
Günther, Gotthard. 1978. *Idee und Grundriss einer nicht-Aristotelischen Logik*. Hamburg: Meiner.
Günther, Gotthard. 1979a. Die Theorie der „mehrwertigen" Logik. In *Beiträge zur Grundlegung einer operationsfähigen Dialektik*, Bd. 2, Hrsg. Gotthard Günther, 181–202. Hamburg: Felix Meiner Verlag.
Günther, Gotthard. 1979b. Life as Poly-Contexturality. In *Beiträge zur Grundlegung einer operationsfähigen Dialektik*, Bd. 2, Hrsg. Gotthard Günther, 283–307. Hamburg: Felix Meiner Verlag.
Günther, Gotthard. 1979c. *Logik, Zeit, Emanation und Evolution*. Hamburg: Felix Meiner Verlag.
Hämäläinen, Nora, und Turo-Kimmo Lehtonen. 2016. Latour's empirical metaphysics. *Distinktion: Journal of Social Theory* 17: 20–37.
Haug, Christoph, und François Cooren. 2020. „The Magic of the Meeting Necessitates Having Multiple Voices Heard." An Interview with François Cooren about Ventriloquism, Interaction, and the Montreal School. *Communiquer. Revue de communication sociale et publique* 111–119.
Hegel, Georg Wilhelm Friedrich. 1999. *Hauptwerke in sechs Bänden. Band 3. Wissenschaft der Logik. Bd. 1. Die objektive Logik*. Hamburg: Meiner.
Heidegger, Martin. 1993. *Sein und Zeit*. Tübingen: Max Niemeyer.
Hirschauer, Stefan. 2008. Die Empiriegeladenheit von Theorien und der Erfindungsreichtum der Praxis. In *Theoretische Empirie: zur Relevanz qualitativer Forschung*, Suhrkamp Taschenbuch Wissenschaft, Hrsg. Herbert Kalthoff, Stefan Hirschauer und Gesa Lindemann, 165–187. Frankfurt am Main: Suhrkamp.
Hirschauer, Stefan, und Jörg Bergmann. 2002. Willkommen im Club! Eine Anregung zu mehr Kontingenzfreudigkeit in der qualitativen Sozialforschung – Kommentar zu A. Nassehi und I. Saake in ZfS 1/2002 / Welcome to the Club! A Plea for Even More Contingency in Qualitative Research (Comment on Nassehi and Saake in ZfS 1/2002). *Zeitschrift für Soziologie* 31.
Hofstadter, Douglas R. 1999. *Gödel, Escher, Bach: ein endloses geflochtenes Band*. 15. Aufl. Stuttgart: Klett-Cotta.
Husserl, Edmund. 1928a. *Logische Untersuchungen. Erster Band. Prolegomena zur reinen Logik*. Halle: Max Niemeyer.

Husserl, Edmund. 1928b. *Logische Untersuchungen. Zweiter Band. Untersuchungen zur Phänomenologie und Theorie der Erkenntnis I*. Halle: Max Niemeyer.

Husserl, Edmund. 1950. *Ideen zu einer reinen Phänomenologie und phänomenologischen Philosophie*. Den Haag: Marinus Nijhoff.

Husserl, Edmund. 1995. *Cartesianische Meditationen: eine Einleitung in die Phänomenologie*. 3., durchges. Aufl. Hamburg: Meiner.

Hutchins, Edwin. 2000. *Cognition in the wild*. Cambridge, Mass: MIT Press.

Jansen, Till. 2011. *Entscheidungsfindung zwischen Interessenvertretung und ökonomischer Rationalität*. Berlin: Logos-Verl.

Jansen, Till. 2012. Unternehmensmitbestimmung als Arrangement von Politik und Ökonomie. *Soziale Welt* 62: 163–181.

Jansen, Till. 2013. *Mitbestimmung in Aufsichtsräten*. Wiesbaden: Springer VS.

Jansen, Till. 2014. Zweiwertigkeit und Mehrwertigkeit. Einige Vorschläge zu einer Soziologie der Polykontexturalität. *Zeitschrift für theoretische Soziologie* 3: 20–42.

Jansen, Till. 2015a. Anerkennung oder komplexe Verhältnisse? Interpretative Mitbestimmungsforschung jenseits von Macht und Partizipation. *Zeitschrift für qualitative Forschung* 16: 279–297.

Jansen, Till. 2015b. Jenseits von Synergetik und Autopoiesie – Skizzen zu einer mehrwertigen systemischen Theorie. *41* 1: 70–79.

Jansen, Till. 2016a. Organization as Communication and Günther's Notion of Polycontexturality. In *Organization as Communication: Perspectives in Dialogue*, Hrsg. D. Schoeneborn und Steffen Blaschke, 47–72. New York: Routledge.

Jansen, Till. 2016b. Who Is Talking? Some Remarks on Nonhuman Agency in Communication. *Communication Theory* 26: 255–272.

Jansen, Till. 2017. Beyond ANT. Towards an 'infra-language' of reflexivity. *European Journal of Social Theory* 20: 199–215.

Jansen, Till. 2019. Gütekriterien in der qualitativen Sozialforschung als Form der Reflexion und Kommunikation. Eine Replik auf die Beiträge von Strübing et al. und Eisewicht & Grenz. *Zeitschrift für Soziologie* 48: 321–325.

Jansen, Till, und Werner Vogd. 2013. Polykontexturale Verhältnisse – disjunkte Rationalitäten am Beispiel von Organisationen. *Zeitschrift für theoretische Soziologie* 2: 111–126.

Jansen, Till, und Werner Vogd. 2014. Das Desiderat der „angewandten oder empirischen Metaphysik" – von der ANT zu Netzwerken sich selbst konditionierender Reflexionen? *Soziale Welt* 65: 453–469.

Jansen, Till, und Werner Vogd. 2020. Logische Räume unterscheiden – Überlegungen zur Methodik einer kontexturanalytischen Feinanalyse.

Jansen, Till, Arist von Schlippe, und Werner Vogd. 2015. Kontexturanalyse – ein Vorschlag für rekonstruktive Sozialforschung in organisationalen Zusammenhängen. *Forum Qualitative Sozialforschung / Forum: Qualitative Social Research* 16.

Jansen, Till, Martin Feißt, und Werner Vogd. 2020. „Logische Kondensation" – Zur Interpretation von Mehrdeutigkeit in der Kontexturanalyse am Beispiel eines schizophrenen Patienten in der forensischen Psychiatrie. *Forum Qualitative Sozialforschung / Forum: Qualitative Social Research* 21: Art. 13.

Jarzabkowski, Paula, Michael Smets, Rebecca Bednarek, Gary Burke, und Paul Spee. 2013. Institutional ambidexterity. In *Institutional logics in action*, Hrsg. Eva Boxenbaum und Michael Lounsbury, 37–61. Emerald Group Publishing.
Jetzkowitz, Jens, und Carsten Stark. 2003. Zur Einführung. Der Funktionalismus und die Frage nach der Methodologie. In *Soziologischer Funktionalismus*, Hrsg. Jens Jetzkowitz und Carsten Stark, 7–16. Wiesbaden: VS Verlag für Sozialwissenschaften.
Kaehr, Rudolf. 1993. Disseminatorik: Zur Logik der ‚Second Order Cybernetics'. Von den ‚Laws of Form' zur Logik der Reflexionsform. In *Kalkül der Form*, Hrsg. Dirk Baecker, 152–196. 1997: Suhrkamp.
Kalthoff, Herbert. 2008. Einleitung: Zur Dialektik von qualitativer Forschung und Theoriebildung. In *Theoretische Empirie: zur Relevanz qualitativer Forschung, Suhrkamp Taschenbuch Wissenschaft*, Hrsg. Herbert Kalthoff, Stefan Hirschauer und Gesa Lindemann, 8–34. Frankfurt am Main: Suhrkamp.
Kant, Immanuel. 2003. *Kritik der reinen Vernunft*. Hamburg: Meiner.
Kneer, Georg. 2001. Organisation und Gesellschaft. Zum ungeklärten Verhältnis von Organisations- und Funktionssystemen in Luhmanns Theorie sozialer Systeme. *Zeitschrift für Soziologie* 30: 407–428.
Knorr-Cetina, Karin. 1989. Spielarten des Konstruktivismus. *Soziale Welt* 40: 86–96.
Knorr-Cetina, Karin, Hannes Krämer, und René Salomon. 2020. Die Ethnomethodologie umzirkeln. Karin Knorr-Cetina im Gespräch mit Hannes Krämer & René Salomon. *Forum Qualitative Sozialforschung / Forum: Qualitative Social Research* 20.
Lakoff, George. 1971. *Linguistik und natürliche Logik*. Frankfurt (am Main): Athenäum-Verlag.
Latour, Bruno. 1981. Unscrewing the big Leviathan: how actors macro-structure reality and how sociologists help them to do so. In *Advances in social theory and methodology: toward an integration of micro- and macro-sociologies*, Hrsg. K Knorr-Cetina und Aaron Victor Cicourel, 277–303.
Latour, Bruno. 1994. On technical mediation. *Common Knowledge* 3: 29–64.
Latour, Bruno. 1996. On interobjectivity. *Mind, Culture, and Activity: An International Journal Traduction* 3: 228–245.
Latour, Bruno. 2004. *Politics of nature: how to bring the sciences into democracy*. Cambridge, Mass: Harvard University Press.
Latour, Bruno. 2005. *Reassembling the Social. An Introduction to Actor-Network-Theory*. Oxford: Oxford University Press.
Latour, Bruno. 2006. Über den Rückruf der ANT. In *ANThology. Ein einführendes Handbuch zur Akteur-Netzwerk-Theorie*, Hrsg. Andréa Belliger und David J Krieger, 561–572. Bielefeld: Transcript-Verl.
Latour, Bruno. 2007. *Elend der Kritik: vom Krieg um Fakten zu Dingen von Belang*. 1. Aufl. Zürich: Diaphanes.
Latour, Bruno. 2008. *Wir sind nie modern gewesen: Versuch einer symmetrischen Anthropologie*. Frankfurt am Main: Suhrkamp.
Latour, Bruno. 2010. *Eine neue Soziologie für eine neue Gesellschaft*. Frankfurt a. M.: Suhrkamp.
Latour, Bruno, und Steve Woolgar. 1986. *Laboratory life: the construction of scientific facts*. Princeton, N.J: Princeton University Press.

Lindemann, Gesa. 2009. *Das Soziale von seinen Grenzen her denken*. 1. Aufl. Weilerswist: Velbrück Wiss.
Luhmann, Niklas. 1970a. *Funktion und Kausalität*. Opladen: Westdeutscher Verlag.
Luhmann, Niklas. 1970b. *Funktionale Methode und Systemtheorie*. Opladen: Westdeutscher Verlag.
Luhmann, Niklas. 1970c. Soziologische Aufklärung. In *Soziologische Aufklärung 1. Aufsätze zur Theorie sozialer Systeme*, 66–91. Opladen: Westdeutscher Verlag.
Luhmann, Niklas 1973. *Vertrauen. Ein Mechanismus der Reduktion sozialer Komplexität*. Stuttgart: Ferdinand Enke Verlag.
Luhmann, Niklas 1997a. Die Autopoiesis des Bewußtseins. In *Soziologische Aufklärung 6. Die Soziologie und der Mensch*. Ders., 55–112. Opladen: Westdeutscher Verlag.
Luhmann, Niklas. 1984. *Soziale Systeme: Grundriß einer allgemeinen Theorie*. Frankfurt am Main: Suhrkamp.
Luhmann, Niklas. 1986. Systeme verstehen Systeme. In *Zwischen Intransparenz und Verstehen - Fragen an die Pädagogik*, Hrsg. Niklas Luhmann und Eberhard Schnorr, 72–116. Frankfurt a. M.: Suhrkamp.
Luhmann, Niklas. 1988. *Die Wirtschaft der Gesellschaft*. Frankfurt am Main: Suhrkamp.
Luhmann, Niklas. 1993. „Was ist der Fall?" und „Was steckt dahinter?". Die zwei Soziologien und die Gesellschaftstheorie. *Zeitschrift für Soziologie* 22: 245–260.
Luhmann, Niklas. 1994. Die Tücke des Subjekts und die Frage nach dem Menschen. In *Der Mensch - das Medium der Gesellschaft?*, Hrsg. Peter Fuchs und Andreas Göbel, 40–56. Frankfurt am Main: Suhrkamp.
Luhmann, Niklas. 1996. *Die Realität der Massenmedien*. Opladen: VS.
Luhmann, Niklas. 1997a. *Die Autopoiesis des Bewußtseins*. Opladen: Westdeutscher Verlag.
Luhmann, Niklas. 1997b. Die Kontrolle der Intransparenz. In *Komplexität managen: Strategien, Konzepte und Fallbeispiele*, Hrsg. H W Ahlemeier und Roswita Königswieser, 51–76. Wiesbaden: Gabler.
Luhmann, Niklas. 1998. *Die Gesellschaft der Gesellschaft*. Frankfurt am Main: Suhrkamp.
Luhmann, Niklas. 2000. *Die Politik der Gesellschaft*. Hrsg. André Kieserling. Frankfurt am Main: Suhrkamp.
Luhmann, Niklas. 2005. Der medizinische Code. In *Soziologische Aufklärung 3. Konstruktivistische Perspektiven*, 173. Wiesbaden: VS, Verl. für Sozialwiss.
Luhmann, Niklas. 2008. *Ökologische Kommunikation: kann die moderne Gesellschaft sich auf ökologische Gefährdungen einstellen?* 5. Aufl. Wiesbaden: VS, Verl. für Sozialwiss.
Lynch, Michael. 1996. DeKanting Agency: Comments on Bruno Latour's „On Interobjectivity". *Mind, Culture, and Activity: An International Journal Traduction* 3: 246–251.
Lynch, Michael. 2000. Against Reflexivity as an Academic Virtue and Source of Privileged Knowledge. *Theory, Culture & Society* 17: 26–54.
Mannheim, Karl. 1965. *Ideologie und Utopie*. Frankfurt am Main: Verlag Schulte-Bulmke.
Mannheim, Karl. 1984. *Konservatismus*. Frankfurt am Main: Suhrkamp.
Marotzki, Winfried. 1990. *Entwurf einer strukturalen Bildungstheorie: biographietheoretische Auslegung von Bildungsprozessen in hochkomplexen Gesellschaften*. Weinheim: Deutscher Studien Verlag.

Mensching, Anja. 2020. Die referenzierende Interpretation als Weiterentwicklung der dokumentarischen Methode zur Rekonstruktion des Verhältnisses von Kommunikativität und Konjunktivität in Organisationen Hrsg. Steffen Amling, Alexander Geimer, Stefan Rundel und Sarah Thomsen. *JDM - Jahrbuch Dokumentarische Methode* https://doi.org/10.21241/SSOAR.70912.

Merleau-Ponty, Maurice. 2004. *Das Sichtbare und das Unsichtbare: gefolgt von Arbeitsnotizen*. 3. Auflage. München: Wilhelm Fink Verlag.

Meyer, Marshall W, und Lynne G Zucker. 1989. *Permanently failing organizations*. Newbury Park, Calif: Sage Publications.

Nassehi, Armin. 2002. Die Organisation der Gesellschaft. Skizze einer Organisationssoziologie in gesellschaftstheoretischer Absicht. In *Organisationssoziologie*, Hrsg. Jutta Allmendinger und Thomas Hinz, 443–478. Opladen: Westdeutscher Verlag.

Nassehi, Armin. 2008. Rethinking Functionalism. Zur Empiriefähigkeit systemtheoretischer Soziologie. In *Theoretische Empirie: zur Relevanz qualitativer Forschung, Suhrkamp Taschenbuch Wissenschaft*, Hrsg. Herbert Kalthoff, Stefan Hirschauer und Gesa Lindemann, 79–106. Frankfurt am Main: Suhrkamp.

Nassehi, Armin. 2009. *Der soziologische Diskurs der Moderne*. Frankfurt a. M.: Suhrkamp.

Nassehi, Armin. 2019. *Muster: Theorie der digitalen Gesellschaft*. München: C.H. Beck.

Nassehi, Armin, und Irmhild Saake. 2002. Kontingenz: Methodisch verhindert oder beobachtet? Ein Beitrag zur Methodologie der qualitativen Sozialforschung. *Zeitschrift für Soziologie* 31: 66–86.

Nietzsche, Friedrich. 1999. Über Wahrheit und Lüge im aussermoralischen Sinne. In *Die Geburt der Tragödie: Unzeitgemäße Betrachtungen I-IV ; Nachgelassene Schriften 1870 - 1873, KSA*, 873–890. München: Dt. Taschenbuch-Verl.; de Gruyter.

Oevermann, Ulrich. 1995. Ein Modell der Struktur von Religiosität. In *Biographie und Religion: zwischen Ritual und Selbstsuche*, Hrsg. Monika Wohlrab-Sahr, 27–102. Frankfurt/Main: Campus-Verl.

Oevermann, Ulrich. 2000. Mediziner in SS-Uniformen: Professionalisierungstheoretische Deutung des Falles Münch. In *Die Gegenwart der NS-Vergangenheit*, Hrsg. Helgard Kramer und Roger Naegele, 18–76. Berlin: Philo.

Oevermann, Ulrich, Tilman Allert, Elisabeth Konau, und Jürgen Krambeck. 1979. Die Methodologie einer objektiven Hermeneutik und ihre allgemeine forschungslogische Bedeutung in den Sozialwissenschaften. In *Interpretative Verfahren in den Sozial- und Textwissenschaften*, Hrsg. Hans-Georg Soeffner, 352–433. Weimar: Metzler.

Parsons, Talcott. 1951. *The social system: the major exposition of the author's conceptual scheme for the analysis of the dynamics, of the social system*. New York: The Free Press.

Pickering, Andrew. 1995. *The mangle of practice: time, agency, and science*. Chicago, Ill.: Univ. of Chicago Press.

Pirktina, Lasma. 2019. *Das Ereignis: Martin Heidegger, Emmanuel Levinas, Jean-Luc Marion*. Freiburg: Verlag Karl Alber.

Przyborski, Aglaja. 2004. *Gesprächsanalyse und dokumentarische Methode*. Wiesbaden: VS Verlag für Sozialwissenschaften.

Pseudo-Dionysius Aeropagita. 1994. *Über die mystische Theologie und Briefe*. Stuttgart: A. Hiersemann.

Ramsey, Frank P. 1925. The Foundations of Mathematics. *Proceedings of the London Mathematical Society* 25: 338–384.

Rauh, Horst Dieter. 2014. *Wittgensteins Mystik der Grenze.* Erste Auflage. Berlin: Matthes & Seitz.
Reckwitz, Andreas. 2003. Der verschobene Problemzusammenhang des Funktionalismus. Von der Ontologie der sozialen Zweckhaftigkeit zu den Raum-Zeit-Distanzierungen. In *Soziologischer Funktionalismus,* Hrsg. Jens Jetzkowitz und Carsten Stark, 57–82. Wiesbaden: VS Verlag für Sozialwissenschaften.
Reckwitz, Andreas. 2006. *Das hybride Subjekt: eine Theorie der Subjektkulturen von der bürgerlichen Moderne zur Postmoderne.* Weilerswist: Velbrück.
Reckwitz, Andreas. 2012. *Subjekt.* Bielefeld: Transcript-Verl.
Riemann, Gerhard. 1987. *Das Fremdwerden der eigenen Biographie.* München: Fink.
Ryle, Gilbert. 2015. *Der Begriff des Geistes.* Stuttgart: Reclam.
Saake, Irmhild. 2003. Die Performanz des Medizinischen. Zur Asymmetrie in der Arzt-Patienten-Interaktion. *Soziale Welt* 54: 429–460.
Schimank, Uwe, und Ute Volkmann. 2017. *Das Regime der Konkurrenz: Gesellschaftliche Ökonomisierungsdynamiken heute.* Weinheim: Beltz Juventa.
Schlippe, Arist v., und Till Jansen. 2020. Das Erwartungskarussell als Instrument zur Klärung komplexer Situationen im Coaching – vorgestellt am Beispiel der Nachfolge in Familienunternehmen. *Konfliktdynamik* 9: 128–134.
Schneiderman, L. J., und Nancy Ann Silbergeld Jecker. 2011. *Wrong medicine: doctors, patients, and futile treatment.* Baltimore: Johns Hopkins University Press.
Schopenhauer, Arthur. 2007. *Die Welt als Wille und Vorstellung: 1. Bd. Vier Bücher, nebst einem Anhange, der die Kritik der Kantischen Philosophie enthält. 1. Teilbd.* Zürich: Diogenes.
Schütz, Alfred. 1957. Das Problem der transzendentalen Intersubjektivität bei Husserl. *Philosophische Rundschau* 5: 81–107.
Schütz, Alfred. 1981. *Der sinnhafte Aufbau der sozialen Welt. Eine Einleitung in die verstehende Soziologie.* Frankfurt am Main: Suhrkamp.
Schütze, Fritz. 1981. Prozeßstrukturen des Lebenslaufs. In *Biographie in handlungstheoretischer Perspektive,* Hrsg. Joachim Matthes, Arno Pfeifenberger und Manfred Stosberg, 67–156. Nürnberg: Verl. d. Nürnberger Forschungsvereinigung.
Schütze, Fritz. 1983. Biographieforschung und narratives Interview. *Neue Praxis* 13: 283–293.
Schützeichel, Rainer. 2003. *Sinn als Grundbegriff bei Niklas Luhmann.* Frankfurt/New York: Campus.
Schwinn, Thomas. 1995. Funktion und Gesellschaft. *Zeitschrift für Soziologie* 24: 196–214.
Schwinn, Thomas. 2003. Makrosoziologie jenseits von Gesellschaftstheorie Funktionalismuskritik nach Max Weber. In *Soziologischer Funktionalismus,* Hrsg. Jens Jetzkowitz und Carsten Stark, 83–109. Wiesbaden: VS Verlag für Sozialwissenschaften.
Searle, John R. 2013. *Sprechakte: ein sprachphilosophischer Essay.* Frankfurt am Main: Suhrkamp.
Serres, Michel. 1980. *Der Parasit.* Frankfurt am Main: Suhrkamp.
Sich, Dorothea, Hans-Jochen Diesfeld, Angelika Deigner, und Monika Habermann, Hrsg. 1995. *Medizin und Kultur: eine Propädeutik für Studierende der Medizin und der Ethnologie ; mit 4 Seminaren in kulturvergleichender medizinischer Anthropologie (KMA).* Frankfurt am Main: Lang.
Silverman, David. 1993. *Interpreting qualitative data: methods for analysing talk, text, and interaction.* London; Thousand Oaks [Calif.]: Sage Publications.

Simon, Fritz B. 1999. *Unterschiede, die Unterschiede machen: klinische Epistemologie: Grundlage einer systemischen Psychiatrie und Psychosomatik*. 3. Aufl. Frankfurt am Main: Suhrkamp.
Simon, Herbert Alexander. 1959. Theories of Decision-Making in Economics and Behavioral Science. *The American Economic Review* 49: 253–283.
Spencer-Brown, George. 1972. *Laws of Form*. New York: Bantam Books.
Star, Susan Leigh. 1991. Power, technologies and the phenomenology of cenventions: On being allergic to onions. In *A sociology of monsters: Essays on power, technology and domination*, Hrsg. John Law, 26–56. London: Routledge.
Strauss, Anselm, und Juliet Corbin. 1998. *Basics of qualitative research: Techniques and procedures for developing grounded theory*. Thousand Oaks, CA: Sage Publications.
Strübing, Jörg. 2008. Die Theoriegenese in der Forschungslogik der Grounded Theory. In *Theoretische Empirie: zur Relevanz qualitativer Forschung, Suhrkamp Taschenbuch Wissenschaft*, Hrsg. Herbert Kalthoff, Stefan Hirschauer und Gesa Lindemann, 279–311. Frankfurt am Main: Suhrkamp.
Strübing, Jörg, Stefan Hirschauer, Ruth Ayaß, Uwe Krähnke, und Thomas Scheffer. 2018. Gütekriterien qualitativer Sozialforschung. Ein Diskussionsanstoß. *Zeitschrift für Soziologie* 47: 83–100.
Tugendhat, Ernst, und Ursula Wolf. 2010. *Logisch-semantische Propädeutik*. durchges. Ausg., [Nachdr.]. Stuttgart: Reclam.
Ucsnay, Stefanie. 2010. *Russell, Gödel und der Lügner Ontologische und semantische Antinomien und Gödels Unvollständigkeitssatz im Vergleich*. Saarbrücken: Suedwestdeutscher Verlag für Hochschulschriften.
Vogd, Werner. 2004a. Ärztliche Entscheidungsfindung im Krankenhaus. *Zeitschrift für Soziologie* 33: 26–47.
Vogd, Werner. 2004b. *Ärztliche Entscheidungsprozesse des Krankenhauses im Spannungsfeld von System- und Zweckrationalität. Eine qualitativ rekonstruktive Studie unter dem besonderen Blickwinkel von Rahmen (frames) und Rahmungsprozessen*. Berlin: Verlag für Wissenschaft und Forschung.
Vogd, Werner. 2006. *Die Organisation Krankenhaus im Wandel*. 1. Aufl. H. Bern: Huber.
Vogd, Werner. 2007a. Empirie oder Theorie? Systemtheoretische Forschung jenseits einer vemeintlichen Alternative. *Soziale Welt* 58: 295–322.
Vogd, Werner. 2007b. Von der Organisation Krankenhaus zum Behandlungsnetzwerk?: Untersuchungen zum Einfluss von Medizincontrolling am Beispiel einer internistischen Abteilung. *Berliner Journal für Soziologie* 17: 97–119.
Vogd, Werner. 2010. Methodologie und Verfahrensweise der dokumentarischen Methode und ihre Kompatibilität zur Systemtheorie. In *Die Methodologien des Systems. Wie kommt man zum Fall und wie dahinter?*, Hrsg. René John, Anna Henkel und Jana Rückert-John, 121–140. Wiesbaden: VS Verlag für Sozialwissenschaften.
Vogd, Werner. 2011. *Systemtheorie und rekonstruktive Sozialforschung - eine Brücke*. 2. Auflage. Leverkusen: Barbara Budrich.
Vogd, Werner. 2014a. Eine richtige Intervention zur unrechten Zeit – Oder warum zu bestimmten Zeiten eine schwächere Theorie die bessere ist. *Soziale Welt*.
Vogd, Werner. 2014b. Problematische Selbstverhältnisse und Vermittlung. Qualitative Therapieforschung als Rekonstruktion der Reflexionsverhältnisse. *Kontext - Zeitschrift für systemische Therapie und Familientherapie* 45: 7–22.

Vogd, Werner. 2016. Der Hiatus – zur Spiegelbildlichkeit der Forschungsprogramme Latours und Luhmanns. *Soziale Systeme* 20.
Vogd, Werner. 2017. Dezentrierung, Schärfung oder Neukonzeptionalisierung der metatheoretischen Grundbegriffe? In *Dokumentarische Organisationsforschung*, Hrsg. Steffen Amling und Werner Vogd. Opladen: Barbara Budrich.
Vogd, Werner. 2019. *Der ermächtigte Meister Eine systemische Rekonstruktion am Beispiel des Skandals um Sogyal Rinpoche*. Carl-Auer-Systeme.
Vogd, Werner. 2020. *Quantenphysik und Soziologie im Dialog. Betrachtungen zu Zeit, Beobachtung und Verschränkung*. S.l.: Springer.
Vogd, Werner. 2021. Offenheit für neue Kategorien und Begründungen – warum eine Wissenssoziologie, die diesen Namen verdient, sich immerfort erneuern muss. Eine Würdigung der praxeologischen Wissenssoziologie von Ralf Bohnsack. *Zeitschrift für qualitative Forschung*.
Vogd, Werner, und Jonathan Harth. 2015. *Die Praxis der Leere: zur Verkörperung buddhistischer Lehren in Erleben, Reflexion und Lehrer-Schüler-Beziehung*. 1. Aufl. Weilerswist: Velbrück Wiss.
Vogd, Werner, und Jonathan Harth. 2019. Kontexturanalyse: Eine Methodologie zur Rekonstruktion polykontexturaler Zusammenhänge, vorgeführt am Beispiel der Transgression in der Lehrer/in-Schüler/in-Beziehung im tibetischen Buddhismus. *Forum Qualitative Sozialforschung / Forum: Qualitative Social Research*.
Vogd, Werner, Jonathan Harth, und Selma Offner. 2015. Doing religion im Phowa-Kurs: Praxeologische und reflexionslogische Studien zum „bewussten Sterben" im Diamantweg- Buddhismus. *Forum Qualitative Sozialforschung / Forum: Qualitative Social Research* 16.
Vollmer, Hendrik. 2004. Folgen und Funktionen organisierten Rechnens. *Zeitschrift für Soziologie* 33.
Waldenfels, Bernhard. 1997. *Topographie des Fremden. Studien zur Phänomenologie des Fremden*. Frankfurt am Main: Suhrkamp.
Waldenfels, Bernhard. 1998. *Grenzen der Normalisierung. Studien zur Phänomenologie des Fremden 2*. Frankfurt am Main: Suhrkamp.
Waldenfels, Bernhard. 1999. *Sinnesschwellen. Studien zu einer Phänomenologie des Fremden 3*. Frankfurt am Main: Suhrkamp.
Watzlawick, Paul, Janet H Beavin, und Don D Jackson. 1996. *Menschliche Kommunikation*. Bern: Verlag Hans Huber.
Weber, Max. 1988. *Der Sinn der Wertfreiheit der soziologischen und ökonomischen Wissenschaften*. Hrsg. Johannes Winckelmann. Mohr.
Weber, Max. 1989. Zwischenbetrachtung: Theorie der Stufen und Richtungen religiöser Weltablehnung. In *Gesamtausgabe*, Bd. 19/1, Hrsg. Helwig Schmidt-Glintzer, 479–522.
Weber, Max. 1994. *Wissenschaft als Beruf 1917/1919. Politik als Beruf 1919*. Tübingen: Mohr.
Weber, Max. 2006. Die Protestantische Ethik und der Geist des Kapitalismus. In *Religion und Gesellschaft*, Hrsg. Max Weber, 23–147. Frankfurt am Main: Zweitausendeins.
Westerkamp, Dirk. 2006. *Via negativa: Sprache und Methode der negativen Theologie*. München: Wilhelm Fink.
White, Harrison C. 2008. *Identity and Control: How Social Formations Emerge*. Princeton: Princeton University Press.

Willems, Herbert. 1996. Goffmans qualitative Sozialforschung. Ein Vergleich mit Konversationsanalyse und Strukturaler Hermeneutik. *Zeitschrift für Soziologie* 25: 438–455.
Wittgenstein, Ludwig. 1989. Vortrag über Ethik. In *Vortrag über Ethik und andere kleine Schriften*, Suhrkamp Taschenbuch Wissenschaft, 9–19. Frankfurt am Main: Suhrkamp.
Wittgenstein, Ludwig. 2003. *Logisch-philosophische Abhandlung. Tractatus logico-philosophicus*. Frankfurt am Main: Suhrkamp.
Wittgenstein, Ludwig. 2008. *Philosophische Untersuchungen*. 4. [Aufl.]. Frankfurt am Main: Suhrkamp.

The manufacturer's authorised representative in the EU is Springer Nature Customer Service Centre GmbH, Europaplatz 3, 69115 Heidelberg, Germany. If you have any concerns regarding our products, please contact ProductSafety@springernature.com

Printed and bound by CPI Group (UK) Ltd, Croydon, CR0 4YY

25/03/2026

02078232-0003